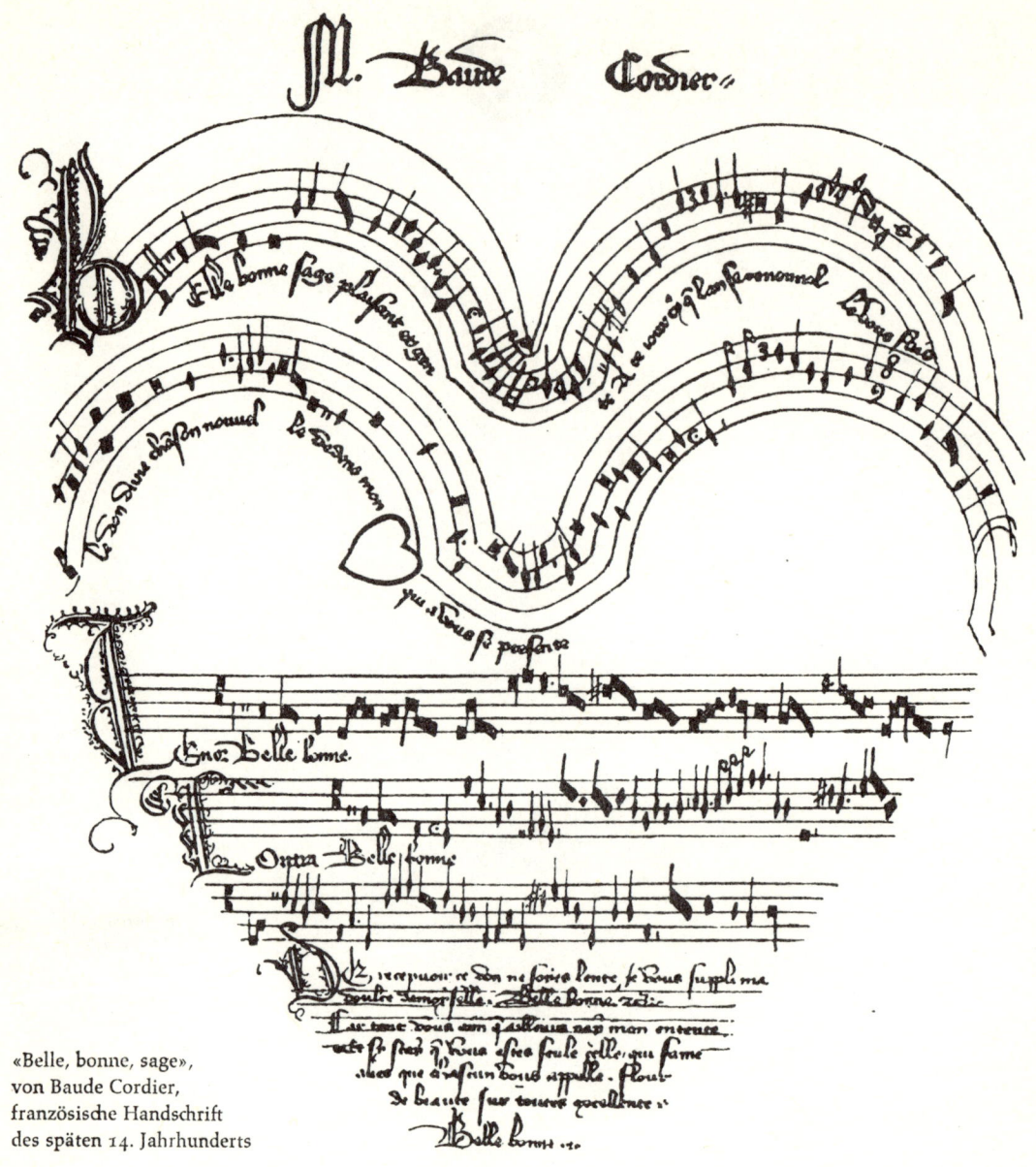

«Belle, bonne, sage»,
von Baude Cordier,
französische Handschrift
des späten 14. Jahrhunderts

Europäische Liebeslieder
aus acht Jahrhunderten

in Originalsprache und Übertragung mit den
dazugehörigen Melodien

gesammelt und kommentiert von

CESAR BRESGEN

Herausgegeben von Michael Korth

Wissenschaftliche Beratung
Felix Karlinger, Ulrich Müller und Marius Schneider

Heimeran

Meiner lieben Frau Eleonore zu Dank,
welche die Anregung zu dieser Sammlung gab

© Heimeran Verlag KG, München 1978
Alle Rechte vorbehalten, einschließlich die der
fotomechanischen Wiedergabe
Archiv 593   ISBN 3 7765 02630
Satz: Fertigsatz München
Notenschrift: Johannes Heimrath
Druck und Bindung: May & Co., Darmstadt
Printed in Germany

Inhalt

Du bist min, ich bin din:
Des solt du gewis sin.
Du bist beslozzen
In minem herzen;
Verloren ist das slüzzelin:
Du muost immer drinne sin.

Aus einer Tegernseer Handschrift (um 1150)

I. Ach, die Liebe, die Liebe

Haute chose a en amor
Liebe ist ein großes Gut

Gillebert de Berneville, französisch

Hau-te cho-se a en a-mor, Bien la doit gar-der qui l'a.

N'a pas fail-li a ho-nor Fins cuers ou e-le se-ra.

Qui plus ainme plus me-tra Trestout son plai-sir En bons de-ve-nir.

Por va-loir Doit a-voir Chascuns bone a-mour Sanz movoir.

Haute chose a en amor

Haute chose a en amor,
Bien la doit garder qui l'a.
N'a pas failli a honor
Fins cuers ou ele sera.
Qui plus ainme plus metra
Trestout son plaisir
En bons devenir.
    Por valoir
    Doit avoir
    Chascuns bone amour
    Sanz movoir.

Dame, par vostre valour
Mes fins cuers vos enama.
Car bien sai qu'il n'a moillor
Deça la mer, ne delà.
Amors pas ne m'oblia,
Quant me fist choisir
Tot a mon plaisir.
    Por valoir etc.

Liebe ist ein großes Gut

Liebe ist ein großes Gut,
Hüte es wohl, wer es hat.
Nicht fehlen wird die Ehre
Dem zarten Herzen, das liebt.
Wer mehr liebt,
Wird mehr Freude daran haben
Gut zu werden.
    Um zu bestehen
    Möge ein jeder
    Seine stete Liebe
    Bewahren.

Herrin, um Eures Wertes willen
Liebt Euch mein zartes Herz.
Ich weiß, daß es nichts Teureres gibt,
Weder jenseits des Meeres, noch sonstwo.
Die Liebe vergaß mich nicht,
Als sie mich Euch wählen ließ
Zu meiner Freude.
    Um zu bestehen etc.

De trop fera son peour
Qui d'amors se partira.
Ne jamès plus vilain tour
En sa vie ne fera
D'amor, qui la laissera.
Mais sanz repantir
S'i doit on tenir.
     Por valoir etc.

Amours enseigne et aprent
Son home et le met en pris.
Por c'est fols qui ne s'i rent
Et qui son cuer n'i a mis.
Et je, cum lëaus amis
Amors servirai
Et si m'i tandrai.
     Por valoir etc.

Der wird es bereuen,
Wer sich von der Liebe trennt.
Nichts Schlimmeres wird ihm begegnen
In seinem Leben,
Als wenn er die Liebe verläßt.
Ohne zu bereuen
Muß man an ihr festhalten.
     Um zu bestehen etc.

Die Liebe unterweist und lehrt den Mann,
Der ihr gehört, und sie formt ihn.
Deshalb ist töricht, wer sich ihr nicht überläßt
Und ihr sein Herz nicht schenkt.
Und ich, als treu Liebender
Will der Liebe dienen
Und ihr vertrauen.
     Um zu bestehen etc.

L'amur es üna düra châssa
Liebe ist ein hartes Ding

Rätoromanisch

L'amur es ü-na dü-ra châs-sa Chi chi ha da la cul-ti-var, La tra-pas-sa fin a l'os-sa Ed il cor sto vi al-guar. Ed il cor sto vi al-guar.

L'amur es üna düra châssa

L'amur es üna düra châssa
Chi chi ha da la cultivar,
La trapassa fin a l'ossa
Ed il cor sto vi alguar.

Pouers quès cha quella redscha
Cun sia forza id ardur!
Cunter quella nun es ledscha,
Es nu chattan pos ninglur.

L'univers cun sia largüra
Es per tals tot massa stret,
Di i not ün tal suspüra,
I nu bad' ingün dalet.

D'üna vair' amur ses stadi
Ingün nu po sa preschaintar
Plü co quès chi cun cuntradi
Ston da quell' sa lontanar.

Liebe ist ein hartes Ding

Liebe ist ein hartes Ding:
Wer ihr nicht widersteht,
Dem dringt sie ein bis in die Knochen,
Das Herz macht sie ihm wund.

Arm ist, den sie regiert:
Mit dem Feuer ihrer Kraft verzehrt sie ihn.
Und es gibt niemanden,
Der zu löschen verstünde ihren Funkenflug.

Das Universum in seiner ganzen Größe
Wird ihm zu klein.
Und Tag und Nacht sind ausgefüllt
Mit seinen Seufzern ohne Ende.

Ihr wahres Wesen aber zeigt die Liebe
Nur jenem, der sich ganz in sie versenkt,
Der sie durchkostet bis zum Ende
Und durchleidet ihre Qual.

Quel granellin di riso
Das Reiskörnlein

Italienisch aus dem Tessin

Quel granel - lin di ri - so, Mi pia - ce più l'a - mor Che il

pa - ra - di - so dell' a - mor, Che il pa - ra - di - so dell' a - mor.

Quel granellin di riso

Quel granellin di riso,
Mi piace più l'amor
Che il paradiso dell'amor.

Quel grano di frumento,
Mi piace più l'amor
Che il giuramento dell'amor.

Quel granellin di sabbia,
L'amor delle ragazze
L'è tutta rabbia dell'amor.

Il sangue delle vene,
Il sangue delle vene
Sarà l'inchiostro dell'amor.

La punta del mio cuore,
La punta del mio cuore
Sarà la penna dell'amor.

Il palmo della mano,
Il palmo della mano
Sarà la carta dell'amor.

Das Reiskörnlein

Dieses Reiskörnlein, –
Das Lieben gefällt mir mehr
Als das Paradies der Liebe.

Dieses Weizenkorn, –
Das Lieben gefällt mir mehr
Als der Schwur der Liebe.

Dieses Sandkörnlein, –
Das Lieben der Mädchen
Ist nichts als Zorn.

Das Blut der Venen,
Das Blut der Venen
Wird die Tinte der Liebe sein.

Die Spitze meines Herzens,
Die Spitze meines Herzens
Wird die Feder der Liebe sein.

Die Fläche der Hand,
Die Fläche der Hand
Wird der Liebesbrief sein.

Pues amas, triste amador
Da du liebst, trauriger Liebhaber

Spanisch, Anonymus des 16. Jahrhunderts

Pues a - mas, tris - te a - ma - dor, Di - me que

Pues a - mas,

Pues a - mas,

co - sa es a - mor.

Es a - mor un mal que ma - ta A quien
Mal que mu-cho más mal-tra - ta Al que

más le o - be - de - çe, Fa - vor que más fa -
me - nos mal me - re - çe;

12

Pues amas, triste amador	Da du liebst, trauriger Liebhaber

Pues amas, triste amador

Pues amas, triste amador,
Dime que cosa es amor.
Es amor un mal que mata
A quien más le obedeçe,
Mal que mucho más maltrata
Al que menos mal mereçe;
Favor que más favoreçe
Al menos meresçedor.

Es amor una fiçión
De deseo deseoso,
Donde falta la rasón
Al tiempo más peligroso;
Es un deleite engañoso
Quarneçido de dolor.

Es amor un tal poder
Que fuerça la voluntad;
Adonde pone querer
Quita luego libertad;
Es más firme su amistad
Quando finge desamor.

Da du liebst, trauriger Liebhaber

Da du liebst, trauriger Liebhaber,
Sag mir doch, was Liebe ist.
Liebe ist eine Krankheit, die den tötet,
Der ihr am ergebensten dient,
Ein Leiden, das am meisten jenen peinigt,
Der die wenigsten Leiden verdient;
Eine Gunst, die meist denen zufällt,
Die ihrer am wenigsten wert sind.

Liebe ist eine Zuneigung
Voll sehnenden Begehrens,
Die der Vernunft entbehrt,
Wenn die Gefahr am größten ist.
Verführerische Wonne ist sie,
Gepaart mit Schmerz.

Liebe hat die Macht,
Den Willen zu besiegen.
Wo sie das Lieben entfacht,
Läßt sie der Freiheit nicht Raum.
Am verläßlichsten ist ihre Freundschaft dann,
Wenn sie vorgibt, lieblos zu sein.

Frunză verde solz de peşte
Grünes Blatt, Fischsuppe

Andante

Frun - ză ver - de, solz de peş - te,

Frunză ver - de, solz de peş - te, Vai de - a - ce - la

ce iu - beş - te! Vai de-a-ce - la ce iu - beş - te!

Frunză verde solz de peşte

Frunză verde, solz de peşte,
Vai de-acela ce iubeşte!

Nici nu moare nici trăieşte,
Numa cât se năcăjeşte;

Nici nu bè nici nu mănâncă,
Şi nu doarme, de se culcă;

Se bate cu gândurile
Ca apa cu valurile.

Grünes Blatt, Fischsuppe

Grünes Blatt, Fischsuppe,
Wehe dem, der liebt.

Er stirbt nicht, und er lebt nicht,
Vor lauter Kummer.

Er trinkt nicht, und er ißt nicht,
Und er schläft nicht, wenn er zu Bette geht.

Er plagt sich mit seinen Gedanken
Wie das Wasser mit den Wellen.

Láska, bože, láska!
Liebe, ach Gott, Liebe!

Slowakisch

Lás - ka, bo - že, lás - ka! Kde ťa ľu - dia be - rú?

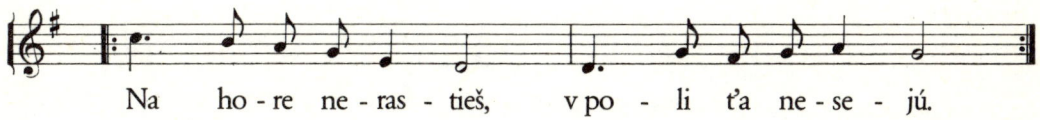

Na ho - re ne - ras - tieš, v po - li ťa ne - se - jú.

Láska, bože, láska!

Láska, bože, láska! Kde ťa ľudia berú?
Na hore nerastieš, v poli ťa nesejú.

Ľúbosti, ľúbosti, mala som ťa dosti,
Ale už ťa nemám ani medzi prsty.

Keby sa tá láska na poli rodila,
Nejednej panenke hlavu by zlomila.

Liebe, ach Gott, Liebe!

Liebe, ach Gott, Liébe! Wo nehmen dich die Leute her?
Auf dem Berg wächst du nicht, im Felde säen sie dich nicht.

Liebelei, Liebelei, von der hab' ich genug.
Alles ist mir zerronnen zwischen den Fingern.

Wüchse die Liebe auf dem Felde,
So würden die Püppchen sich nicht länger den Kopf zerbrechen.

L'amore è na catèna
Die Liebe ist eine Kette

Italienisch aus Apulien

L'a - mo - re è na ca - tè - na L'a - mo - re è na ca - tè - na L'a - mo - re è na ca - tè - na Ca non ze spèz-za. Ci si spoz-ze Oi - li oi - la. Dingiue a mamma toie Ce - te vo - le ma - re - dà. Car - mè din - giu - e nu Bèl - le ma - re - til - le è sèm - be buè - ne. Ce no tu riis - te so - le, So - la, so - la, all'ari - u - là. Da vè - re ca - nge vo - le na cum - ba - gni. Ric - ce ric - ce all'ari-u - là, Ric - ce ric - ce all'ari-u - là.

L'amore è na catèna

L'amore è na catèna
Ca non ze spèzza.
Ci si spozze
Oili oila.
Dingiue a mamma toie
Ce te vole maredà.
Carmè dingiue nu
Bèlle maretille è sèmbe buène.
Ce no tu riiste sole,
Sola, sola, all'ariulà.
Da vère ca nge vole na cumbagni.
Ricce ricce all'ariulà.

Die Liebe ist eine Kette

Die Liebe ist eine Kette,
Die nicht zerspringt.
Wenn man heiratet
Oili oila.
Sag es deiner Mutter,
Daß du heiraten willst.
Carmela, sag es ihr,
Daß ein netter Bräutigam etwas Gutes ist.
Sonst bleibst du allein,
Allein, allein, all'ariulà.
Es ist wahr, man braucht einen Gefährten.
Ricce ricce all'ariulà.

Ej, lásko, lásko
Ach, Liebe, Liebe

Mährisch

Lento moderato

Ej, Lá - sko, lá - sko, Ty ne - jsi stá - lá,
Ja - ko vo - děn - ka me - zi bře - ha - ma.

Ej, lásko, lásko

Ej,
Lásko, lásko,
Ty nejsi stálá,
Jako voděnka mezi břehama.

Voda uplyne,
Láska pomine
Jako lísteček na rozmarýně.

Ach, Liebe, Liebe

Ach,
Liebe, Liebe,
Bist nicht beständig,
Bist wie das Wasser zwischen den Ufern.

Wasser verfließt,
Liebe vergeht
Wie das Blatt vom Rosmarin.

17

Δίστιχα τοῦ Πεντοζάλη
Pentozalis

Griechisch aus Kreta

Ón - de se - jén - na i má - na su, O
í - li - os e - ka - té - vi Ke sú - do - se tin
o - mor - fiá Ke pá - li ma - ta - né - vi.

Δίστιχα τοῦ Πεντοζάλη

"Οντε σ' ἐγέννα ἡ μάνα σου,
Ὁ ἥλιος ἐκατέβη
Καί σοὖδωσε τήν ὀμορφιά
Καί πάλι ματανέβη.

Τά μάθια σού 'ναι θάλασσα,
Π' ἀέρας δέν τήν πιάνει,
Χαρά στό νιόν ἀποῦ θἀβρεῖ
Μέσα σ' αὐτά λιμάνι.

'Αγάπη δίχως πείσματα,
Δίχως καημό καί πόνο,
Εἶναι ἀγάπη φεύτικη,
Ψευθιᾶς ἀγάπη μόνο.

Τ' ἀχείλι σου τό κόκκινο
"Οποιος κι' ἄν τό φιλήσει
Δίχως ρακή, δίχως κρασί,
Μικρό μου, θά μεθήσει.

"Ηθελα νά' σουν λεμονιά
Καί νά 'μουν ποταμάκι,
Νά μπαίνει στήν καρδούλα σου
Τό δροσερό νεράκι.

Τό περιστέρι στή φωλιά
Κοιμᾶται μέ τό ταίρι,
Μά 'γώ κοιμοῦμ 'ἀμοναχός
Χειμώνα καλοκαίρι.

Pentozalis

Ónde sejénna i mána su,
O ílios ekatévi
Ke súdose tin omorfiá
Ke páli matanévi.

Ta máthia su 'ne thálassa,
P' aéras dén tin piáni,
Chará sto nión apou tha vrí
Mésa saftá limáni.

Agápi díchos pízmata,
Díchos kaimó ke póno,
Ine agápi pséftiki,
Psefthiás agápi móno.

T' achíli su to kókkino
Opios kı' an to filísi
Díchos rakí, díchos krasí,
Mikro mu, tha methísi.

Íthela násun lemoniá
Ke námun potamáki,
Na béni stin kardúla su
To droseró neráki.

To peristéri sti foliá
Kimáte me to teri,
Ma'gó kimúm' amonachós
Chimóna kalokéri.

Pentozalis

Deine roten Lippen –
Wer auch immer küßt,
Ohne Raki, ohne Wein
Wird er trunken sein.

Ich möcht', du wärest ein Zitronenbaum,
Und ich wäre ein Bächlein:
In dein Herzlein würde fließen
Mein frisches Wasserlein.

Die Taube im Nest
Schläft mit ihrem Täuberich.
Ich aber schlafe ganz allein
Im Winter und im Sommer.

Als dich die Mutter gebar,
Kam die Sonne herab
Und gab dir die Schönheit,
Dann stieg sie wieder auf.

Deine Augen sind wie das Meer,
Das kein Sturmwind trübt.
Wohl dem jungen Mann,
Der diesen einen Hafen anlaufen kann.

Liebe ohne Trotz,
Ohne Kummer und Qual,
Ist eine falsche Liebe,
Ist nur eine Lügen-Liebe.

Willst du dein Herz mir schenken

Johann Sebastian Bach (1685–1750) zugeschrieben

Willst du dein Herz mir schenken, So fang es heimlich an, Daß un-ser bei-der Denken Nie-mand er-ra-ten kann. Die Lie-be muß uns bei-den All-zeit verschwiegen sein, Drum schließ die größ-ten Freu-den In mei-nem Her-zen ein.

Willst du dein Herz mir schenken

Willst du dein Herz mir schenken,
So fang es heimlich an,
Daß unser beider Denken
Niemand erraten kann.
Die Liebe muß uns beiden
Allzeit verschwiegen sein,
Drum schließ die größten Freuden
In meinem Herzen ein.

Behutsam sei und schweige
Und traue keiner Wand,
Lieb innerlich und zeige
Dich außen unbekannt.
Kein Argwohn mußt du geben,
Verstellung nötig ist,
Genug, daß du, mein Leben,
Der Treu versichert bist.

Begehre keine Blicke
Von meiner Liebe nicht,
Der Neid hat viele Tücke
Auf unsern Bund gericht!
Du mußt die Brust verschließen,
Halt deine Neigung ein,
Die Lust, die wir genießen,
Muß ein Geheimnis sein.

Zu frei sein, sich ergehen,
Hat oft Gefahr gebracht,
Man muß sich wohl verstehen,
Weil ein falsch Auge wacht.
Du mußt den Spruch bedenken,
Den ich zuvor getan:
Willst du dein Herz mir schenken,
So fang es heimlich an.

Eileen O'Roone

Irisch

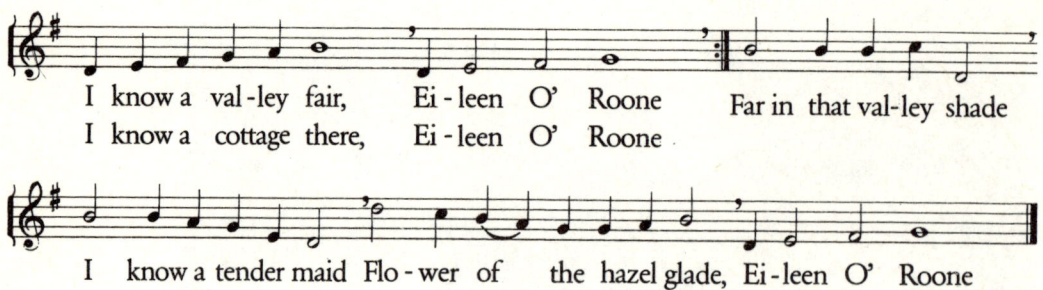

I know a val-ley fair, Ei-leen O' Roone — Far in that val-ley shade
I know a cottage there, Ei-leen O' Roone

I know a tender maid Flo-wer of the hazel glade, Ei-leen O' Roone

Eileen O'Roone

I know a valley fair, Eileen O'Roone
I know a cottage there, Eileen O'Roone
Far in that valley shade
I know a tender maid
Flower of the hazel glade, Eileen O'Roone.

Who in the dance so fleet, Eileen O'Roone
Who in the sun so sweet, Eileen O'Roone
Dear are her charms to me
Dear are her laughter free
Dearest her constancy, Eileen O'Roone.

Youth will in time decay, Eileen O'Roone
Beauty must fade away, Eileen O'Roone
Castles are sacked and worn
Chieftains are scattered far
Truth is a fixed star, Eileen O'Roone.

Eileen O'Roone

Ich kenne ein liebliches Tal, Eileen O'Roone
Und weiß dort ein Haus, Eileen O'Roone
Weit hinten im Schatten des Tales
Kenne ich ein sanftes Mädchen,
Sie blüht auf der Lichtung im Haselgesträuch, Eileen O'Roone.

Die beim Tanzen so leichtfüßig, Eileen O'Roone
Die in der Sonne so süß ist, Eileen O'Roone
Lieb sind mir ihre Reize,
Lieb ist mir ihr offenes Lachen,
Aber am liebsten ihre Treue, Eileen O'Roone.

Jugend vergeht, Eileen O'Roone
Schönheit verwelkt, Eileen O'Roone
Burgen werden gestürmt und fallen,
Fürsten zerstreut der Wind,
Wahrheit aber ist ein unwandelbarer Stern, Eileen O'Roone.

II. Den schwarzen Eber habe ich gesattelt

Apsegloju melnu kvili
Den schwarzen Eber habe ich gesattelt

Lettisch

Ap - seg - lo - ju   mel - nu   kvi - li,   aj   mel - nu   kvi - li,

Aiz - jā - ju - i   uz kro - dzi - ņu,   ai - jā,   uz kro - dziņ!

Apsegloju melnu kvili

Apsegloju melnu kvili, aj –
Aizjājui uz krodziņu, aijā –

Krodziniece brīnījasi, ai –
Kam tas tādis kumeliņis, aijā –

Ta puisīša kumeliņis, ai –
Kas naudiņu žvazināja, aijā –

Es uzgāju augstu kalnu, ai –
Meitas dziedi, govis māva, aijā –

Meitas dziedi jaunu puišu, ai –
Govis māva zaļu zāļu, aijā –

Govis zāļu gan dabūja, ai –
Meitas puišu nedabūja, aijā –

Es usgajū otru kalnu, ai –
Puiši dziedi, zirgi zviedza, aijā –

Puiši dziedi jaunu meitu, ai –
Zirgi zviedza tiru auzu, aijā –

Puiši meitu gan dabūja, ai –
Zirgi auzu nedabūja, aijā, nedabuj'.

Den schwarzen Eber habe ich gesattelt

Den schwarzen Eber habe ich gesattelt,
Geritten bin ich in den Wirtskrug.

Ich sehe ein fremdes Roß.
Ich frage die Wirtin,
Wem dieses Roß gehört.

Dies Roß gehört dem Bürschchen,
Das mit der Münze klimpert.

Ich ritt auf den hohen Hügel,
Mädchen sangen, Kühe muhten.

Mächen sangen um junge Burschen,
Kühe muhten um grünes Gras.

Die Kühe bekamen das Gras,
Burschen bekamen die Mädchen nicht.

Ich ritt auf einen anderen Hügel,
Burschen sangen, Pferde wieherten.

Die Burschen sangen um junge Mädchen,
Die Pferde wieherten um reinen Hafer.

Die Burschen bekamen die Mädchen,
Die Pferde aber bekamen den Hafer nicht.

Haidi, hai, murgule hai!
Komm, komm, Brauner, komm!

Rumänisch

Hai - di,   hai,   mur - gu - le   hai!   Pe ciel

măr - gi - nel   de   plai   Pă - şe - şte   mai

ta - re'n   paş,   Ca   s'a - jung   cu   soa - re'n   sat!

Haidi, hai, murgule hai!	*Komm, komm, Brauner, komm!*
Haidi, hai, murgule hai!	„Komm, komm, Brauner, komm!
Pe ciel mărginel de plai	Auf diesem schmalen Gebirgspfad
Pășeşte mai tare'n paş,	Trabe schneller im Galopp,
Ca s'ajung cu soare'n sat!	Daß ich noch bei Sonnenschein ins Dorf komme!
Până sara-a'nsara,	Wenn es zu dämmern beginnt,
Mândra'n cale m'a'ştepta;	Erwartet mich die Liebste am Weg;
Dacă soarele-a sfinţî,	Wenn die Sonne untergeht,
Cu mândra m'oi'ntâlni!	Werde ich die Liebste treffen!
Ce mergi, murgule, aşa greu?	Warum gehst du, Brauner, so schwerfällig?
Ori că-ţi spune gândul tău	Oder bist du der Meinung,
C'oi îmbla la mândra rău,	Daß ich den falschen Weg zur Liebsten gehe,
Ori ţi-i greu de trupul meu?	Oder ist dir mein Gewicht zu schwer?"
– Ierghile, ovesele	„Die Gräser, der Hafer
Îmi mănâncă şelele,	Jucken mich im Sattel,
Cum ţi-i drag cu mândra'n pat,	So wie du gern im Bett mit der Liebsten wärst,
Şi mie cu traista'n cap!	So hätte ich gern den Futtersack um den Hals!"
– Haidi, hai, murgule hai!	„Komm, komm, Brauner, komm!
Că nu multă cale ai,	Dein Weg ist nicht mehr weit,
Mândra cum ne-a'ntâmpina,	Wenn uns die Liebste empfängt
Orz, ovăs şi fân ţi-a da!	Wird sie dir Gerste, Hafer und Heu geben!"

Da' murgu aşa-i zicea
Şi schinarea scutura:
»Ardă-l focu de'ndemnat,
Sănătatea ńi-o mâncat!

Tu mă laşi legat la gard,
Îmi dai nuiele de mâncat;
Tu cu mândrele te-ai dat
Şi de mine ai uitat!«

Aber es sprach der Braune zu ihm
Und schüttelte sich:
„Das Feuer soll dieses Hetzen verbrennen,
Die Gesundheit hat es mir gefressen!

Du läßt mich angebunden am Zaun,
Gibst mir Peitschenhiebe zum Fressen.
Mit der Liebsten hast du dich eingelassen
Und mich hast du vergessen.“

Geh i-s her üba d'Alm

Alpenländisch aus Salzburg (Österreich)

Geh i-s her üba d'Alm

Geh i-s her üba d'Alm,
Geh i-s hin üba d'Schneid,
Ja wegn mein' Diandl z'Gfalln,
Weils mi saggrisch gfreut,
Ja weil's so sauber is
Und schwarzaugat is,
Drum geh i-s her so weit,
Hin üba d'Schneid.

Wann der Tag anbricht,
Durch die Tannen sticht,
Den Guggu hör i-s schrein,
D'Vögei stimman ein.
Ja wann die Bleamal blüahn,
Aft tuan uns mir zwa liabn,
Drum geh i-s her so weit,
Hin üba d'Schneid.

Übers Loaterl

Alpenländisch aus Kärnten und Oberbayern

Übers Loa-terl, da steig is net auf-fi, Der
Geh is lia-ba schön lang-sam, schön lei-se Hoch

Gang-steig, der is ma z'hoch drobm,
ü-ba den alm-ri-schn Bodn.

Z'erscht, da muaßt a wen-gerl
Na-cha muaßt a bis-serl

schleichn, Muaßt di du-ckn bein Zaun.
pfei-fn, Werd wohl au-ßa kemm

schaun. A-ba Wia-ga-le,

woi-ga-le, Woi-ga-le her zu mir, Heut bist mei Woi-ga-le,

Morgen nix mehr, Ja, heut bist mei Woi-ga-le, Morgen nix mehr.

Übers Loaterl

Übers Loaterl, da steig is net auffi,
Der Gangsteig, der is ma z'hoch drobm,
Geh is liaba schön langsam, schön leise
Hoch üba den almrischn Bodn.
     Z'erscht, da muaßt a wengerl schleichn,
     Muaßt di duckn bein Zaun.
     Nacha muaßt a bisserl pfeifn,
     Werd wohl außa kemm schaun.
     Aba Wiagale, woigale,
     Woigale her zu mir,
     Heut bist mei Woigale,
     Morgen nix mehr.

Der Erste steht drobm auf da Loata,
Der Zwoate steht hinter da Tür,
Der Dritte leit drin als a Broata
Und schwatzt ihr vom Heiraten für.
     Z'erscht etc.

Der Oane geht über's Wieserl,
Der Andre geht über's Feld,
Der Oan is der Schöna a bisserl,
Der Andre hat a bisserl mehr Geld.
     Z'erscht etc.

III. Kumm bi de Nacht

Belle, bonne, sage
Schöne, Gute, Kluge

Rondeau von Baude Cordier (frühes 15. Jahrh.), französisch

Bel - le, bon - ne, sa - - ge, plaisant et gen - - - te!

Belle bonne

Belle bonne

A ce jour cy que l'an. Se re - - nou - vel - - -

le vous fais Ce don d'une chan - son nou - vel - - -

- - le   de - dans mon ♡ qui a vous Se presen - -

-       -   -   -   -   -   te.

Belle, bonne, sage

Belle, bonne, sage, plaisant et gente! A ce jour cy que l'an.
Se renouvel(le). Je vous fais.
Ce don d'une chanson nouvel. La dedans mon ♡ qui a vous
Se presente.
...Belle bonne
...Belle bonne
De recepvoir ce Don ne seriez lente, je vous suppli ma
Doulce damoiselle. Belle bonne etc.
Car tant doux ami qui aillours n'a pour mon entente
Et je scay que vous estes seule celle que j'ame
A ce que a reson vous appelle: Flour de
Beauté sur toutes exellente.
Belle bonne.

Schöne, Gute, Kluge

Schöne, Gute, Kluge, Liebliche und Edle,
An dem Tag, an dem das Jahr sich erneuert, schenke ich Euch
Dieses neue Lied.
In das ich mein ♡ hineinlege, das sich Euch darbringt.
...Schöne, Gute
...Schöne, Gute
Zögert nicht, dies Geschenk anzunehmen, dies bitt ich Euch sehr,
Liebliches Fräulein. Schöne, Gute, etc.
Denn solch edlen Freund gibt es sonst meines Wissens nirgends mehr
Und ich weiß, daß ihr die einzige seid, die ich liebe,
So daß ich Euch mit Recht
Alles übertreffende, schönste Blume nenne.
Schöne, Gute.

Girometta

Italienisch aus dem Tessin (Schweiz)

Gi - ro - met - ta del - la mon - ta - gna ve - gni giù chi

lo. Ve - gni giù chi lo. Gi - ro - met ta

bel - la, so - na - rem la pi - va, bal - la - rem un pò.

Girometta

Girometta della montagna vegni giù chi lo.
Girometta bella, sonarem la piva, ballarem un pò.

Girometta della montagna vegni giù al pian.
Girometta bella, ola leli lela, ola li lela.

Girometta

Girometta vom Gebirge, komm herunter.
Girometta, meine Schöne, wir werden Flöte spielen und ein bißchen tanzen.

Girometta vom Gebirge, komm ins Tal herab.
Girometta, meine Schöne, ola leli lela, ola li lela.

Rossignolet du bois
Junge Nachtigall im Wald

Moderato

Französisch

Ros - si - gno - let du bois, Ros - si - gno - let sau - va - - ge, Apprends-moi ton lan - ga - ge Ap - prends - moi z'à par - ler, Apprends-moi la ma - niè - re Comment il faut ai - mer, ah Comment il faut ai - mer.

Rossignolet du bois

Rossignolet du bois,
Rossignolet sauvage,
Apprends-moi ton langage
Apprends-moi z'à parler,
Apprends-moi la manière
Comment il faut aimer, ah-
Comment il faut aimer.

Comment il faut aimer,
Je m'en vas te le dire:
Faut embrasser les filles,
Les caresser souvent,
En leur disant: «La belle,
Je serai ton amant.»

«La belle, on dit partout
Que vous avez des pommes,
Des pommes de reinette
Qui sont dans votre jardin:
Permettez-moi, la belle,
Que j'y porte la main.»

Junge Nachtigall im Wald

Junge Nachtigall im Wald,
Wilde Nachtigall,
Lehre mich deine Sprache,
Lehre mich zu reden,
Zeige mir,
Wie man lieben muß, ah-
Wie man lieben muß.

Wie man lieben muß,
Ich werde es dir sagen:
Mußt die Mädchen umarmen,
Viel liebkosen
Und ihnen sagen: „Schöne,
Ich werde dein Geliebter sein."

„Schöne, man sagt überall,
Daß ihr Äpfel habt,
Königsäpfel
Sind in eurem Garten:
Erlaubt mir, Schöne,
Daß ich meine Hand darauf lege."

«Non, je ne permets pas
que l'on touche à mes pommes.
Apportez-moi la lune,
Le soleil à la main,
Vous toucherez les pommes
Qui sont dans mon jardin.»

Le jeune amant s'en va
Là-haut sur la montagne,
Croyant prendre la lune,
Le soleil à la main:
La chose fut impossible,
La belle le savait bien...

„Nein, ich erlaube nicht,
Daß man meine Äpfel berührt.
Bringt mir den Mond,
Die Sonne in der Hand,
So werdet ihr die Äpfel berühren,
Die in meinem Garten sind."

Der junge Liebhaber geht fort,
Dort hinauf in die Berge,
Im Glauben, den Mond zu nehmen,
Die Sonne in der Hand:
Das konnte nicht gelingen,
Die Schöne wußt' es wohl...

Oskal Ingača
Ingača aus Oskal

Lappisch

Oskal Ingača

Oskal Ingača
Jo jokkamokke ravdo gal,
Gædgedieva čuonja læi jo gal.

Ingača aus Oskal

Ingača aus Oskal,
Du Forelle der Flußbiegung,
Du schöne Gans des Steinhügels!

C'erano tre zitelle
Es waren drei Jungfrauen

Italienisch

C'e - ra - no tre zi - tel - le, C'e - ra - no - tre zi - tel - le.

E tut - te tre di a - mor. Ni - net - ta, la più bel - la, Ni -

- net - ta, la più bel - la Si mes - se a na - vi - gar.

C'erano tre zitelle

C'erano tre zitelle,
C'erano tre zitelle,
E tutte tre di amor.
Ninetta, la più bella,
Ninetta, la più bella
Si messea navigar.

Dal navigar che fece,
Dal navigar che fece,
L'anello le cascò.
«O pescator dell' onda,
O pescator dell' onda
Vini apescar in qua.»

Dopo ch'io l'ho pescato,
Dopo ch'io l'ho pescato,
Che cosa mi vuoi dar?
«Cento zecchini d'oro,
Cento zecchini d'oro
E una borsa ricamà.»

Non voglio nè zecchini,
Non voglio nè zecchini
Ne borsa ricamà,
Sol un bacio d'amore,
Sol un bacio d'amore,
Se tu me lo vuoi dar.

Es waren drei Jungfrauen

Es waren drei Jungfrauen,
Es waren drei Jungfrauen,
Und alle drei von Liebe erfüllt.
Ninetta, die schönste,
Ninetta, die schönste
Begann zu rudern.

Als sie so ruderte,
Als sie so ruderte,
Entfiel ihr der Ring.
„O Fischer auf der Woge,
O Fischer auf der Woge,
Komm, fische hier herüben!"

Wenn ich den Ring gefischt habe,
Wenn ich ihn gefischt habe,
Was gibst du mir dafür?
„Hundert Goldzechinen,
Hundert Goldzechinen
Und eine gestickte Börse."

Ich will weder Zechinen,
Ich will weder Zechinen
Noch eine gestickte Börse,
Nur einen Kuß,
Nur einen Kuß,
Wenn du ihn mir geben willst.

«Ma se lo sa il mio padre,
Ma se lo sa il mio padre,
Che cosa mi dirà?»
Sta zitta, non dir niente,
Sta zitta, non dir niente,
Que poi ti sposerò.»

„Aber wenn es mein Vater erfährt,
Aber wenn es mein Vater erfährt,
Was wird er mir sagen?"
„Sei still, sag nichts,
Sei still, sag nichts –
Dann werde ich dich heiraten."

Tule koju, armuke
Komm heim, mein Liebling

Andante   Estnisch

Tu - le ko - ju, ar - mu - ke, Kul - la kal - lis piigake! Tu - le ko - ju! Mul on ko - dus kam - bri - ke, Ke - na, vaik - ne, Armukaunis pe - sa – ke.

Tule koju, armuke

Tule koju, armuke,
Kulla kallis piigake!
Tule koju!
Mul on kodus kambrike,
Kena, vaikne,
Armukaunis pesake.

Millal meie pulmad teeme?
Ai-li-lu-li-li-lu-li!
Millal vôin ma kosja sôìta?
Ai-li-lu-li-li-lu-li.
Kevadel, kui häälitseb lind,
kevadel – siis ootan ma sind!

Komm heim, mein Liebling

Komm heim, mein Liebling,
Mein goldenes, teures Mädchen!
Komm heim!
Zu Hause habe ich ein Kämmerlein,
Lieblich, still,
Ein schönes Nestlein für die Liebe.

Wann werden wir unsere Hochzeit feiern?
Ai-li-lu-li-li-lu-li!
Wann kann ich zur Brautwerbung fahren?
Ai-li-lu-li-li-lu-li!
Im Frühling, wenn der Vogel singt,
Im Frühling – dann warte ich auf Dich!

Dat du min Leevsten büst

Niederdeutsch

Dat du min Leev-sten büst, Dat du wol weest.

Kumm bi de Nacht, Kumm bi de Nacht, Segg, wo du heest. heest.

Dat du min Leevsten büst

Dat du min Leevsten büst,
Dat du wol weest.
Kumm bi de Nacht,
Kumm bi de Nacht,
Segg, wo du heest.

Kumm du um Middernacht,
Kumm du Klock een!
Vadder slöpt,
Moder slöpt,
Ick slap alleen.

Klopp an de Kammerdör,
Fat an de Klink!
Vadder meent,
Moder meent,
Dat deit de Wind.

Sweet Nymph
Süße Nymphe

Thomas Morley (1557–1602), englisch

Sweet Nymph

Sweet Nymph come to thy lover,
Lo here alone our loves we may discover,
Where the sweet Nightingale with wanton gloses,
Hark, her love too discloses.

Süße Nymphe

Süße Nymphe, komm' zu dem, der dich liebt,
Sieh, hier allein können wir uns unsere Liebe offenbaren.
Hier, wo die süße Nachtigall mit wollüstigen Tändeleien
Horch – gleichfalls ihre Liebe offenbart.

Du mein einzig Licht

Heinrich Albert (1604–1651)

Du mein ein - zig Licht, Die Lilj' und Ros' hat nicht, Was an Farb und Schein Dir möcht ähn - lich sein, Nur daß dein stol - zer Mut Der Schönheit Un - recht

tut. Nur daß dein stol - zer Mut Der Schönheit Un - recht tut.

tut. Nur daß dein stol - zer Mut Der Schönheit Un - recht tut.

tut. Nur daß dein stol - zer Mut Der Schön - heit Unrecht tut.

Du mein einzig Licht

Du mein einzig Licht,
Die Lilj' und Ros' hat nicht,
Was an Farb und Schein
Dir möcht ähnlich sein,
Nur daß dein stolzer Mut
Der Schönheit Unrecht tut.

Meine Heimat du,
Von solcher Lust und Ruh,
Ist der Himmel gar
Wie die Erde bar.
Nur daß dein strenges Wort
Mich wehrt vom süßen Port.

Вдоль по улице метелица метет
Vdol'po úlice metélica metjót
Die Straße entlang fegt der Schneesturm

Russisch

Allegro

Vdol' po ú-li-ce me-té-li-ca me-tjót, Za me-
-té-li-cej moj mí-len'kij i-djót. Ty postój, po-stój, kra-
-sá-vi-ca mo-já, Daj mne na-glja-dét'-sja, rádost', na te-
-bjá. Ty po-stój, po-stój, kra-sá-vi-ca mo-
-já, Daj mne na-glja-dét'-sja, rá-dost', na te-bjá.

Вдоль по улице метелица метет,

Вдоль по улице метелица метет,
Эа метелицей мой миленький идет.
     Ты постой, постой, красавица моя,
     Дай мне наглядеться, радость, на тебя.

На твою ли на приятну красоту,
На твое ли что на белое лицо.
     Ты постой, etc.

Красота твоя с ума меня свела,
Иссушила добра молодца меня.
     Ты постой, etc.

Vdoľpo úlice metélica metjót

Vdoľpo úlice metélica metjót,
Za metélicej moj mílen'kij idjót.
    Ty postój, postój, krasávica mojá,
    Daj mne nagljadét'sja, rádosť, na tebjá.

Na tvojú li na prijátnu krasotú,
Na tvojó li čto béloje licó.
    Ty postój, etc.

Krasotá tvojá s umá menjá svelá,
Issušíla dóbra molodcá menjá.
    Ty postój, etc.

Die Straße entlang fegt der Schneesturm

Die Straße entlang fegt der Schneesturm.
Dem Schneesturm nach jagt mein Liebster.
    Flieh nicht, bleib, meine Schöne,
    Laß mich sattsehen an dir, meine Freude.

Sattsehen an deiner Schönheit,
Deinem weißen Gesicht.
    Flieh nicht, etc.

Deine Schönheit hat mich um den Verstand gebracht,
Hat an meiner Lebenskraft gezehrt.
    Flieh nicht, etc.

Az árgyélus kis madár
Schwaches Vöglein

Ungarisch

Allegretto

Az ár - gyé - lus   kis ma - dár   nem száll min - den   ág - ra,
Én sem fek - szem min - den - kor   szép pap - la - nos   ágy - ba.

Szállj le,   szállj le,   gyön - ge kis   ma - dár - ka.
Szánj meg,   bánj meg,   gyön - ge kis   ma - dár - ka!

Az árgyélus kis madár

Az árgyélus kis madár nem száll minden ágra,
Én sem fekszem mindenkor szép paplanos ágyba.
Szállj le, szállj le, gyönge kis madárka.
Szánj meg, bánj meg, gyönge kis madárka!

Áz én kedves vacsorám csak egy piros alma,
Áz én vetett nyoszolyám csak egy marék szalma.
Szállj le, szállj le, gyönge kis madárka,
Szánj meg, bánj meg, gyönge kis madárka!

Schwaches Vöglein

Dieses Vöglein setzt sich nicht auf jeden Ast,
Auch ich lege mich nicht in jedes schön gemachte Bett.
Warum fliegst du nicht, schwaches Vöglein,
Warum fliegst du nicht, schwaches Vöglein, herab zu mir!

Mein bestes Abendessen ist ein roter Apfel,
Mein schönstes Lager, eine Handvoll Stroh.
Warum kommst du nicht, schwaches Vöglein,
Warum kommst du nicht, schwaches Vöglein, zu mir!

IV. Berühre ihre Federn nicht

Blauer Storch

Oberdeutsch, 16. Jahrhundert

Ich sah mir ei - nen blau - en Storchen Auf ei - ner Wie - se gahn, Ich meint, es sei mein Buh - le, Und hieß ihn stil - le stahn.

Blauer Storch

Ich sah mir einen blauen Storchen
Auf einer Wiese gahn,
Ich meint, es sei mein Buhle,
Und hieß ihn stille stahn.

„Ach Gott, ich kann nicht stille stehn,
Ich hab ja noch kein Gras!"
„Sag: du habest dir geschnitten
Den halben Finger ab."

„Ach Gott, wie kann ich lügen!
Steht mir so übel an,
Viel lieber wollt ich sagen:
Der Jäger wär mein Mann."

„Ei Mutter, liebe Mutter,
Was gebt ihr mir für Rat?
Es läuft mir alle Morgen
Ein stolzer Jäger nach."

„Ei Tochter, liebe Tochter,
Den Rat, den geb ich dir:
Laß du den Jäger laufen,
Bleib noch ein Jahr bei mir!"

„Ei Mutter, liebe Mutter,
Der Rat, der ist nicht gut:
Der Jäger ist mir lieber
Als sie und all ihr Gut."

„Ach Tochter, liebe Tochter,
Dein Rede ist mir hart,
So lauf du denn zum Jäger,
Du bist ja schier vernarrt."

„Ach Mutter, liebe Mutter,
Euer Rat gefällt mir wohl.
So muß ich's halt abwarten,
Bis mich der Jäger hol'."

An cluinn thu mi
Wirst du mich erhören?

Gaelisch aus Glendale

An cluinn thu mi, Mo chail- in donn? Teann nall is thoir an air- e dhomh! Tha mór - an ann 'am bar - ail dhiù Gur òg an leannan Dhòmhs' thu.

An cluinn thu mi

An cluinn thu mi,
Mo chailin donn?
Teann nall is thoir an aire dhomh!
Tha móran ann am barail dhiù
Gur òg an leannan
Dhòmhs' thu.

Wirst du mich erhören?

Wirst du mich erhören,
Braunhaariges Mädchen?
Komm doch herüber, übersieh mich nicht!
Freilich, viele meinen,
Du wärest noch zu jung als Geliebte
Für mich.

Codrule frunză rotundă
Wald – rundes Blatt

Rumänisch

Co - dru - le frun - ză ro - tun - dă,

Co - dru - le frun - ză ro - tun - dă,

Slo - bo - dzîm o tîr de um - bră,

Slo - bo - dzîm o tîr de um - bră.

Codrule frunză rotundă

– Codrule frunză rotundă,
Slobodzîm o țîr de umbră,
Să mă umbresc cu-a mea mîndră.
– Umbră nu ț-oi sloboze,
Că-i copila tinere
Și-i cădea-n păcat cu ie,
Tu rămîi cu frundzele,
Mîndra cu lăcrămile,
Tu rămîi cu frundze-uscate,
Mîndra cu lacrămi prădate.

Wald – rundes Blatt

„Wald – rundes Blatt,
Spende mir ein bißchen Schatten,
Damit ich mich mit meiner Liebsten verberge."
„Schatten gebe ich dir keinen,
Denn das Kind ist zu jung
Und du wirst mit ihr sündigen,
Dir bleiben die Blätter,
Deiner Liebsten die Tränen,
Du bleibst mit verdorrten Blättern,
Deine Liebste mit vergossenen Tränen."

Je suis trop jeunette
Ich bin noch zu jung

Französisch, 15. Jahrhundert

Je suis trop jeu - net - te pour faire ung a - my,

Sy suis je bien pre - ste d'en faire ung jo - ly.

S'il est a ma po - ste il au - ra mon cuer

Et lai - ré mon pé - re, ma mé - re, mon fré - re, ma seur,

Et i - ray seu - let - te au bois a - vec luy

Cueil - lier vi - o - let - te pour pas - ser en - nuy.

Je suis trop jeunette

Je suis trop jeunette pour faire ung amy,
Sy suis je bien preste d'en faire ung joly.
S'il est a ma poste il aura mon cuer
Et lairé mon pére, ma mére, mon frére, ma seur,
Et iray seulette au bois avec luy
Cueillier violette pour passer ennuy.

S'il me veut promettre et me tenir seur,
D'estre seulle amée, prisée, et tout son cueur,
Jamais n'auray autre seullement que luy,
Pour roy, duc ne conte qui vive au jour d'uy,
Jamais n'auray autre seullement que luy,
Pour roy, duc ne conte qui vive au jour d'uy.

Ich bin noch zu jung

Ich bin noch zu jung, einen Geliebten zu haben,
Doch für den Schönsten bin ich schon bereit.
Wenn er an mein Tor kommt, schenke ich ihm mein Herz.
Den Vater, die Mutter, den Bruder, die Schwester werde ich
verlassen
Und gehe mit ihm allein in den Wald,
Veilchen zu pflücken und die Langeweile zu vertreiben.

Wenn er mir versprechen will und geloben,
Daß ich in seinem Herzen die einzig teure Geliebte bleibe,
Nähme ich keinen anderen als ihn,
Sei es König, Herzog, Graf oder sonst jemand.
Niemals nähme ich einen anderen als ihn,
Sei es König, Herzog, Graf oder sonst jemand.

Uciekła mi przepióreczka
Eine kleine Wachtel entwischte mir

Polnisch

U - cie - kła   mi   przepió - recz - ka   wpro - so,

A   ja   za   nią   nie - bo - ra - czek   bo - so.

Uciekła mi przepióreczka

Uciekła mi przepióreczka w proso,
A ja za nią nieboraczek boso.

Każą mi, się pani matki spytać,
Czyli można, przepióreczkę chwytać.

„A chwytajże, mój syneczku, chwytaj,
Jeno jej się pióreczek nie tykaj!"

„Nie chwytaj jej za te złote piórka:
Bo to moja ukochana córka."

A jakże ją, pani matko chwytać,
Żeby się jej pióreczek nie tykać?

Eine kleine Wachtel entwischte mir

Eine kleine Wachtel entwischte mir ins Hirsefeld,
Und ich, armer Teufel, barfuß hinterdrein.

Man sagt, ich soll die Mutter fragen,
Ob ich die Wachtel fangen darf.

„So fang' sie doch, mein Sohn, fang',
Nur berühre nicht ihre Federn.

Rühr' nicht an ihre goldenen Federn,
Denn es ist meine liebe Tochter."

„Aber wie soll ich sie, Frau Mutter, fangen,
Ohne dabei ihre Federn zu berühren?"

54

Ich han in ainem garten gesehen

Mönch von Salzburg, 2. Hälfte des 14. Jahrhunderts

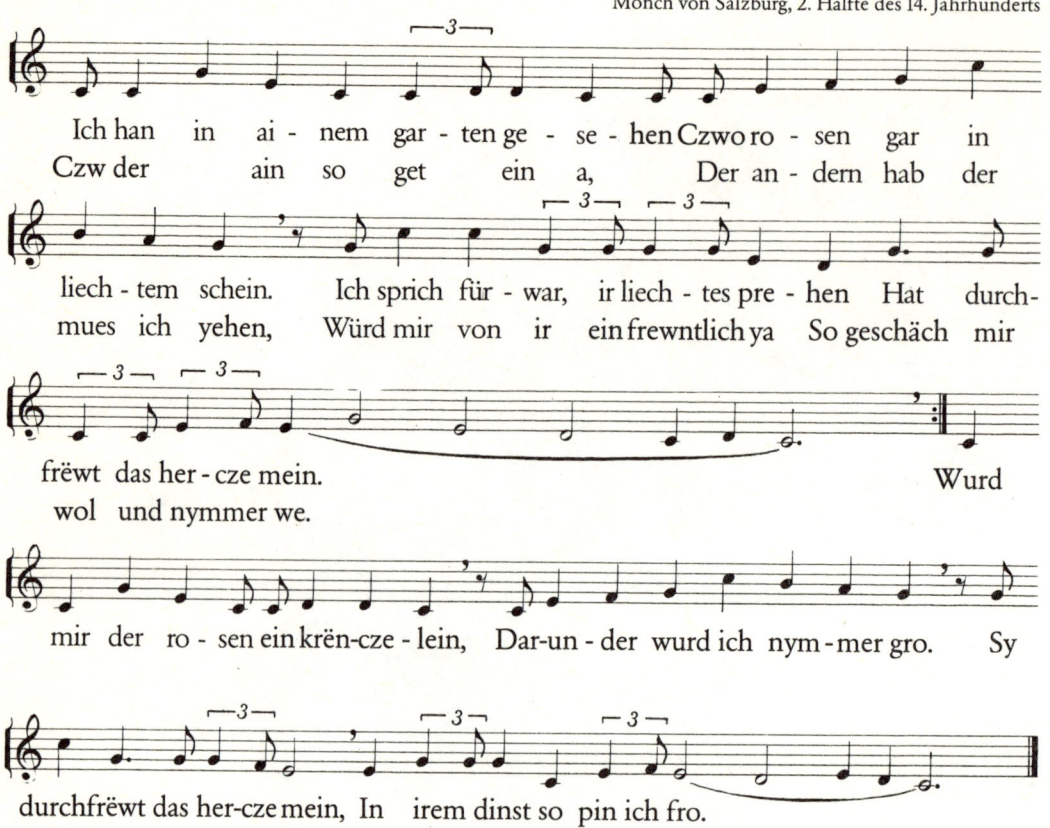

Ich han in ai - nem gar - ten ge - se - hen Czwo ro - sen gar in
Czw der ain so get ein a, Der an - dern hab der

liech - tem schein. Ich sprich für - war, ir liech - tes pre - hen Hat durch-
mues ich yehen, Würd mir von ir ein frewntlich ya So geschäch mir

frëwt das her - cze mein. Wurd
wol und nymmer we.

mir der ro - sen ein krën-cze - lein, Dar-un - der wurd ich nym - mer gro. Sy

durchfrëwt das her-cze mein, In irem dinst so pin ich fro.

Ich han in ainem garten gesehen

Ich han in ainem garten gesehen
Czwo rosen gar in liechtem schein;
Ich sprich fürwar, ir liechtes prehen
Hat durch frëwt das hercze mein.
Czw der ain so get ein a:
Der andern hab der mues ich yehen,
Wurd mir von ir ein frewntlich ya,
So geschäch mir wol vnd nymmer we;
    Wurd mir der rosen ein krënczelein,
    Darvnder wurd ich nymmer gro.
    Sy durchfrëwt das hercze mein,
    In irem dinst so pin ich fro.

Ich hab in einem Garten gesehn
zwei zarte Rosen leuchtend schön,
ich weiß fürwahr, ihr heller Glanz
bringt Freude in mein Herz.
Die eine mag ich nicht,
der andern Art gefällt mir wohl;
käm mir von ihr ein freundlich Ja,
das tät mir gut, vertreibt das Leid.
    Bekäm ich aus Rosen ein Kränzelein,
    dann würd ich niemals alt;
    wenn solche Freude mich durchdringt,
    wär es mein höchstes Glück.

Ich lob sey füer des süessen mayen blüet,
Wol für dy liechten rosen czart.
Ir angesicht gibt frisch vnd hohen muet,
Sy ist geporn aus hoher art,
Gar adenleich wolgestalt
. . . . . Ir edle frümkeit
In meinem herczen genczlichen erwelt;
Ir guet gepär ich vnderscheid.
      Wurd mir etc.

Uil edle ros, laſz mich genyessen,
Das ich dein stäter dienner pin;
Ich sprichs fürwar, an als verdriessen
Lob ich dich für dy liebst, dy mein:
Du pist mein hort vnd auch mein trost.
Ich dien dir, fraw, auf lieben, gueten wan,
Wann du mir wol gehelffen magst.
Swarcz vnd plab das macht mich fro.
      Wurd mir. etc.

Ich lob sie mehr als Maienblüte,
auch mehr als Rosen hell und zart,
ihr Anblick macht mich leicht und froh,
denn sie ist edel von Geburt
und wohlgeformt ist die Gestalt;
durch ihre edle, gute Art
hat sie mein ganzes Herz gewonnen;
ihr feines Wesen sticht hervor.
      Bekäm ich aus Rosen ein Kränzelein, etc.

Verwehr mir's nicht, du edle Rose,
daß stets in deiner Gunst ich bin,
ich sag fürwahr und frei heraus:
Du bist die Liebste, die ich hab,
bist meine Zuflucht und mein Trost;
ich hoffe fest auf deine Gunst,
die mich allein erretten kann:
schwarz und blau erfreuen mich.
      Bekäm ich aus Rosen ein Kränzelein, etc.

Aba Suserl, du ghörst mein

Alpenländisch aus dem Salzkammergut

Ho-la ri - a djo, ho-la ra - i dje. Ho-la ri - ai - ri - ai, ho-la dja-i - i.

Ho-la ri - a djo, ho - la ra - i dje, A - ba Su-serl, du ghörst mein.

Aba Suserl, du ghörst mein

Hola ria djo, hola rai dje.
Hola riai riai, hola djai-i.
Hola ria djo, hola rai dje,
Aba Suserl, du ghörst mein.

Bei meines bulen haupte

Deutsch, 16. Jahrhundert

Bei meines bulen haup-te, Da stet ein gül-de-ner schrein,
Da-rin da leit verschlossen Das jun-ge her-ze mein; Wolt

got ich het den schlüs-sel, Ich würf in in den Rein; Wer

ich bei mei-nem bu-len, Wie kont mir baß ge-sein!

Bei meines bulen haupte

Bei meines bulen haupte
Da stet ein güldener schrein,
Darin da leit verschlossen
Das junge herze mein;
Wolt got ich het den schlüssel,
Ich würf in in den Rein;
Wer ich bei meinem bulen,
Wie kont mir baß gesein!

In meines bulen garten
Da stehen vil edeler blüt;
Wolt got, solt ich ir warten,
Das wer meines herzen freud,
Die edlen röslein brechen,
Denn es ist an der zeit;
Ich trau sie wol zu erwerben,
Die mir im herzen leit.

Bei meines bulen füßen
Da fleußt ein brünnlein kalt,
Wer des brünnleins tut trinken,
Der jungt und wird nicht alt;
Ich hab des brünnleins getrunken
Gar manchen stolzen trunk,
Vil lieber wolt ich mir wünschen
Meines bulen roten mund!

In meines bulen garten
Da sten zwei beumelein,
Das ein das tregt muscaten,
Das ander negelein;
Die muscaten die sind süße,
Die negelein die sind reß,
Die gib ich meinem bulen,
Daß er mein nicht vergeß.

Die nachtegaal die zong een lied
Die Nachtigall, die sang ein Lied

Niederländisch

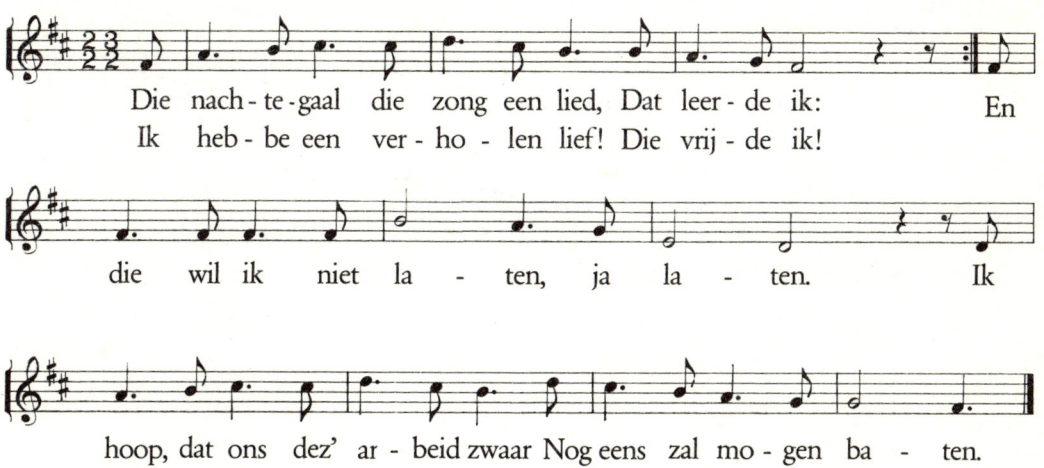

Die nach-te-gaal die zong een lied, Dat leer-de ik: En
Ik heb-be een ver-ho-len lief! Die vrij-de ik!

die wil ik niet la - ten, ja la - ten. Ik

hoop, dat ons dez' ar - beid zwaar Nog eens zal mo - gen ba - ten.

Die nachtegaal die zong een lied

Die nachtegaal die zong een lied,
Dat leerde ik: Ik hebbe een verholen lief!
Die vrijde ik!
En die wil ik niet laten, ja laten.
Ik hoop, dat ons dez' arbeid zwaar
Nog eens zal mogen baten.

Hij was mij alzo vreemde niet,
Hij had mij lief!
Hij voer mij over heiden,
Hij misdeed mij niet:
Hij voer mij over heiden, ja heiden.
Daart twee schoon liefkens samen gaan,
Hoe no' is is't, dat zij scheiden.

Daar twee goe liefkens samen aan
Den danse gaan,
Hoe vriend'lijk zij hun oogskens
Opmalkandren slaan
Gelijk die morgensterre, ja sterre!
Mijn hartje is van zulker aard:
Blauwoogskens zie ik gerne.

Die Nachtigall, die sang ein Lied

Die Nachtigall, die sang ein Lied,
Das lernte ich: Ich hab ein heimlich Lieb.
Das freite ich.
Und das will ich nicht lassen.
Ich hoffe, daß sich die große Mühe
Dereinst noch lohnen wird.

Er war so fremd mir nicht,
Er hatte mich lieb!
Er führte mich über die Heide,
Er tat mir nichts:
Er führte mich über die Heide.
Wo zwei Liebende zusammengehen,
Wie schmerzlich ist's, wenn sie scheiden.

Wenn zwei Liebende zusammen
Zum Tanze gehn,
Wie freundlich
Schlagen sie ihre Augen auf
Gleich dem Morgenstern.
Mein Herz ist von solcher Art:
Strahlende Augen seh' ich gern.

Kära lind så grön
Liebe Linde so grün

Schwedisch

Jag var mig så li - ten, jag mi - ste min mor, Min fa - der han

gaf mig i styf - moders våld. I år så blir det en sommar.

Kära lind så grön

Jag var mig så liten, jag miste min mor,
Min fader han gaf mig i styfmoders våld.
I år så blir det en sommar.

Och jag hade bröder båd stora och små;
Som'a skapte hon till björnar, i skogen att gå.
I år så blir det en sommar.

Och som'a skapte hon till ulfvar grå;
Mig skapte hon till en lind på en slätt till att stå.
I år så blir det en sommar.

Der kommo två jungfruer gångande:
»Här ståndar du: Guds fred, kära lind så grön!»
I år så blir det en sommar.

»När du sitter inne och husar ditt ben,
Så ståndar jag ute, frusen å gren!»
I år så blir det en sommar.

»När du sitter inne och spoar din fot;
Så ståndar jag ute, frusen om rot!»
I år så blir det en sommar.

»När det kommer bedlare, som bedla om dig,
Så kommer timmermannen och skadar på mig!»
I år så blir det en sommar.

Det kom en kungason der gångande:
»Här ståndar du: Guds fred, kära lind så grön!«
I år så blir det en sommar.

Så tog han på hennes fagraste blad,
Så rann det der upp en jungfru så klar.
I år så få vi en sommar.

Liebe Linde so grün

Ich war noch ganz klein, da starb meine Mutter.
Mein Vater gab mich einer harten Stiefmutter.
Bald gibt's einen Sommer.

Auch hatte ich Brüder, groß und klein,
Die verzauberte sie zu Bären.
Bald gibt's einen Sommer.

Und etliche verzauberte sie in graue Wölfe,
Mich aber verwandelte sie in eine Linde.
Bald gibt's einen Sommer.

Da kamen zwei Jungfrauen gegangen und sprachen:
„Die du da stehst: Gottes Friede, liebe Linde so grün!"
Bald gibt's einen Sommer.

Und ich, die Linde, sprach zur bösen Stiefmutter:
„Da sitzest du drinnen und wärmst deine Füße,
Ich aber stehe hier draußen mit erfrorenen Zweigen.
Bald gibt's einen Sommer.

Und du sitzest da drinnen und hast feste Schuhe an.
Ich aber stehe hier draußen bis ins Wurzelmark verfroren.
Bald gibt's einen Sommer.

Zu dir kommen Freier und werben um dich,
Aber zu mir kommen Zimmerleute, nur, weil sie mein Holz prüfen."
Bald gibt's einen Sommer.

Aber dann kam ein Königssohn gegangen und er sprach:
„Die du da stehst: Gottes Friede, liebe Linde so grün!"
Bald gibt's einen Sommer.

Er küßte ihr schönstes Blättlein
Und erweckte sie zur lieblichen Jungfrau.
Jetzt wird es bald Sommer werden.

Czerwone jabluszko
Das rote Äpfelchen

Polnisch

Czerwo - ne ja - błu - szko po zie - mi się to - czy,

Tę dziewczy - nę ko - cham, co ma si - we o - czy.

Gę - si za wo - dą, Kaczki za wo - dą, Trzeba je ro - ze - gnác,

Bo się po - bo - dą, Ty mi bu - zi dasz, Ja ci bu - zi dam,

Ty mnie nie wy - dasz, Ja cię nie wy - dam. Ma - zu - rek,

ma - zu - re - czek, O - be - rek, o - be - re - czek, Ku - jawiak,

ku - ja - wia - czek, Choćzie Ma - ryś, Choćzie, chodź, chodź!

Czerwone jabłuszko

Czerwone jabłuszko po ziemi się toczy,
Tę dziewczynę kocham, co ma siwe oczy.
    Gęsi za wodą,
    Kaczki za wodą,
    Trzeba je rozegnác,
    Bo się pobodą,
    Ty mi buzi dasz,
    Ja ci buzi dam,
    Ty mnie nie wydasz,
    Ja cię nie wydam.
    Mazurek, mazureczek,
    Oberek, obereczek,
    Kujawiak, kujawiaczek,
    Choćżie Maryś,
    Choćżie, chodź, chodź!

Dudni woda, dudni w cembrowanej studni,
A dlaczego dudni, bo jest woda w studni.
    Gęsi za wodą, etc.

Das rote Äpfelchen

Das rote Äpfelchen rollt auf die Erde.
Das Mädchen mit den grauen Augen liebe ich.
    Gänse wollen Wasser,
    Enten wollen Wasser,
    Man soll sie verjagen,
    Denn sie werden streiten.
    Du küßt mich,
    Ich gebe dir einen Kuß,
    Du verrätst mich nicht,
    Ich werde dich nicht verraten.
    Masurek, Masureczek,
    Oberek Obereczek,
    Kujawiak, Kujawiaczek,
    Komm doch, Marys,
    Komm!

Das Wasser plätschert und plätschert
In den Brunnen.
    Gänse wollen Wasser, etc.

Ljubičice, ljubičice
Veilchen, Veilchen

Serbokroatisch aus der Herzegowina

Ljubi - či - ce, lju — bi — či — ce, I ja bi te

bra - la. I ja bi te bra - la.

Ljubičice, ljubičice

Ljubičice, ljubičice,
I ja bi te brala.

Nemam dragog
Kome bi te dala.

Imam dragog.
Al' je na daleku,

Do pol noći,
Pa če dragi doći.

Dok obljubi,
Saba-zora dodje.

Da zna zora,
Što je milovanje,

Ne bi nikad,
Zora zab'jelila,

Ne bi draga,
Lica zaklonila.

Veilchen, Veilchen

Veilchen, Veilchen,
Ich möchte dich pflücken.

Keinen Liebsten habe ich,
Dem ich dich geben könnte.

Einen Liebsten habe ich,
Aber der ist ferne.

Bis zur Nachtzeit
Wird der Liebste kommen.

Frühschein dämmert
Während der Umarmung.

Wüßte der Morgen
Von den Freuden der Liebe,

Nimmer würde
Morgenröte leuchten,

Nicht verhüllen würde er
Die Angesichter der Liebenden.

Ei saa mitte vaiki olla
Ich kann nicht schweigen

Estnisch

Molto moderato

Ei saa mit - te vai - ki ol - la, Lau - lu - vii - si lô - pe -

-ta' – Vai - ki - mi - ne o - leks va - le, Sun - niks

sü - dant lôh - ke - ma, Vai - ki - mi - ne o - leks va - le, sunniks

(bei der dritten Strophe)

sü - dant lôh - ke - ma. Siis sa i - se o - led

süü - di: Miks nii ar - mas o - led mull'!

Ei saa mitte vaiki olla

Ei saa mitte vaiki olla,
Lauluviisi lôpeta' –
Vaikimine oleks vale,
Sunniks südant lôhkema.

Tahan ôige tasa laulda,
Tasa kannelt helista',
Et ei sind, mu kôige kallim,
Lauluga ma tülita.

Aga kui torm minu kandlelt
Kostab siiski kôrvu sull',
Siis sa ise oled süüdi:
Miks nii armas oled mull'!

Ich kann nicht schweigen

Ich kann nicht schweigen,
Ich kann nicht weitersingen.
Schweigen wäre falsch,
Es würde mein Herz sprengen.

Ich will ganz leise singen,
Leise die Leier spielen,
So daß ich dich, meine Allerliebste,
Mit dem Singen nicht störe.

Aber wenn der Sturm aus meiner Leier
Doch deine Ohren erreicht,
Dann bist du selbst schuld:
Daß du mir so lieb bist!

's Bussln

Alpenländisch aus Oberbayern

Und im er-stn Ka-ser bin i nie-der-gses-sn, Und im
zwoa-tn Ka-ser hab i Mi-li ges-sn, Aus 'n drit-tn Ka-ser habn mi
d'Flöh vertriebn Und im vier-tn Ka-ser bin i bliebn.

's Busseln

Und im erstn Kaser bin i niedergsessn,
Und im zwoatn Kaser hab i Mili gessn,
Aus'n dritten Kaser habn mi d'Flöh vertriebn
Und im vierten Kaser bin i bliebn.

Und beim erstn Bussl da hats gsagt: „I schrei!"
Und beim zweiten Bussl war's scho stad dabei,
Und beim drittn Bussl war's gar nit dahitzt,
Und beim viertn hat's scho's Goscherl gspitzt.

Nachgsangl

Kloane Kügerl giaßn,
Große Gamserl schiaßn,
Schöne Diandl liabn,
Dees muaßt alls probiern!
Weil ma jung san,
Schaug ma uns um söllas G'scher,
Bal ma alt san,
Gfreut's uns eh net mehr!

Pod borem sosna gorzała
Am Waldrand brannte eine Föhre

Polnisch

Ruhig

Pod bo - rem so - sna go - rza - ła, Pod so - sną

Zo - sień - ka sta - ła Skry na nią pa - da - ły

Szaty na niéj go - rza - ły, Nie - dba - ła, nie - dba - ła.

Pod borem sosna gorzała

Pod borem sosna gorzała,
Pod sosną Zosieńka stała
Skry na nią padały
Szaty na niéj gorzały,
Niedbała, niedbała.

Przyjechał do niej stary pan,
Zarzucił na nią swój żupan,
Nie dam panu wianeczka,
Bom ja młoda dzieweczka,
On stary, on stary.

Przyjechał do niej młodzieniec
Pięknie poprosił o wieniec,
Mowił do niej słóweczko
Siadaj ze mna dzieweczko,
Jam młody, jam młody.

„Żebym wiedziała: będziesz mój?
Tobym ci dała sygnet swój,
A ten sygnet ten złoty,
Warszawskiej on roboty,
Jasieńku mój!"

Am Waldrand brannte eine Föhre

Am Waldrand brannte eine Föhre.
Unter der Föhre stand Zosienka.
Funken fielen auf sie herab,
Die Gewänder brannten auf ihr,
Sie aber gab nicht acht, gab nicht acht.

Ein alter Mann kam zu ihr
Und warf ihr seinen Mantel über:
„Ich gebe ihm nicht den Kranz,
Denn ich bin ein junges Mädchen,
Er aber ist alt, ist alt."

Ein Jüngling kam zu ihr,
Bat sie schön um den Kranz,
Sagte zu ihr ein Wort:
„Setz dich hin mit mir, Mädchen,
Denn ich bin jung, bin jung."

„Wenn ich nur wüßte: wirst du der meine?
Ich gäbe dir meinen Ring.
Und dieser Ring, dieser goldene,
Ist Warschauer Arbeit,
Mein Jasieniek!"

Karajfil në kodër
Nelke am Hügel

Albanisch

Ka - raj - fil ně ko - děr, Dran - do - fill ně -

ko - děr, Vaj - za mir' ně Shko - děr, Mol - la e

vo - gěl - o, Vaj - za mir' ně

Shko - děr, Mol - la e vo - gěl - o.

Karajfil në kodër	Nelke am Hügel
Karajfil në kodër,	Nelke am Hügel,
Drandofill në kodër,	Rose am Hügel,
Vajza mir' në Shkodër,	Schönes Mädchen aus Shkodra,
Molla e vogël-o.	Kleines Äpfelchen – o.
Karajfil në vij-e,	Nelke am Brunnen,
Drandofill në vij-e,	Rose am Brunnen,
Emnin nuk ta dij-e,	Ich kenne deinen Namen nicht,
Molla e vogël-o.	Kleines Äpfelchen – o.
Karajfil në bahçe,	Nelke im Garten,
Drandofill në bahçe,	Rose im Garten,
Zemrën ma kënaqe,	Mein Herz hast du mir beglückt,
Molla e vogël-o.	Kleines Äpfelchen – o.
Karajfil në prrue,	Nelke am Bach,
Drandofill në prrue,	Rose am Bach,
Të marrsha për grue,	Ich wünsche dich zur Frau,
Molla e vogël-o.	Kleines Äpfelchen – o.

Karajfil në kashtë,
Drandofill në kashtë,
Qite plakën jasht-e,
Molla e vogël-o!

Nelke im Stroh,
Rose im Stroh,
Schick' die Alte weg,
Kleines Äpfelchen – o!

Nji dit' shkova nga Drenova
Eines Tages ging ich nach Drenova

Albanisch

Nji dit' shko - va nga Dre - no - va nji dit' shko - va Nji dit'
shko - va nga Dre - no - va Gje - ta nji vaj - zë të
ré, – Gje - ta nji vaj - zë të ré.

Nji dit' shkova nga Drenova

Nji dit' shkova nga Drenova
Gjeta nji vajzë të ré.
Ish e bukur, ish e mitur,
Duket ishte fort e ngjitur.
Dhe më thot'e me zë plotë:
– Pse kshtu rrin, djal, tue m' shique?
– Jam i lodhur, – i thash fare,
Moj Drenov', moj Drenovare.
Haide t' rrijmë pak n' lendinë,
T' flasim bashk' për dashurinë.
Zemrën t' eme ti ma more,
Moj e bukura malsore.

Eines Tages ging ich nach Drenova

Eines Tages ging ich nach Drenova.
Dort traf ich ein junges Mädchen.
Es war schön, es war zart,
Und es war geweckt.
Und es sagte mit schöner Stimme:
„Warum schaust du mich an, junger Mann?"
„Ich sehne mich nach dir", sagte ich.
„Du aus Drenova, du Drenovarin,
Komm mit mir auf die Wiese.
Und sprechen wir von der Liebe.
Mein Herz hast du mir genommen,
Du schöne Bergbewohnerin."

Las morillas de Jaén
Die Maurenmädchen von Jaén

Spanisch aus Andalusien, 15. Jahrhundert

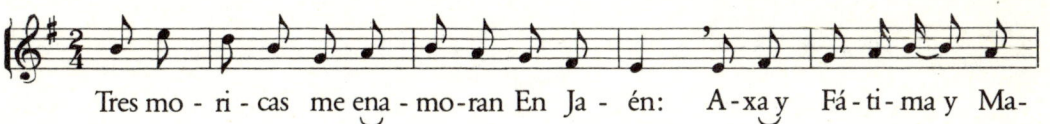

Tres mo - ri - cas me ena - mo - ran En Ja - én: A - xa y Fá - ti - ma y Ma-

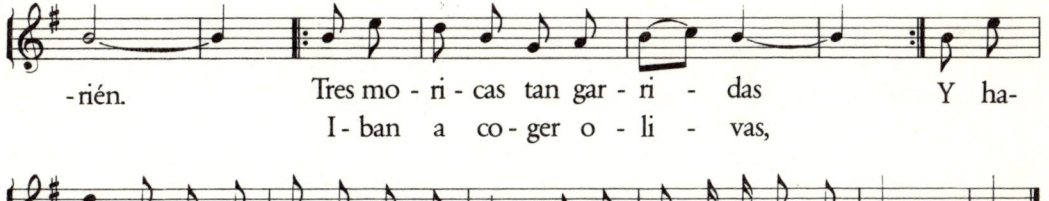

-rién. Tres mo - ri - cas tan gar - ri - das Y ha-
I - ban a co - ger o - li - vas,

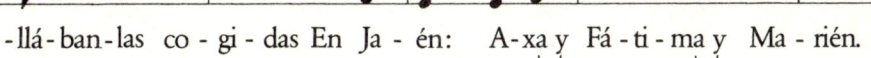

-llá - ban - las co - gi - das En Ja - én: A - xa y Fá - ti - ma y Ma - rién.

Las morillas de Jaén	*Die Maurenmädchen von Jaén*
Tres moricas me enamoran En Jaén: Axa y Fátima y Marién.	Drei Maurenmädchen haben mir den Kopf verdreht, In Jaén: Axa, Fatima und Marién.
Tres moricas tan garridas Iban a coger olivas, Y hallábanlas cogidas En Jaén: Axa y Fátima y Marién.	Drei hübsche maurische Mädchen Gingen Oliven pflücken Und fanden keine mehr, In Jaén: Axa, Fatima und Marién.
Y hallábanlas cogidas Y tornaban desmaídas Y las colores perdidas En Jaén: Axa y Fátima y Marién.	Sie fanden keine mehr Und kehrten erschöpft zurück Mit blassen Wangen, In Jaén: Axa, Fatima und Marién.
Tres moricas tan lozanas Iban a coger manzanas Y hallábanlas tomadas En Jaén: Axa y Fátima y Marién.	Drei blühende Maurenmädchen Gingen Äpfel pflücken Und fanden keine mehr, In Jaén: Axa, Fatima und Marién.
Díjeles: Quién sois, señoras, De mi vida robadoras? Cristianas que éramos moras En Jaén: Axa y Fátima y Marién.	Ich fragte sie: „Wer seid ihr, Mädchen, Die ihr mein Herz betört?" „Jetzt Christinnen, einst Maurenmädchen In Jaén: Axa, Fatima und Marién."

La hierbabuena
Das Heilkraut

Spanisch aus Kastilien

La hierba-bue - na se cri - a A la corrien - te del

a - gua. Pa - ra qué me quie - res ho - y,

Si has de olvidar me maña - na? Que tu e - res el ri - o Y yo soy al

a - gua. E - res aquel me-di - quil-lo El que a mi madre cu-

-ra - ba Las ca - len - tu - ri - tas cuando e-sta - ba ma - la.

La hierbabuena	Das Heilkraut
La hierbabuena se cria	Das Heilkraut wächst
A la corriente del agua.	Am Ufer des Flußes.
Para qué me quieres hoy,	Warum liebst du mich heute,
Si has de olvidarme mañana?	Wenn du mich morgen vergißt?
Que tu eres el rio	Du bist ja der Fluß,
Y yo soy al agua.	Und ich bin das Wasser.
Eres aquel mediquillo	Jener Arzt bist du, der
El que a mi madre curaba	Meine Mutter schon heilte,
Las calenturitas cuando estaba mala.	Als sie am Fieber erkrankt war.

Esta noche vengo a verte
Por si a la ventana sales;
Que me des palabras firmes
Y sino me desengañes.
　　　Que tu eres el rio, etc.

Si supiera que cantando
Daba gusto a una morena,
Cantaría más cantares
Que tejas tiene la iglesia.
　　　Que tu eres el rio, etc.

Heute Nacht komme ich zu dir,
Vielleicht gehst du ans Fenster,
Dann sprich zu mir in klaren Worten,
Oder aber schenk' mir reinen Wein ein.
　　　Du bist ja der Fluß, etc.

Wenn ich wüßte, daß mit meinem Gesang
Ich einer dunklen Schönen gefiele,
Dann würde ich mehr Lieder singen
Als auf der Kirche Dachziegel sind.
　　　Du bist ja der Fluß, etc.

Le pure romeski
Des alten Zigeuners Schwiegertochter

Sprache der Zeltzigeuner aus Ungarn

Le pu-re ro-mes-ki　　　Šu-kar ter-ni bau-ri

Av-ri te-kin-tin-das　　　Pal cer-ha-ki pau-u-ri.

Le pure romeski	Ungarische Version	Des alten Zigeuners Schwiegertochter
Le pure romeski	Az öreg cigánynak	Des alten Zigeuners
Šukar terni bauri	Szép fiatal menye	Schöne junge Schwiegertochter
Avri tekintindas	Kitekintett árván	Schaut traurig
Pal cerhaki pauuri.	A sátor nyi-lá-á-sán.	Aus dem Zelt.
Sostar tekinténdas	Minek tekintett ki?	Was sieht sie da?
Mārellas i gaud'i	Minek vert a szive?	„Weshalb hat dein Herz geklopft?"
Mārellas i gaud'i	A sátornyi ásnál	„Gerade vor der Luke
Pa-la i terne saven.	Cigánv legény sé-(é)-tál.	Ist der junge Zigeuner vorbeigegangen."

Petenera
Petenera

Lento moderato

Spanisch aus Andalusien

Si lle-ga hasta ti un sus-pi - ro   Si lle-ga hasta ti un sus-pi - ro   No pre-gun-tes de quién es,   Pe-te-ne-ra de mi vi - da,   Pe-te-ne-ra de mi vi - da,   Porque yo te lo di - ré.   Si llega hasta ti un suspi - ro.

Petenera

Si llega hasta ti un suspiro
No preguntes de quién es,
Petenera de mi vida,
Porque yo te lo diré.
Si llega hasta ti un suspiro.

Tus ojos, morena mía,
Llevan pleito con el sol.
Porque el sol es uno solo,
Tus ojos dos soles son.
Tus ojos, morena mía.

Petenera

Wenn ein Seufzer zu dir kommt,
Frage nicht, von wem er ist.
Petenera, du mein Leben,
Denn ich will dir's selber sagen,
Wenn ein Seufzer zu dir kommt.

Deine Augen, dunkle Schöne,
Sind im Wettstreit mit der Sonne.
Sonne gibt es ja nur eine,
Doch deine Augen sind zwei Sonnen.
Deine Augen, dunkle Schöne.

La Pandomè
Die Pantomime

Italienisch aus Apulien

Adagio grottesco

La figghie du zap - pa - tòre iè ua - ggnèdda bè - ra - fàt - te. Pe

ffan - ge lu re - tràt - te nge vo - le la pan - do -

- mi, nge vo - le la pan - do - mi, nge vo - le l'a - man - do mi.

La Pandomè

La figghie du zappatòre
Iè uaggnèdda bèrafàtte.
Pe ffange lu retràtte
nge vole la pandomi,
nge vole la pandomi,
nge vole l'amando mi.

*«Qui si vuol fare rilevare
che la ragazza oltre ad essere bellissima,
è anche ritiratissima.»*

Die Pantomime

Die Tochter des Schuhmachers
Ist ein überaus schönes Mädchen.
Um sich von ihr ein Bild zu machen,
Muß man so tun wie sie,
Muß man so tun wie sie,
Wenn man ihr Liebhaber werden will!

*„Wer sie erobern will, muß wissen,
daß das Mädchen nicht nur schön,
sondern auch sehr zurückhaltend ist."*

75

Oh che fresca funtanelle
O wie frisch die kleine Quelle

Animato

Italienisch aus den Abruzzen

Oh che fresca funtanelle

Oh che fresca funtanelle
L'Aquebelle
É'na vena di cristalle
Surie balle.
Tra guiumi e tra fiole,
Scrizzo e canta in facina al sole:
Oh che fresca funtanelle
L'Aquebelle!

Canta allegra a va
'Llu mare
St'aque chiare
Li cilitte tra le fronne
Gie responde.
Che je dice a sti cardille?
Aquebelle dille dille.
Oh che fresca funtanelle
L'Aquebelle!

O wie frisch die kleine Quelle

O wie frisch die kleine Quelle
L'Aquebelle
Wie eine Vene aus Kristallen
Sanft bewegt.
Zwischen Moos und zwischen Veilchen
Springt und singt sie in der Sonne:
O wie frisch die kleine Quelle
L'Aquebelle!

Murmelnd gehn sie auf die Reise
Hin zum Meer,
Diese kühlen Wasser.
Und die Vögel im Gezweig
Antworten ihnen:
Was sagen sie diesen Vöglein?
Schöne Wasser, sagen sie, sagen sie.
O wie frisch die kleine Quelle
L'Aquebelle!

Bive a st'aqua 'Ntuniette
Ca riflette
Gnenu specchie su ochie belle
'N cennarielle
Si capille scengelate
A stu specchie delle fate.
Oh che fresca funtanelle
L'Aquebelle!

Trink von diesem Wasser, Antoniette,
Das wie ein Spiegel
Deine schönen Augen widerspiegelt.
Tauch dein Haar
In dieses eiskühle Wasser,
In diesen Spiegel der Feen.
O wie frisch die kleine Quelle,
L'Aquebelle!

La dama d'Aragó
Die Dame von Aragon

Katalanisch

Moderato

A A-ra-gó n'hi ha u-na da-ma qu'ès bo-ni-ca com un

sol; tè la ca-be-lle-ra ros-sa, li a-rri-

-ba fins els ta-lons. Ai, a-mo-ro-sa An-na Ma-

-ri-a, ro-ba-do-ra del meu cor. Ai, del a-mor!

La dama d'Aragó

A Aragó n'hi ha una dama
Qu'ès bonica com un sol;
Tè la cabellera rossa,
Li arriba fins els talons.
　　　Ai, amorosa Anna Maria,
　　　Robadora del meu cor.
　　　Ai, del amor!

Sa mare'ls hi pentinava
Amb una pinteta d'or,
Sa germana'ls hi entrenava
Los cabells de dos en dos.
　　　Ai, amorosa Anna Maria, etc.

Sa cunyada els hi untava
Amb aigua de nou olors;
Cada cabell, una perla;
Cada perla un anell d'or.
　　　Ai, amorosa Anna Maria, etc.

Die Dame von Aragon

In Aragon ist eine Dame,
Sie ist schön wie die Sonne;
Sie hat blondes Haar,
Das reicht ihr bis zu den Fersen.
　　　Ach, geliebte Anna Maria,
　　　Du hast mein Herz geraubt.
　　　Ach, die Liebe, die Liebe!

Ihre Mutter kämmte es ihr
Mit einem goldenen Kamm.
Ihre Schwester flocht es ihr
In zwei Zöpfe.
　　　Ach, geliebte Anna Maria, etc.

Ihre Schwägerin balsamierte sie
Mit wundersam duftendem Wasser;
Jedes Haar eine Perle,
Jede Perle ein goldener Ring.
　　　Ach, geliebte Anna Maria, etc.

Sande Salvatòre
Heiliger Salvator

Italienisch aus Apulien

Andante

So ssciùte a mèsse a ssande Sal-va-tò-re Tut-te le san-de l'agghie reingra-

-zià-te. Da ninde ce stè-ve na bbella figliòle, E l'è cchie a ssande Lecì nge ha le-

-và-te. Din di di di di din Di di di di di di di don.

Sande Salvatòre	Heiliger Salvator
So ssciùte a mèsse a ssande Salvatòre	Ich war in der Kirche des heiligen Salvators.
Tutte le sande l'agghie reingraziàte.	Bei allen Heiligen habe ich mich bedankt.
Da ninde ce stève na bbella figliòle,	Da war ein schönes Mädchen,
E l'è cchie a ssande Lecì nge ha levàte.	Ihre Augen hatte sie der heiligen Lucia geraubt.
Din dididi din	Din dididi din
Dididi di dididi don.	dididi di dididi don.
Seggnòre ce scernàta trionfànde,	O Gott, welch wunderbarer Tag,
De lu vattìseme de Ddì annepotènde.	Der Tag der Taufe Christi.
Engìile ca nge stonne l'angeue sande	Im Himmel sind die Engel,
E ndèrre ca fiori scene l'alemènde.	Auf Erden reifen die Früchte.
Din dididi din, etc.	Din dididi din, etc.

VI. ...*do wolde mich ein ungetan ibi deflorare*

Ich was ein chint

Aus den Carmina Burana, 13. Jahrhundert, deutsch-lateinisch

Ich was ein chint so wol-ge-tan, Virgo dum flo - re - bam, Do brist mich diu

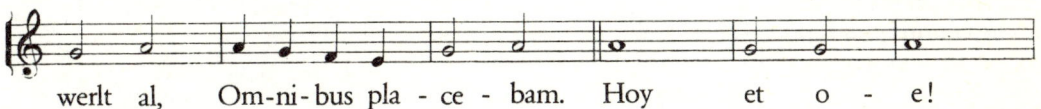

werlt al, Om-ni-bus pla - ce - bam. Hoy et o - e!

Ma - le - di - can - tur thy - li - e Iux - ta vi - am po - si - te!

Ich was ein chint

Ich was ein chint so wolgetan,
Virgo dum florebam,
Do brist mich diu werlt al,
Omnibus placebam.
    Hoy et o-e!
    Maledicantur thylie
    Juxta viam posite!

Ia wolde ih an die wisen gan,
Flores adunare,
Do wolde mich ein ungetan
Ibi deflorare.
    Hoy et o-e, etc.

Er nam mich bi der wizen hant,
Sed nun indecenter,
Er wist mich diu wise lanch,
Valde fraudulenter.
    Hoy et o-e, etc.

Er graif mir an daz wize gewant
Valde indecenter,
Er furte mih bi der hant
Multum violenter.
    Hoy et o-e, etc.

Ich war ein Kind so wohlgetan,
Als ich noch Jungfrau war,
Da pries mich alle Welt,
Hab allen ich gefallen.
    Ach und o weh!
    Verflucht die Linden,
    Die am Wege stehen!

Einst wollt ich in die Wiesen gehn
Zum Blumenpflücken,
Da wollte mich ein Flegel dort
Entjungfern.
    Ach und o weh, etc.

Er nahm mich bei der weißen Hand,
Jedoch nicht ohne Anstand,
Er führte mich den Rain entlang
Mit großer List.
    Ach und o weh, etc.

Er griff mir an mein weiß Gewand
Ganz ohne jeden Anstand,
Er zog mich fort an meiner Hand
Gar sehr gewaltsam.
    Ach und o weh, etc.

Er sprach: „vrowe, gewir baz!
Nemus est remotum."
Dirre wech, der habe haz!
Planxi et hoc totum.
     Hoy et o-e, etc.

Iz stat ein linde wolgetan
Non procul a via,
Da hab ich mine herphe lan,
Tympanum cum lyra.
     Hoy et o-e, etc.

Do er zu der linden chom,
Dixit: „sedeamus",
– Diu minne twanch sere den man –
„Ludum faciamus!"
     Hoy et o-e, etc.

Er graif mir an den wizen lip,
Non absque timore,
Er sprah: „ich mache dich ein wip,
Dulcis es com ore!"
     Hoy et o-e, etc.

Er warf mir uf daz hemdelin,
Corpore detecta,
Er rante mir in daz purgelin
Cuspide erecta.
     Hoy et o-e, etc.

Er nam den chocher unde den bogen,
Bene venabatur!
Derselbe hete mich betrogen.
„Ludus compleatur!"
     Hoy et o-e, etc.

Er sprach: „Fraue, laß uns gehen!
Der Hain, er ist noch weit."
Dieser Weg, er sei verwünscht!
Wie hab das alles ich bereut.
     Ach und o weh, etc.

Es steht eine Linde wohlgetan
Nicht weit vom Weg,
Dort hab ich meine Harfe lassen stehn,
Psalter und Lyra.
     Ach und o weh, etc.

Da er zu der Linde kam,
Sagte er: „Laßt uns verweilen,"
– Die Liebe setzte ihm hart zu –
„Laßt unser Spiel uns treiben!"
     Ach und o weh, etc.

Er griff mir an den weißen Leib,
Nicht ohne Schüchternheit,
Er sprach: „Ich mache dich zum Weib,
Gar lieblich ist dein Angesicht!"
     Ach und o weh, etc.

Er warf mein Hemdlein in die Höh,
Entblößte mir den Leib,
Erstürmte meine kleine Burg
Mit erhobenem Spieß.
     Ach und o weh, etc.

Er nahm den Köcher und den Bogen,
Gar gut hat er gejagt!
Derselbe, der hat mich betrogen.
„Das Spiel ist aus!"
     Ach und o weh, etc.

Brala Jana kapini
Jana sammelt Brombeeren

Makedonisch

Bra-la Ja-na ka - pi - ni, Bra-la Ja-na ka - pi -

-ni, Bra-la Ja-na ka - pi - ni, Vo pu-po-vi gro-di-ni.

Of A-man, a-man, a - man. man.

Brala Jana kapini

Brala Jana kapini,
Brala Jana kapini,
Vo pupovi grodini.

Otud ide momčeto,
Otud ide momčeto,
Na glavan mu faščeto.

Digni Jano fustano,
Digni Jano fustano,
Da ne gaziš bostano.

Digni Jano nojzeto,
Digni Jano nojzeto,
Da ne gaziš lojzeto.

Jana sammelte Brombeeren

Jana sammelte Brombeeren,
Jana sammelte Brombeeren,
In des Popen Garten.

Da kommt der Bursche vorbei,
Da kommt der Bursche vorbei,
Mit einem Fez auf dem Kopf.

Heb', Jana, dein Gewand,
Heb', Jana, dein Gewand,
Damit du den Wassermelonengarten nicht zertrittst.

Heb', Jana, dein Gewand,
Heb', Jana, dein Gewand,
Damit du den Weingarten nicht zertrittst.

Devojka se u Drenovcu kupa
In dem Flusse badete das Mädchen

Moderato

Kroatisch

De - voj - ka se   u Dre - novcu   ku - pa,   De - voj - ka se

u Dre - nov - cu   ku - pa   Ja - nje   mo - je,   le - po   mo - je!

Devojka se u Drenovcu kupa

Devojka se u Drenovcu kupa,
    Janje moje, lepo moje!

Baci suknju u zelenu travu,
    Janje moje, etc.

A košulju kraj vode Drenovke.
    Janje moje, etc.

Prišulja se čoban od ovaca,
    Janje moje, etc.

Pa ukrade devojke košulju.
    Janje moje, etc.

Ljuto kune lijepa devojka:
    Janje moje, etc.

»Ko to moju košulju ukrao,
    Janje moje, etc.

Triput mu se 'iljadile ovce,
    Janje moje, etc.

Konjići mu polje prostirali!«
    Janje moje, etc.

To počula čobanova majka:
    Janje moje, etc.

In dem Flusse badete das Mädchen

In dem Flusse badete das Mädchen,
    O mein Lämmchen, du mein schönes!

Warf ihr Röcklein auf den grünen Rasen
    O mein Lämmchen, etc.

Und das Hemdchen an des Flusses Ufer.
    O mein Lämmchen, etc.

Doch heran schleicht sich der junge Schafhirt,
    O mein Lämmchen, etc.

Und er stiehlt des Mädchens dünnes Hemdchen.
    O mein Lämmchen, etc.

Zornig flucht dem Dieb das schöne Mädchen:
    O mein Lämmchen, etc.

„Mögen dem, der mir mein Hemd gestohlen,
    O mein Lämmchen, etc.

Tausendfach die Schafe sich vermehren,
    O mein Lämmchen, etc.

Seine Rosse mögen das Feld verdecken!"
    O mein Lämmchen, etc.

Doch das hört des Hirten alte Mutter:
    O mein Lämmchen, etc.

»Ko to moga čobanina kune, Janje moje, etc.	„Wer da meinem Schafhirten so fluchte, O mein Lämmchen, etc.
Do godine u mom dvoru bila, Janje moje, etc.	Mög in einem Jahr auf meinem Hof sein, O mein Lämmchen, etc.
Aj do druge čedo urodila, Janje moje, etc.	Und im nächsten Jahr ein Kind gebären, O mein Lämmchen, etc.
Ja mu baba košulju skrojila!« Janje moje, etc.	Ich, sein Ahnchen, mög ein Hemd ihm schneidern!" O mein Lämmchen, etc.

Caterinèla

Andantino

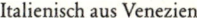
Italienisch aus Venezien

«Ca - te - ri - nè - la da la ca' de pa - ja,   fa - te de

fuora che 'l tu can me ba - ja.»   «E se 'l te ba - ja, las - se - lo ba -

- ja - re;   l'è pi - co - lín e gnente el te pol fa - re.»   «Che gò 'l marío a
leto che 'l sta male.»

Caterinèla	*Caterinela*
«Caterinèla da la ca' de paja, Fate de fuora che 'l to can me baja.» «E se 'l te baja, lasselo bajare; L'è picolín e gnente el te pol fare.» «Che gò 'l marío a leto che 'l sta male.»	„Caterinela von der Strohhütte – Komm heraus, denn dein Hund bellt mich an!" „Und wenn er dich anbellt, lasse ihn bellen; Er ist klein und er kann dir nichts antun." *(geflüstert):* „Weißt du, mein Mann liegt krank im Bett."

Can Love be controul'd by advice?
Folgt Amor der Mütter Geheiß?

Aus der „Beggar's Opera" (1728)) von John Gay und Johann Christoph Pepusch, englisch

Can Love be con – troul'd by ad – vice? Will Cu – pid our

Mo – thers o – bey? Though my heart was as fro – zen as Ice, At his

flame' would have mel – ted a – way. When he kist me so close-ly he

prest 'Twas so sweet that I must have com – ply'd. So I thought it both

sa – fest and best, To mar – ry for fear you should chide.

Can Love be controul'd by advice?

Can Love be controul'd by advice?
Will Cupid our Mothers obey?
Though my heart was as frozen as Ice,
At his flame' would have melted away.

When he kist me so closely he prest
Twas so sweet that I must have comply'd.
So I thought it both safest and best,
To marry for fear you should chide.

Folgt Amor der Mütter Geheiß?

Folgt Amor der Mütter Geheiß?
Entflieht wohl die Lieb, wenn man droht?
Wär's auch kalt und gefroren wie Eis,
Durch sein Feu'r würd mein Herz wieder rot.

Ach, er küßt' mich, umschlang mir den Leib,
Ach, ich konnte ihm nicht widerstehn,
Und da wurd ich sein ehelich Weib,
Um so eurem Zorn zu entgehn.

Sontga Margriata
St. Margareta

Rätoromanisch

rubato

Sontga Margriata ei stada siat stads ad alp mai quendisch dis meins.

Sontga Margriata

Sontga Margriata ei stada siat stads ad alp
mai quendisch dis meins.
E in di ei ella ida in stavel giù,
Dada giù sin ina nauscha platta,
Lu ei scurclan sin bi sein alv.
Paster pets hen ha quei ad aguri eattan:
«E quei sto nies signun ir a saver,
E quei sto nies signun ir a saver,
Ageinina zezna purschala nus havein!»

St. Margareta

St. Margareta ist sieben Sommer auf der Alp gewesen,
Aber fünfzehn Tage weniger.
Und einen Tag, da ist sie eine Staffel heruntergegangen,
Und gefallen ist sie über die böse Platte.
Da hat sich entblößt ihr schöner weißer Busen.
Der kleine Zu-Senn hat das gierig gesehen:
„Und das muß unser Groß-Senn wissen,
Und das muß unser Groß-Senn wissen,
Was wir für eine Senn-Jungfer haben!"

Петлите ми појат
Petlite mi pojat
Die Hähne krähen

Bulgarisch aus Makedonien

Pet-lí-te mi pó-jat, den mi ka-žú-jat,

Pú-štaj me, bé-la Pét-ro, da ó-dam,

Петлите ми појат

Петлите ми појат, ден ми кажујат,
Пуштај ме, бела Петро, да одам,
Пуштај ме, бела Петро, да одам,
Мајка ми не ме знаје дека сум.

Чим ми с'петни, ми с'лажовани,
Поспавај, лудо, младо, при мене.

Дрварите идат, ден ми кажујат,
Пуштај ме, бела Петро, да одам,
Г.уштај ме, бела Петро, да одам,
Мајка ми не ме знаје дека сум.

Чим с'дрвари, ми с'лажовани,
Поспавај, љуби лице Петринс.

Ралата ми звонат, ден ми кажујат,
Пуштај ме, бела Петро, да одам,
Пуштај ме, бела Петро, да одам,
Мајка ми не ме знаје дека сум.

Чим ми се рала ми с'лажовани,
Поспавај, љуби лице Петрино.

Petlite mi pojat

Petlíte mi pójat, den mi kažújat,
Púštaj me, béla Pétro, da ódam,
Púštaj me, béla Pétro, da ódam,
Májka mi ne me znáje déka sum.

Čim mi s'pétni, mi s'lažóvani,
Pospávaj, lúdo, mládo, pri méne.

Drvárite ídat, den mi kažújat,
Púštaj me, béla Pétro, da ódam,
Púštaj me, béla Pétro, da ódam,
Májka mi ne me znáje déka sum.

Čim s'drvári, mi s'lažóvani,
Pospávaj, ľúbi líce Pétrino.

Raláta mi zvónat, den mi kažújat,
Púštaj me, béla Pétro, da ódam,
Púštaj me, béla Pétro, da ódam,
Májka mi ne me znáje déka sum.

Čim mi se rála mi s'lažóvani,
Pospávaj, ľúbi líce Pétrino.

Die Hähne krähen

Die Hähne krähen, künden den Morgen,
Laß mich, o weiße Petra, nun gehen,
Die Mutter weiß nicht, wohin ich gegangen.

Laß doch die Hähne, sie singen und lügen,
Schlaf, süßer Knabe, ein wenig noch bei mir.

Die Holzhauer kommen, künden den Morgen,
     Laß mich, o weiße Petra, nun gehen,
     Die Mutter weiß nicht, wohin ich gegangen.

Ach, die Holzhauer sind arge Lügner,
Schlaf noch und küsse mein weißes Antlitz.

Die Pflüge klirren, künden den Morgen,
     Laß mich, o weiße Petra, nun gehen,
     Die Mutter weiß nicht, wohin ich gegangen.

Die Pflüge klirren ja nichts als Lügen,
Schlaf, süßer Knabe, ein wenig noch bei mir.

Am Brunnen klirren die Eimer der Mädchen,
     Laß mich, o weiße Petra, nun gehen,
     Die Mutter weiß nicht, wohin ich gegangen.

Die Eimer klirren, klirren und lügen,
Schlaf, süßer Knabe, noch ein wenig bei mir.

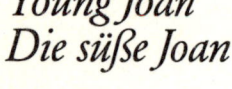

Young Joan
Die süße Joan

Animato

Englisch, aufgezeichnet in Norfolk 1908

A fine young man it was indeed. He was mounted on his milkwhite steed. He

rode, he rode, him-self all a-lone, Un-til he came to love-ly Joan.

Young Joan

A fine young man it was indeed.
He was mounted on his milkwhite steed.
He rode, he rode, himself all alone,
Until he came to lovely Joan.

"Good morning to you, pretty maid."
And "Twice good morning, Sir," she said.
He gave her a wink, she rolled her eye.
Says he to himself: "I'll be there by and by."

"Oh, don't you think these pooks of hay
A pretty place for us to play?
So come with me like a sweet young thing,
And I'll give you my golden ring."

Then he pulled off his ring of gold.
"My pretty little miss, do this behold.
I'd freely give it for your maidenhead."
And her cheeks they blushed like the roses red.

"Give me that ring into my hand,
And I will neither stay not stand,
For this would do more good to me
Than twenty maidenheads", said she.

And as he made for the pooks of hay,
She leaped on his horse and tore away.
He called, he called, but it was in vain;
Young Joan she never looked back again.

She didn't think herself quite safe,
No, not till she came to her true love's gate.
She's robbed him of his horse and ring,
And left him to rage in the meadows green.

Die süße Joan

Der junge Mann, fesch war er schon.
Zu Pferd' saß er auf einer milchweißen Stute.
Und er ritt und ritt und war ganz allein,
Bis er zu Joan, der Süßen, kam.

„Euch guten Morgen, hübsche Maid."
„Zweimal guten Morgen, mein Herr," sagte sie.
Er zwinkerte ihr zu, und sie blinzelte zurück.
Da sagte er zu sich selbst: „Bald werde ich soweit sein."

„Oh, glaubt Ihr nicht, daß dieses frische Heu
Ein hübscher Ort wär' für unser Spiel?
Kommt doch mit mir, wie eine süße, junge Dirn,
Und ich gebe Euch meinen goldenen Ring."

Dann streifte er ab seinen goldenen Ring.
„Mein hübsches, kleines Fräulein, merkt Euch das,
Ich gäbe ihn freiwillig für Eure Jungfernschaft."
Und ihre Wangen färbten sich rosenrot.

„Gebt mir den Ring in meine Hand
Und ich will Euch nicht widerstehn,
Denn das bekäme mir besser
Als zwanzig Jungfernschaften," sagte sie.

Doch als er auf das Heu zustrebte,
Sprang sie auf sein Pferd und jagte davon.
All sein Rufen war vergeblich,
Joan blickte kein einziges Mal zurück.

Ganz sicher fühlte sie sich erst
Am Haustor ihres wahren Geliebten.
Dem anderen raubte sie Pferd und Ring
Und ließ ihn voll Zorn in den grünen Wiesen zurück.

Liten Karin
Klein-Karin

Schwedisch

Moderato

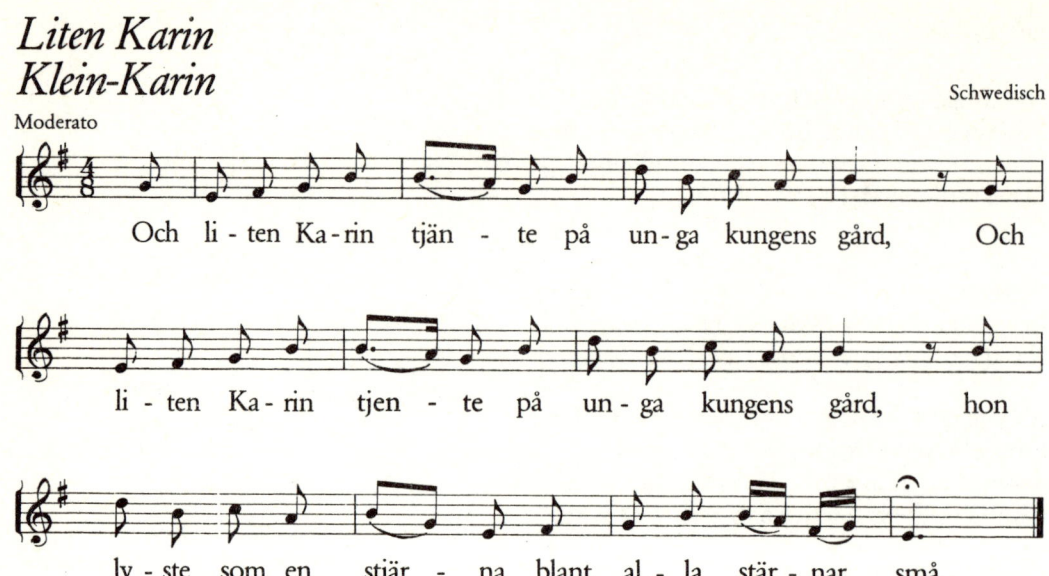

Och li - ten Ka - rin tjän - te på un - ga kungens gård, Och

li - ten Ka - rin tjen - te på un - ga kungens gård, hon

ly - ste som en stjär - na blant al - la stär - nar små.

Liten Karin

Och liten Karin tjente på unga kungens gård,
Hon lyste som en stjärna bland alla stärnor små.

Hon lyste som en stjärna allt bland de tärnor små,
Och unga kungen talte till liten Karin så:

»Och hör, du liten Karin, säg, vill du blifva min?»
Mitt halfva kungarike det vill jag gifva dig.»

»Ditt halfva kungarike jag passar inte på,
Gif det din unga drottning, låt mig med äran gå!»

»Och hör, du liten Karin, vill du ej blifva min,
Så skall jag låta sätta dig i spiketunnan in.»

»Och vill du låta sätta mig i spiketunnan in,
Guds englar små de se att jag oskyldig är därtill.»

Så kom det ifrån himmelen två hvita dufvor ner,
De togo liten Karin, och strax så blef der tre.

Klein-Karin

Klein-Karin diente am Hof des jungen Königs,
Sie strahlte wie ein Stern unter Sternen.

Unter den Sternen strahlte sie,
Und es sprach der junge König sie an:

„Hör, Klein-Karin, willst du mir gehören?
Mein halbes Königreich würde ich dir geben."

„Dein halbes Königreich paßt nicht zu mir,
Gib es deiner jungen Königin, laß mich in Ehren gehen!"

„Hörst du, Karin, wenn du nicht mir zu Willen sein willst,
So laß ich dich in das Nagelfaß sperren."

„Sperrst du mich in das Nagelfaß,
So werden Gottes Engel sehen, daß ich unschuldig bin."

Es kamen vom Himmel zwei weiße Tauben herab,
Sie nahmen Klein-Karin zu sich, und bald schon waren es drei.

O Ceguinho
Der arme Blinde

Andante

Portugiesisch

A - bre a por - ta An - na, a - bre de man - sin - ho,

que ven - ho can - ça - do, mor - to do ca - min - ho.

O Ceguinho

Abre a porta Anna,
Abre de mansinho,
Que venho cançado,
Morto do caminho.

Se vindes ferido,
Lá muito embora;
Porta nem postigo
Não se abre agora.

Ai, a tua porta
A mim se ha de abrir;
Sou um pobre cego
Que ando a pedir.

Minha mãe, acorde
Do doce dormir,
Venha oiuvir o cego
Cantar e pedir.

Se elle canta e pede,
Dá-lhe pão e vinho
E que o pobre cego
Siga o seu caminho.

Não quero o seu pão,
Não quero o seu vinho,
Só quero que a Anninhas
Me ensine o caminho.

Der arme Blinde

„Öffne die Tür, Anna,
Mach sie sanft auf,
Denn halbtot bin ich
Von dem langen Weg."

„Auch wenn Ihr müde seid,
Wird jetzt weder Tür
Noch Türfenster
Aufgemacht."

„Deine Tür wird sich
Mir schon öffnen;
Ich bin ein armer Blinder
Und muß betteln."

„Mutter, wach auf
Aus deinem Schlaf,
Komm, hör den Blinden,
Wie er singt und bettelt."

„Wenn er singt und bettelt,
Gib ihm Brot und Wein
Und der arme Blinde
Soll seinen Weg weitergehen."

„Ich will dein Brot nicht,
Und ich will deinen Wein nicht,
Ich will nur,
Daß Anna mir den Weg zeigt."

Carrega a roquinha
De estopa ou de linho
E ao triste cego
Ensina o caminho.

Anda, Anninhas, anda
Mais um bocadinho;
Sou um pobre cego,
Não vejo o caminho.

Ai, valha-me Deus
E a Virgem Maria!
Vejo tanta gente
E cavallaria!

A cavallaria
É p'ra te levar
E todo o mais povo
Vai-te acompanhar.

De condes e duques
Já fui pretendida,
E agora d'um cego
Me vejo vencida!

Adeus, minha cas,
Adeus, minha terra,
Adeus, minha mãe,
Que tão falsa me era!

„Leg Linnen oder Flachs
In deinen Rocken
Und zeige
Dem armen Blinden den Weg."

„Komm, Anna, komm
Noch ein wenig mit,
Denn ich bin ein armer Blinder
Und sehe den Weg nicht!"

„Ach helfe mir Gott
Und auch die Jungfrau Maria!
Ich sehe so viele Leute
Und Reiter!"

„Die Reiter sind gekommen
Um dich zu entführen,
Und das ganze Volk
Wird dich begleiten."

„Ich wurde schon von Grafen
Und Herzögen begehrt,
Jetzt aber sehe ich mich
Von einem Blinden entehrt.

Adieu, mein Haus,
Adieu, meine Heimat,
Adieu, meine Mutter,
Die mich betrogen hat!"

Ma belle si tu voulais
Meine Schöne, wenn du wolltest

Französisch, 18. Jahrhundert

Langsam

Ma belle si tu vou-lais, ma belle si tu vou-lais, nous dor-mi-

-rions en-sem-ble, lon-la, nous dor-mi-rions en-sem-ble.

Ma belle si tu voulais

Ma belle si tu voulais, nous dormirions ensemble,
Dans un grand lit carré, couvert de taies blanches;
Aux quatre coins du lit, un bouquet de pervenches.
Dans le mitan du lit, la rivière est profonde;
Tous les chevaux du roi, y viennent boire ensemble.
Et là, nous dormirions, jusqu'à la fin du monde.

Ursprünglich lautete das ganze Lied so:

Auf den Stufen des Palastes
Sitzt eine schöne Flämin,
Sie hat so viele Geliebte,
Daß sie nicht weiß, welchen sie nehmen soll:

Der eine ist Bäcker,
Der andere Kammerdiener,
Ein kleiner Schuster
Erhielt den Vorzug.
Er wird ihr holländische Lederschuhe machen.
Indem er sie ihr anzieht,
Legt er ihr die Bitte vor:

Meine Schöne, wenn du wolltest

Meine Schöne, wenn du wolltest, würden wir zusammen schlafen,
In einem großen, breiten Bett, mit weißen Kissen;
An den vier Ecken des Bettes, Immergrünsträußchen.
In der Mitte des Bettes ist der Fluß tief;
Alle Pferde des Königs kommen dorthin um zu trinken.
Und dort würden wir schlafen bis zum Ende der Welt.

Mein Gmüth ist mir verwirret

Hans Leo Haßler (1564–1612)

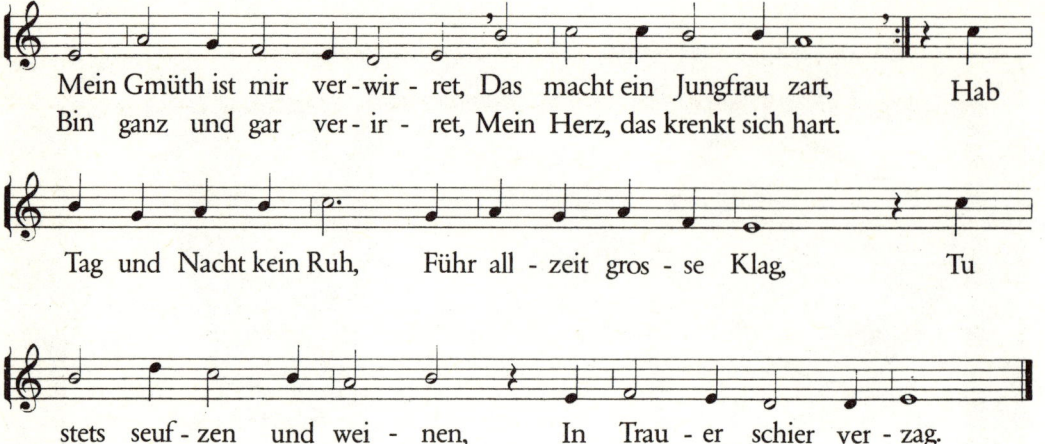

Mein Gmüth ist mir ver-wir-ret, Das macht ein Jungfrau zart, Hab
Bin ganz und gar ver-ir-ret, Mein Herz, das krenkt sich hart.

Tag und Nacht kein Ruh, Führ all-zeit gros-se Klag, Tu

stets seuf-zen und wei-nen, In Trau-er schier ver-zag.

Mein Gmüth ist mir verwirret

Mein Gmüth ist mir verwirret,
Das macht ein Jungfrau zart,
Bin ganz und gar verirret,
Mein Herz, das krenkt sich hart.
Hab Tag und Nacht kein Ruh,
Führ allzeit große Klag,
Tu stets seufzen und weinen,
In Trauer schier verzag.

Reichlich ist sie gezieret
Mit schöner Tugend Schein,
Höflich wie sich gebühret;
Ihrs Gleichen ist nit ein.
Für andern Jungfraun zart
Führt sie allein den Preis;
Wann ich's anschau vermein ich
Ich sei im Paradeis.

Allein ich muß aufgeben
Und allzeit traurig sein,
Sollt's mir gleich kostn das Leben,
Das ist mir große Pein.
Denn ich bin ihr zu schlecht,
Darum sie mein nit acht.
Gott wolls vor Leid bewahren
Durch seine göttlich Macht.

A Úna bhán
Blonde Una

Irisch

Sehr frei und langsam

A Ú - na bhán, a bhláith na ndlaoi óm -

- rach. Tar éis do bháis de bharr droch comhairle. Feuch a

grádh, cia a-ca a b'fhearr de'n dá chomhairle? A éin i

gcliabh - án, is m-é i nAth na Do-nóige.

A Úna bhán

A Úna bhán, a bhláith na ndlaoi ómrach.
Tar éis do bháis de bharr droch comhairle.
Feuch a grádh, cia aca a b'fhearr de'n dá chomhairle?
'A éin i gcliabhán, is m-é i nAth na Donóige.

A Úna bhán, ba rós ngairdín thú;
'Sba coinnleoir óir, ar bhord na bainrioghna thú;
Ba chéileabhar'sba cheolmhar ag gabháil an bhealaigh seo romham thú.
'Sé mo chreach maidne brónach, nár pósadh liom thú.

A Úna bhán, is thú do mhearuigh mo chiall.
A Úna, is tú a chuaidh go dlúth idir mé a's Dia.
A Úna, a chraobh chumhartha, a lúibín casta na gciabh.
Nar bh'fearr domhsa a bheit gan súilibh, 'ná d'fheiceál ariamh?

Blonde Una

Blonde úna blüte mit den bernsteinlocken
Ein schlechter ratschlag brachte dir den tod
Sieh liebes welcher von den beiden ratschlägen
Wäre für dich besser gewesen
Du ein vogel im käfig ich allein an der furt des donoige

Blonde úna du warst wie eine rose im garten
Wie ein goldleuchter auf dem tisch der königin
Eine süße stimme eine sanfte musik die mir immer voranging
Ein grauer morgenkummer ist es daß wir nicht heiraten durften

Blonde úna du hast mir den verstand verwirrt
Úna du bist zwischen mich und gott getreten
Úna du duftender zweig du ringellocke im haar
Wäre ich doch ohne augen so hätte ich dich nie gesehen

Vadurie

Moniot de Paris (um 1200), französisch

Lonc tens ai mon tens u - sé   Et a fo - li - e - mu - sé,
Bien cui - dai s'a - mor a - voir   Par fo - lie ou par sa - voir,

Quant ce - le m'a re - fu - sé   Que j'ai tant a - mé - e.
Més el dist pour nul a - voir   N'iert de moi pri- -vé - e.

Va - du, va - du, va - du, va!   Be - le, je vos aim pieç' a;

Vostre a - mor m'a fo - le - ra,   S'el ne m'est do - né - e.

Vadurie

Lonc tens ai mon tens usé
Et a foliemusé,
Quant cele m'a refusé
Que j'ai tant amée.
Bien cuidai s'amor avoir
Par folie ou par savoir,
Més el dist pour nul avoir
N'iert de moi privée.
    Vadu, vadu, vadu, va!
    Bele, je vos aim pieç' a;
    Vostre amor m'afolera,
    S'el ne m'est donée.

Je ne sai que devenir,
Quant je ne puis avenir
A cele que tant desir:
Tant mes cuers i bée!
Languir m'estuet, ce m'est vis:
Sa bochete, ses clers vis,
Si douz regart, si douz ris
M'ont la mort donéé.
    Vadu, vadu, etc.

Douce amiete plesant,
Je ne puis estre tesant:
Ainz sui je por vos fesant
Ceste VADURIE.
Je sui mout por vos bleciez:
Se vos morir mi lessiez,
Vostre ame, bien le sachiez,
Seroit mal baillie.
    Vadu, vadu, etc.

Vadurie

Lang habe ich meine Zeit vertan
Und sinnlos gewartet
Seit mich die zurückwies,
Die ich so sehr liebte.
Ich glaubte wohl ihre Liebe zu besitzen,
Sei es aus Torheit oder Wissen,
Umso mehr als sie sagte, daß sie nichts
Von mir trennen würde.
    Vadu, vadu, vadu, va!
    Schöne, ich liebe Euch seit langem;
    Die Liebe zu Euch wird mich wahnsinnig machen,
    Wenn sie mir nicht gewährt wird.

Ich weiß nicht, was geschehen soll,
Wenn ich die nicht erlangen kann,
Nach der ich mich so sehr sehne,
Und der all mein Trachten gilt!
Schmachten muß ich, so steht es für mich fest:
Ihr kleiner Mund, ihr schönes Gesicht,
Ihr sanfter Blick, ihr sanftes Lächeln
Haben mir den Tod gegeben.
    Vadu, vadu, etc.

Liebliche Freundin, die Ihr scherzt,
Ich kann nicht länger schweigen:
Und so singe ich für Euch
Diese Vadurie.
Durch Euch bin ich so sehr verletzt:
Wenn Ihr mich aber sterben laßt,
Dann, das wisset wohl, wird es Eurer Seele
Schlecht ergehen.
    Vadu, vadu, etc.

Shall I sue
Klag ich's ein

John Dowland (1563–1626), englisch

Shall I sue? shall I seek for grace? Shall I pray? shall I prove?
Shall I strive to a heav'n-ly joy With an earth-ly love?
Shall I think that a bleed-ing heart Or a wound-ed eye,
Or a sigh, can as-cend the clouds To at-tain so high?

Shall I sue

Shall I sue? shall I seek for grace?
Shall I pray? shall I prove?
Shall I strive to a heav'nly joy
With an earthly love?
Shall I think that a bleeding heart
Or a wounded eye,
Or a sigh, can ascend the clouds
To attain so high?

Pity is but a poor defence
For a dying heart;
Ladies' eyes respect no moan
In a mean desert.
She is too worthy so far
For a worth so base,
Cruel and but just is she
In my just disgrace.

Klag ich's ein

Klag ich's ein? Soll ich Gnade suchen?
Soll ich flehn? Soll ich's probiern?
Soll ich greifen nach des Himmels Freude
Nur mit irdner Lieb?
Soll ich nur mit blut'gem Herzen
Oder rotgeweintem Aug
Oder Stöhnen hoffen, in den Wolken
Fass ich's, was so hoch?

Mitleid kann nur kärglich beistehn
Einem todgeweihtem Herz.
Damenaugen lachen Hohn nur Klagen
Schäbiger Verlassenheit.
Ist sie doch zu weit erhaben
Über so geringem Wert.
Grausam, doch gerecht weist sie mir
Nur verdientes Ungemach.

Silly wretch, forsake these dreams
Of a vain desire;
O bethink what high regard
Holy hopes require.
Favour is as fair as things are,
Treasure is not bought;
Favour is not won with words,
Nor the wish of a thought.

Justice gives each man his own.
Though my love be just
Yet will she not pity my grief,
Therefore die I must.
Silly heart, then yield to die,
Perish in despair.
Witness yet how fain I die
When I die for the fair.

Tölpel, Narr, laß deine Träume,
Die nur eitel sind.
Denk doch, welches hohe Ansehn
Solche Hoffnung braucht.
Gunst ist Gnad wie andre Dinge,
Schätze stehen nie zu Kauf.
Und kein Wort kann Gunst gewinnen,
Und kein Wunschgespinst.

Jedem wird gerecht gegeben,
Auch mein Lieb hat recht.
So erbarmt sie nicht mein Jammer,
Der den Tod mir bringt.
Töricht Herz, so mußt du sterben,
Ohne Trost vergehn.
Zeuge nur, daß ich gern sterbe,
Sterbe ich für sie.

Та стелись, стелись, та барвіночку
Ta stelys', stelys', barvinočku
Ranke, ranke dich, Immergrün

Ukrainisch

Moderato

Ta stelýs', ste-lýs', ta barví - noč-ku, Ne kó - re - nem -

ly - stóm! Ne kó - re-nem - ly - stóm... Ta vy-kly - ká - je

ko - zák dív-ku Ne hó - lo - som - svy - stóm!

Та стелись, стелись, та барвіночку

Та стелись, стелись, та барвіночку,
Не коренем – листом!

Не коренем – листом…
Та викликає козак дівку
Не голосом – свистом!

Не голосом – свистом…
„Та чи чула ти, дівчинонько,
Як я тебе кликав?

Як я тебе кликав…
Та коло твого подвір'ячка.
Сивим конем їхав?

Сивим конем їхав…"
„Ой, хоч чула, хоч не чула, –
Не озивалася.

Ta stelys', stelys', ta barvinočku

Ta stelýs', stelýs', ta barvínočku,
Ne kórenem – lystóm!

Ne kórenem – lystóm…
Ta vyklykáje kozák dívku
Ne hólosom – svystóm!

Ne hólosom – svystóm…
«Ta čy čúla ty, dívčynon'ko,
Jak ja tebé klýkav?

Jak ja tebé klýkav…
Ta kólo tvohó podvír'jačka.
Sývym koném jíchav?

Sývym koném jíchav…
«Oj, choč čúla, choč ne čúla, –
Ne ozyválasja.

Не озивалася…
Нічка темна, дощ дрібненький, –
Не сподівалася!

Не сподівалася…"
„А бодай же ти, дівчинонько,
Зозулі не чула!

Зозулі не чула…
Та як ти мого голосочка
За сном не почула!"

Ne ozyválasja…
Níčka témna, došč dribnén'kyj, –
Ne spodiválasja!»

Ne spodiválasja…
«A bodáj že ty, dívčynon'ko,
Zozúli ne čúla!

Zozúli ne čúla…
Ta jak ty mohó holosóčka
Za snom ne počúla!»

Ranke, ranke dich, Immergrün

Ranke dich, ranke dich, Immergrün,
Nicht mit den Wurzeln – mit den Blättern!

Nicht mit den Wurzeln – mit den Blättern…
Es ruft der Kosak das Mädchen
Nicht mit der Stimme – mit dem Pfiff!

Nicht mit der Stimme – mit dem Pfiff…
„Hast du gehört, Mädchen,
Wie ich dich rief?"

„Wie ich dich rief…
Wie ich vorbeiritt neben deinem Hof,
Auf dem Grauschimmel?"

Auf dem Grauschimmel ritt er…
Obwohl sie es wohl oder übel hören mußte,
Antwortete sie nicht.

Sie antwortete nicht…
Die Nacht war dunkel, der Regen fein, –
Sie hatte ihn nicht erwartet!

Sie hatte ihn nicht erwartet…
„Da hörtest du, Mädchen,
Doch auch den Kuckuck nicht!"

Den Kuckuck hörte sie nicht…
So wie du meine Stimme
Im Schlaf nicht gehört hast!

Daar was een sneeuwwit vogeltje
Es saß ein schneeweiß Vögelchen

Niederländisch aus Flandern

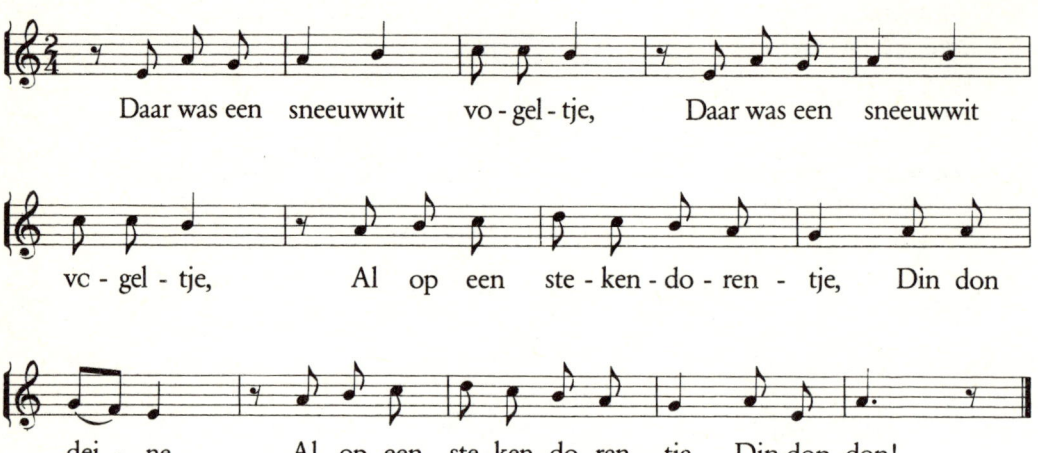

Daar was een sneeuwwit vogeltje

Daar was een sneeuwwit vogeltje.
Al op een stekendorentje, Din don deine.

«Och nachtegaal, klein vogelkijn!
Wou jij daar mijne bode zijn?» Din don deine.

«Hoe zou ik uwe bode zijn?
Ik ben zo kleine vogelkijn!» Din don deine.

«Al zijt gij klein, gij vliegt zo snel:
Gij voert daar mijne boodschap wel!» Din don deine.

Hij nam de brief in zijne mond,
Hij voerde 't over 't groene woud. Din don deine.

Hij gaf dat venster ene stoot,
«Slaapt gij, mijn lief, of zijt gij dood?» Din don deine.

«Ik ben niet dood, mijn lief is daar!
Ik ben getrouwd een hallef jaar!» Din don deine.

«Zijt gij getrouwd al een half jaar?
Het dochte mij wel duizend jaar!» Din don deine.

Es saß ein schneeweiß Vögelchen

Es saß ein schneeweiß Vögelchen
Auf einem Stacheldorn, Din don deine.

„O Nachtigall, klein Vögelchen,
Willst du mein Bote sein?" Din don deine.

„Wie soll ich euer Bote sein?
Bin so ein kleines Vögelchen!" Din don deine.

„Wohl bist du klein, doch fliegst du schnell:
Überbringe meine Botschaft gut!" Din don deine.

Es nahm den Brief in seinen Mund,
Es trug ihn über den grünen Wald. Din don deine.

Es gab dem Fenster einen Stoß:
„Schläfst du, mein Lieb, oder bist du tot?" Din don deine.

„Ich bin nicht tot, mein Lieb ist da!
Ich bin getraut ein halbes Jahr!" Din don deine.

„Bist du getraut ein halbes Jahr?
Mir schien, es wären tausend Jahr!" Din don deine.

VIII. Die schönste Frau der Welt halt ich umfangen

Reis glorios
Glorreicher König

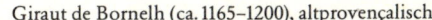
Giraut de Bornelh (ca. 1165–1200), altprovençalisch

Reis glo - ri - os, ve - rais lums e clar - tatz,
Deus po - de - ros, Sen - her', si a vos platz,

Al meu com - panh si - atz fi - zels a - ju - da;

Qu'eu no lo vi, pos la nochs fo ven -

- gu - da, Et a - dés se - ra l'al - ba!

Reis glorios

Reis glorios, verais lums e clartatz,
Deus poderos, Senher, si a vos platz,
Al meu companh siatz fizels ajuda;
Qu'eu no lo vi, pos la nochs fo venguda,
    Et adés sera l'alba!

Bel companho, si dormetz o veillatz?
Non dormatz plus, suau vos ressidatz,
Qu'en orien vei l'estela creguda
Qu'amena·l jorn, qu'eu l'ai ben coneguda;
    Et adés, etc.

Bel companho, en chantan vos apel:
Non dormatz plus, qu'eu aug chantar l'auzel,
Que vai queren lo jorn per lo boscatge;
Et ai paor que·l gilos vos assatge;
    Et adés, etc.

Bel companho, eissetz al fenestrel
Et esgardatz las ensenhas del cel;
Conoisseretz si-us soi fizels messatge.
Si non o faitz, vostres n'er lo dampnatge;
    Et adés, etc.

Bel companho, pos me parti de vos,
Eu no·m dormi ni·m moc de genolhos,
Anz preguei Dieu, lo filh Santa Maria,
Que·us mi rendes per leial companhia;
    Et adés, etc.

Bel companho, la foras als peiros
Mi preiavatz qu'eu no fos dormilhos,
Enans veilles tota noit tro al dia;
Ara no·us platz mos chans ni ma paria;
    Et adés, etc.

«Bel dos companh, tan soi en ric sojorn
Qu'eu no volgra mais fos alba ni jorn,
Car la gensor que anc nasques de maire,
Tenc e abras, per qu'eu non prezi gaire
Lo fol gelos ni l'alba.»

Glorreicher König

Glorreicher König, einzig wahres Licht,
Allmächtger Gott, verwirf mein Flehen nicht,
Bleib meinem Herrn ein treuer Helfer immer;
Denn seit die Nacht begann, sah ich ihn nimmer –
    Und bald erscheint der Morgen.

Hört, edler Herr: Schlaft Ihr, seid Ihr schon wach?
Schlaft jetzt nicht mehr, ermuntert Euch gemach;
Denn schon im Osten hebt der Stern sich höher,
Dem Tag voran, ich kenn's als guter Späher –
    Und bald etc.

Hört, edler Herr, wie Euch mein Ruf erklingt:
Schlaft jetzt nicht mehr, wo schon der Vogel singt,
Der im Gehölz den neuen Tag erfahndet;
Mir bangt, daß Euch der Eifersüchtge ahndet –
    Und bald etc.

Hört, edler Herr, und kommt ans Fenster vor,
Schaut zu des Himmels Sternen hoch empor,
So sollt Ihr sehn, ich rat Euch voller Treuen;
Folgt Ihr mir nicht, so werdet Ihr's bereuen –
    Und bald etc.

Hört, edler Herr: Seitdem ich von Euch schied,
Bin ohne Schlaf ich unentwegt gekniet
Und rief zu Gott empor, Mariens Sohne,
Er führ Euch mir zurück zu treuem Lohne –
    Und bald etc.

Hört, edler Herr: Hier draußen auf dem Stein
Beschwort Ihr mich, ich sollt nicht schläfrig sein
Und sollt die Nacht durchwachen bis zum Tage;
Jetzt wird mein Sang, mein Mahnen Euch zur Plage –
    Und bald etc.

Der Liebhaber antwortet:

„Viellieber Freund, ich ruh so selig hier:
Nie mehr erschein der Tag und Morgen mir.
Die schönste Frau der Welt halt ich umfangen,
Da läßt kein eifersüchtger Narr mich bangen –
    Und nicht der hellste Morgen."

Ты заря-ль
Ty zarjá-ľ
Du Morgenröte

Russisch

Moderato

Ty za-rjá-ľ mo-já za-rjá, zó-rjuš-ka vos-chó-ža-ja!

Ты заря-ль

Ты заря-ль моя заря, зорюшка восхожая!
Ой и ляль да ляли, ляли, зорюшка восхожая.
Восходила высоко, освѣтила далёко.
Ой и ляль да ляли, ляли и пр.
Черезъ лѣсъ, черезъ поле, черезъ синее море,
Черезъ синее море, черезъ быструю рѣчушку.
Какъ на той на рѣчушкѣ да лежатъ двѣ жёрдочки,
Что одна сосновая другая еловая.
Какъ по той ли по жёрдочкѣ да никто-то не хаживалъ,
Да никто не хаживалъ, никого не важивалъ.
Проходилъ Евстегнѣешка, проводилъ Афимьюшку.

Ty zarjá-ľ

Ty zarjá-ľ mojá zarjá, zórjuška voschóžaja!
Oj i ljaľ da ljali, ljali, zórjuška voschóžaja.
Voschodíla vysóko, osvetíla daljóka.
Oj i ljaľ da ljali, ljali, zórjuška voschóžaja.
Čérez les, čérez póle, čérez síneje móre,
Čérez síneje móre, čérez býstruju réčušku.
Kak na toj na réčuške da ležát dve žórdočki,
Čto odná sosnóvaja drugája jelóvaja.
Kak po toj li po žórdočke da niktó-to ne cházival,
Da niktó ne cházival, nikovó ne vážival.
Prochodíl Jevstegnejéška, provodíl Afím'jušku.

Du Morgenröte

Du Morgenröte, meine Morgenröte, aufgehende Morgenröte!
Oj i lal da lali, lali, aufgehende Morgenröte.
Hoch bist du aufgegangen, weit hast du geleuchtet.
Oj i lal da lali, lali, aufgehende Morgenröte.
Durch Wald und Feld, übers blaue Meer,
Übers blaue Meer, über den schnellen kleinen Fluß.
Über diesen kleinen Fluß führen zwei Bretter,
Ein eichenes und ein fichtenes.
Über diesen Steg ist noch niemand hinübergegangen,
Niemand hinübergegangen, niemand hat den Mut gehabt.
Nur Jevstegneješka hat seine Afimjuška hinübergeführt.

Come, sweet lass
Komm, mein Kind

Englisch, 17. Jahrhundert

Come, sweet lass; This bon-ny wea-ther Let's to - ge -ther; Come, sweet
lass, Let's trip u - pon the grass. Ev' - ry - where, Poor Jo -ckey seeks his
dear, And un - less you ap - pear, He sees no beau - ty here.

Come, sweet lass

Come, sweet lass;
This bonny weather
Let's together;
Come, sweet lass,
Let's trip upon the grass.
Ev'rywhere,
Poor Jockey seeks his dear,
And unless you appear,
He sees no beauty here.

There is none
That can delight me,
If you slight me;
All alone,
I ever make my moan.
Life's a pain
Since by your coy disdain,
Like an unhappy swain,
I sigh and weep in vain.

Aus der „Beggar's Opera" (1728)

Come, sweet lass,
Let's banish sorrow,
Till to-morrow;
Come, sweet lass,
Let's take a chirping glass!
Wine can clear
The vapours of despair;
And make us light as air.
Then drink and banish care.

Komm, mein Kind

Komm, mein Kind!
Die Sonne lacht,
Wir wollen 'was zusammen tun.
Komm, mein Kind!
Wir schlendern durch das Gras.
Überall
Sucht der arme Jockey seinen Schatz,
Und wenn du nicht erscheinst,
Freut keine Schönheit ihn.

Niemanden gibt's,
Der mich erquicken kann,
Wenn du mich meidest;
Verlassen
Klag' und jamm're ich.
Mir ist das Leben Qual,
Seit du mich spröd' verschmähst.
Ich unglücklicher Narr,
Vergeblich seufz' und wein' um dich.

Komm, mein Kind!
Verbann die Sorgen
Bis auf morgen.
Komm, mein Kind!
Fein klingen soll das Glas.
Nur Wein kann
Wolken der Verzweiflung lichten
Und federleicht uns machen gleich dem Äther.
Nun trink' und laß' die Sorgen sein.

Kum, liebster man!

Oswald von Wolkenstein (1377–1445)

»Kum, liebster man! Meins leibs ich dir wol gan an a - be - lan. kum

trautgesell, glücklich fleuch ungevell! kum, höch - ster

schatz, zu tratz der val - schen zun - gen latz! kum schier, meins her - zen

laid vertreib, und tröst mich vil ar - mes weib! dein män - lich leib reicht

sinn und muet an mir für al - ler wel - te guet.«

Kum, liebster man!

„Kum, liebster man!
Meins leibs ich dir wol gan
An abelan.
Kum trautgesell,
Glücklich fleuch ungevell!
Kum, höchster schatz, zu tratz
Der valschen zungen latz!
Kum schier, meins herzen laid vertreib,
Und tröst mich vil armes weib!
Dein mänlich leib reicht sinn und muet
An mir für aller welte guet."

„Dein wort gepär
Ringt all mein senlich swär,
Frau, lieber mär,
Seit mein begert
Ain stolz weib junk, hoch, wert,
Die mir das herz an smerz
Verjüngt mit liebem scherz
Gar wunniklichen manigvalt.
Ir minniklich schön gestalt
Macht mich nicht alt und pin ergetzt,
Von klaren euglin mich benetzt."

„Schaiden mich nöt,
Dein schaiden mich ertöt,
Mein euglin röt
Und pin verzuckt,
Der sinn plösslich entruckt.
Mein weiplich zucht, die frucht
Fleust senlich ir genucht.
Ob du mir kurzlich nicht enschreibst
Und selb lang von mir beleibst,
Wie du das treibst, so fürcht ich ser,
Oder ich gesech dich nimmermer."

Komm, liebster Mann!

„Komm, liebster Mann!
Dir ergebe ich mich
Ohne Unterlaß.
Komm, Liebster,
Fliehe glücklich vor dem Unglück.
Komm, höchster Schatz, zum Ärger
Aller bösen Verleumder!
Komm schnell, vertreibe mein Herzeleid
Und tröste mich traurige Frau.
Deine männliche Gestalt
Gibt meinem Sinn und Gemüt
Mehr Reichtum als alles Gut der Welt.“

„Deine Worte und deine Gebärde
Verscheuchen meinen Liebesschmerz,
Liebste Herrin,
Da du,
Eine stolze, junge, edle
Und angesehene Frau, mich begehrst,
Die mir das Herz ohne Schmerz
Mit Freude und Liebe erfüllt.
Ihre herrliche schöne Gestalt
Macht mir keine grauen Haare;
Ich bin erfreut
Von ihren hellen Augen im Netz gefangen.“

„Scheiden bringt mir Not,
Dein Scheiden bringt mir Tod;
Meine Augen werden rotverweint,
Ich bin beraubt,
Meiner Sinne ganz entrückt.
Mein weiblicher Anstand,
Der verliert in Sehnsucht seine Fülle.
Wenn du mir nicht in Kürze schreibst
Und so lange wegbleibst,
Wie du das oft tust, so fürchte ich,
Daß ich dich nie mehr wiedersehe.“

Uti vår hage
In unserem Hag

Schwedisch, 17. Jahrhundert

Ut - i vår ha - ge, där väx - a blå bär: Kom, hjär - tans - fröjd!

Vill du mig nå - got, så träf - fas vi där. Kom, lil - jor och ak - vi - le - ja, kom,

ro - sor och sa - li - vi - a, kom lju - va krusmjnta, kom, hjär - tans - fröid!

Uti vår hage	In unserem Hag
Uti vår hage, där växa blå bär:	In unserem Hag wachsen Blaubeeren:
Kom, hjärtansfröjd!	Komm, komm mein Herz!
Vill du mig något, så träffas vi där.	Willst du, so treffen wir uns dort.
Kom, liljor och akvileja,	Komm, Lilie und Akelei,
Kom, rosor och salivia,	Komm, Rose und Salbei,
Kom ljuva krusmynta,	Komm, liebliche Krausminze,
Kom, hjärtansfröjd!	Komm, komm mein Herz!
Fagra små blommor där bjuda till dans,	Die zierlichen Blumen locken zum Tanz.
Vill du, så binder jag åt dig en krans.	Willst du, bind' ich dir einen Kranz.
Kom etc.	Komm, Lilie etc.
Kransen, den sätter jag sen i ditt hår.	Den Kranz, den setze ich dir in dein Haar.
Solen, den dalar, men hoppet upp går.	Die Sonne sinkt, aber die Hoffnung erblüht.
Kom etc.	Komm, Lilie etc.
Uti vår hage finns blommor och bär.	In unserem Hag findest du Blumen und Beeren.
Men utav alla du kärast mig är.	Mehr aber als alle anderen bist du mir lieb.
Kom etc.	Komm, Lilie etc.

Runo-Laulu
Runengesang

Finnisch

Moderato

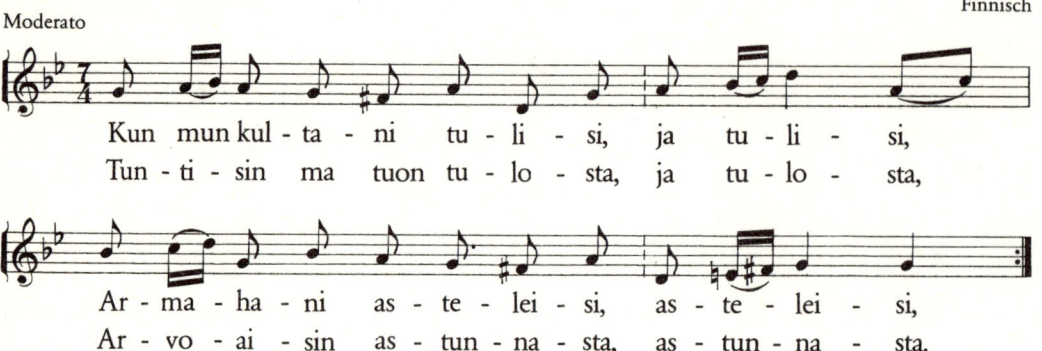

Kun mun kul - ta - ni tu - li - si, ja tu - li - si,
Tun - ti - sin ma tuon tu - lo - sta, ja tu - lo - sta,

Ar - ma - ha - ni as - te - lei - si, as - te - lei - si,
Ar - vo - ai - sin as - tun - na - sta, as - tun - na - sta.

Runo-Laulu

Kun mun kultani tulisi, ja tulisi,
Armahani asteleisi, asteleisi,
Tuntisin mie tuon tulosta, ja tulosta,
Arvoaisin astunnasta, astunnasta.
Jos ois vielä virstan pääsa, virstan pääsa,
Tahikka kahen takana, ja takana.
Utuna ulos menisin, ja menisin,
Savuna pihalle saisin, ja saisin.
Kipunoina kii ättäisin;
Liekkinä lehauttaisin;
Vierten vierehen menisin,
Sipostellen suun etehen.
Tok' mie kättä käpseäisin,
Vaikk' ois käärme kämmenellä;
Tok' mie suuta suikkajaisin,
Vaikk' ois surma suun e'essä;
Tok' mie kaulahan kapuisin,
Vaikk' ois kalma kaula-luilla;
Tok' mie vierehen viruisin,
Vaikk' ois vierus verta täynnä.

Vaanp' ei ole kullallani,
Ei ole suu su'en veressä,
Kä' et käärmehen talissa,
Kaula kalman tarttumissa;
Suu on rasvasta sulasta,
Huulet kun hunaja-meestä,
Kä' et kultaiset, koriat,
Kaula kun kanarvan varsi!

Runengesang

Wenn mir mein Liebster entgegenkäme,
Auf demselben Wege entgegenkäme,
So würde ich ihn schon von weitem erkennen,
An seinem Gang würde ich ihn erkennen.
Und wäre er viele Werst entfernt,
Zwei Werst und noch viel mehr,
Ich würde wie Nebel ihm entgegenwehen,
Wie ein Windhauch,
Wie ein schneller Funke,
Wie eine Flamme würde ich auflodern.
Entgegeneilen würde ich ihm,
An seine Seite würde ich mich setzen,
Die Hand in seine Hände legen,
Auch wenn er Schlangen darin hielte.
Seine Lippen würde ich saugen,
Wenn auch Gift in seinem Kusse wäre,
Seinen Hals in Händen halten,
Wenn ich auch gleich sterben sollte,
Mich an seine Seite schmiegen,
Wäre sie auch voll von Blut.

Doch, des Liebsten Mund und Lippen
Sind nicht blutbefleckt.
Seine Hand hält keine Schlange,
Und sein Hals ist rein und schön.
Rosig die Lippen
Und schwellend süß der Mund,
Weich und weiß die Hände,
Schlank wie ein Stengel der Hals.

Tam'za gorom za zelenom
Hinter jenem grünen Berge

Kroatisch

Tam' za go-rom za ze-le-nom, Tam' za go-rom za ze-le-nom, –

Oj, de-voj-ko, du-šo mo-ja! Oj, de-voj-ko, du-šo mo-ja!

Tam'za gorom za zelenom	*Hinter jenem grünen Berge*

Tam' za gorom za zelenom,
    Oj, devojko, dušo moja!
Nešto tamo podvriskuje,
    Oj, devojko etc.
Konda j' grlo djevojačko.
    Oj, devojko etc.
Skoči momče da obite:
A djevojče zavezano
Bijelom svilom i zelenom.
Moli ga se djevojčica:
«Odvez' mene, mlado momče,
Bit ću tebi mlada seka!»
«Borme neću, djevojčice,
Imam seku i kod kuće!»
Moli ga se djevojčica:
«Odvez' mene, mlado momče,
Bit ću tebi mlada snaša!»
«Borme neću, djevojčice,
Imam snašu i kod kuće!»
Moli ga se djevojčica:
«Odvez' mene, mlado momče,
Bit ću tebi mlada ljuba!»
Odveza je mlado momče,
Odveza je, poljubi je,
Poljubi je, odvede je.
    Oj, devojko, dušo moja!

Hinter jenem grünen Berge –
    O du Mädchen, meine Seele!
Hört man laut und gellend schreien
    O du Mädchen etc.
Wie aus einer Mädchenkehle.
    O du Mädchen etc.
Springt der Bursche zu dem Orte:
Angebunden ist ein Mädchen
Dort mit weiß und grüner Seide.
Und es bittet ihn das Mädchen:
„Bind mich los, oh junger Bursche,
Will dir sein die junge Schwester!"
„Nein, das werd ich nicht, oh Mädchen,
Hab daheim schon eine Schwester!"
Und es bittet ihn das Mädchen:
„Bind mich los, oh junger Bursche,
Will dir sein die junge Schwägrin!"
„Nein, das werd ich nicht, oh Mädchen,
Hab daheim schon eine Schwägrin!"
Und es bittet ihn das Mädchen:
„Bind mich los, oh junger Bursche,
Will dir sein das junge Bräutlein!"
Und es bindet los der Bursche,
Bindet los sie, und er küßt sie,
Und er küßt und führet heim sie.
    O du Mädchen, meine Seele!

Σαμιώτισσα
Samiotissa
Das Mädchen von Samos

Griechisch aus Samos

Sa - mió - tis - sa, Sa - mió - tis - sa, Pó - te tha pás sti Sá -
- mo? Na stróso ró - da sto ja - ló, Sa - mió - tis - sa, Trian-
- da - fil - la stin ám - - mo. - mo.

<table>
<tr><td>

Σαμιώτισσα

Σαμιώτισσα, Σαμιώτισσα,
Πότε θά πᾶς στή Σάμο;
Νά στρώσω ρόδα στό γιαλό,
Σαμιώτισσα,
Τριαντάφυλλα στήν ἄμμο.

Μέ τή βαρκούλα πού θά πᾶς
Χρυσά πανιά θά βάλω.
Μαλαματένια τά κουπιά,
Σαμιώτισσα,
Θά στείλω νά σέ πάρω.

Σαμιώτισσα, μέ τίς ἐλιές
Καί μέ τά μαῦρα μάτια,
Μοῦ κανες τήν καρδούλα μου,
Σαμιώτισσα,
Σαράντα δυό κομμάτια.

</td><td>

Samiotissa

Samiótissa, Samiótissa,
Póte tha pás sti Sámo?
Na stróso róda sto jaló,
Samiótissa,
Triandafilla stin ámmo.

Me ti varkoúla pou tha pás
Chrisá paniá tha válo.
Malaménia ta kupiá,
Samiótissa,
Tha stílo na se páro.

Samiótissa, me tis eliés
Ke me ta mávra mátia
Mú' kanes tin kardúla mu,
Samiótissa,
Saránda dió kommátia.

</td></tr>
</table>

Das Mädchen von Samos

Samiotin, Samiotin,
Wann kommst du wieder nach Samos;
Ich will Rosen aufs Meeresufer streuen,
Samiotin,
Und Rosen auf den Strand.

Auf das Schifflein, das dich herübertragen wird,
Werde ich goldene Segel setzen
Und vergoldete Ruder,
Samiotin,
Und ich werde es schicken, dich abzuholen.

Samiotin, mit deinen Muttermalen
Und deinen schwarzen Augen,
Du hast geteilt mein kleines Herz,
Samiotin,
In zweiundvierzig Stücke.

Fro bin ich dein

Paul Hofhaimer (1459–1537)

Fro bin ich dein Herz-lieb - ste mein Auch kei - nen Tag Kann

o - der mag Dein lieb noch treu ver - ges - sen. Schafft

das dein zucht, O wer - de frucht Mich ei - nig hat be - ses - sen.

Fro bin ich dein

Fro bin ich dein,   Dein lieb noch treu vergessen.
Herzliebste mein.   Schafft das dein zucht,
Auch keinen Tag   O werde frucht
Kann oder mag   Mich einig hat besessen.

122

Hoi, Marinko

Deutsch aus der Gottschee (Jugoslawien)

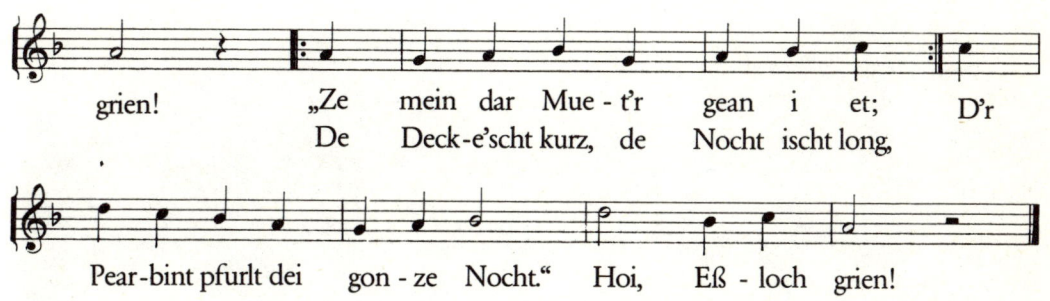

"Hoi, Ma-rin-ko, geascht du shluf'n ze dein dar Mue-tr?" Hoi, Eß-loch grien! "Ze mein dar Mue-t'r gean i et; D'r

De Deck-e'scht kurz, de Nocht ischt long, Pear-bint pfurlt dei gon-ze Nocht." Hoi, Eß-loch grien!

Hoi, Marinko

„Hoi, Marinko, geascht du shluf'n
Ze dein dar Muet'r?"
Hoi, Eßloch grien!
„Ze mein dar Muet'r gean i et;
    De Decke 'scht kurz, de Nocht ischt long,
    D'r Pearbint pfurlt dei gonze Nocht."
    Hoi, Eßloch grien!

„Hoi, Marinko, geascht du shluf'n
Ze dein dan Vuet'r?"
Hoi, Eßloch grien.
„Ze mein dan Vuet'r gean i et;
    De Decke 'scht kurz, etc.

„Hoi, Marinko, geascht du shluf'n
Ze dein dar Shbescht'r?"
Hoi, Eßloch grien.
„Ze mein dar Shbescht'r gean i et;
    De Decke 'scht kurz, etc.

„Hoi, Marinko, geascht du shluf'n
Ze dein dan Prued'r?"
Hoi, Eßloch grien.
„Ze mein dan Prued'r gean i et:
    De Decke 'scht kurz, etc.

Hoi, Marinko

„Hoi, Marinko, gehst du schlafen
Zu deiner Mutter?"
He, Brennessel grün!
„Zu meiner Mutter geh ich nicht;
    Die Decke ist kurz, die Nacht ist lang,
    Der Nordwind bläst die ganze Nacht!"
    He, Brennessel grün!

„Hoi, Marinko, gehst du schlafen
Zu deinem Vater?"
He, Brennessel grün!
„Zu meinem Vater geh ich nicht;
    Die Decke ist kurz, etc.

„Hoi, Marinko, gehst du schlafen
Zu deiner Schwester?"
He, Brennessel grün!
„Zu meiner Schwester geh ich nicht;
    Die Decke ist kurz, etc.

„Hoi, Marinko, gehst du schlafen
Zu deinem Bruder?"
He, Brennessel grün!
„Zu meinem Bruder geh ich nicht;
    Die Decke ist kurz, etc.

„Hoi, Marinko, geascht du shluf'n
Ze dein dan Liebon?“
Hoi, Eßloch grien.
„Ze mein dan Liebon gean i shluf'n;
    De Decke 'scht long, de Nocht ischt kurz,
    D'r Jaukbint pfurlt dei gonze Nocht!“
    Hoi, Eßloch grien.

„Hoi Marinko, gehst du schlafen
Zu deinem Geliebten?“
He, Brennessel grün!
„Zu meinem Geliebten geh ich schlafen;
    Die Decke ist lang, die Nacht ist kurz,
    Der Südwind bläst die ganze Nacht!“
    He, Brennessel grün!

All mein gedenken

Aus dem Lochhamer-Liederbuch (1450)

All mein ge-den-ken, die ich hab, die sind pei dir,
Du aus-er-wel-ter eíni-ger trost, pleib stet pei mir.
Du, du, du sollt an mich ge-den - ken; Het ich
al - ler wunsch gewalt, Von dir wollt ich nit wen - ken.

All mein gedenken

All mein gedenken, die ich hab, die sind pei dir,
Du auserwelter einiger trost, pleib stet pei mir.
Du, du, du sollt an mich gedenken;
Het ich aller wunsch gewalt,
Von dir wollt ich nit wenken.

Du auserwelter einiger trost, gedenk daran:
Leib und gut, das sollt du ganz zu eigen han.
Dein, dein, dein will ich beleiben,
Du geist mir freud und hohen mut,
Und kanst mir leid vertreiben.

Dein allein und niemands mer, das wiss fürwar,
Test du desgleichen in treuen an mir, so wer ich fro.
Du, du, du solt von mir nit setzen,
Du geist mir freud und hohen mut
Und kannst mich leids ergetzen.

Die allerliebst und miniglich die ist so zart,
Iren gleich in allen reich find man hart.
Pei, pei, pei ir ist kein verlangen;
Do ich nu von ir scheiden sollt,
Do het si mich umbfangen.

Die werde rein, die ward ser wein, do das geschach:
„Du pist mein, und ich pin dein", sie traurig sprach,
„Wann, wann, wann ich soll von dir weichen,
Ich nie erkannt, noch nimmer mer
Erkenn ich dein geleichen."

Ó, min flaskan friða!
Oh, mein feines Fläschchen

Isländisch

Ó, min flas - kan frið - a! Flest eg vild - i lið - a,

Frostid, far og kvið - a, Fyr en þig að miss - a.

Mundi' eg meg - a kyss - a Munninn þinn, þinn, þinn,

Munninn þinn, þinn, þinn! Munninn þinn svo mjúkan finn, Meir en verd jeg hiss - a.

Ó, min flaskan fríða!

Ó, min flaskan fríða!
Flest eg vildi liða,
Frostið, far og kvíða,
Fyv en þig að missa.
Mundi' eg meg a kyssa
Munninn þinn, þinn, þinn,
Munninn þinn, þinn, þinn!
Munninn þinn svo mjúkan finn,
Meir en verd jeg hissa.

Oh, mein feines Fläschchen

oh mein feines fläschchen
vieles will ich leiden
frost gefahr und sorgen
eher als dich meiden.
möcht dich küssen auf den mund
auf den mund mund mund
auf den mund mund mund
ich spüre deinen mund so weich
das überrascht mich sehr.

Dobrú noc
Gute Nacht

Slowakisch

Lento

Do - brú noc, má mi - lá, do - brú noc! Do - brú noc,
Nech ti je sám Pán Boh na po - moc!

do - bre spi, Nech sa ti sní - va - jú slad - ké sny.

Dobrú noc

Dobrú noc, má milá, dobrú noc!
Nech ti je sám Pán Boh na pomoc!
Dobrú noc, dobre spi,
Nech sa ti snívajú sladké sny.

Gute Nacht

Gute Nacht, meine Liebe, gute Nacht!
Gott soll dich bewachen!
Gute Nacht, schlafe tief,
Ein süßer Traum soll zu dir kommen.

IX. Hei, Amaryllis, wach auf, du feine!

Ine gesach die heide nie baz gestalt
Nie habe ich die Wiese schöner gesehen

Neidhart „von Reuental" (ca. 1180 bis ca. 1240)

Ine gesach die hei - de nie baz gestalt, in lieh - ter ou - genwei - de den

grüe - nen walt: an den beiden kie - se wir den mei - en. ir mägde, ir sult iuch

zwei - en, gein dir - re lieh - ten sumer - zit in ho - hem muote rei - en.

Ine gesach die heide nie baz gestalt

Ine gesach die heide
Nie baz gestalt,
In liehter ougenweide
Den grüenen walt:
An den beiden kiese wir den meien.
Ir mägde, ir sult iuch zweien,
Gein dirre liehten sumerzit in hohem muote reien.

Lop von mangen zungen
Der meie hat.
Die bluomen sint entsprungen
An manger stat,
Da man e deheine kunde vinden,
Geloubet stat diu linde.
Sich hebt, als ir wol habt vernomen, ein tanz von höfschen kinden.

Die sint sorgen ane
Und vröuden rich.
Ir maget wolgetane
Und minneclich,
Zieret iuch, daz iu die Beier danken,
Die Swaben und die Vranken!
Ir briset iuwer hemde wiz mit siden wol zen lanken!

129

„Gein wem solt ich mich zafen?"
So redet ein maget,
„Die tumben sint entslafen,
Ich bin verzaget.
Vröude und ere ist al der werlde unmaere.
Die man sint wandelbaere:
Deheiner wirbet umbe ein wip, der er getiuwert waere."

„Die rede soltu behalten,"
Sprach ir gespil.
„Mit vröuden sul wir alten:
Der manne ist vil,
Die noch gerne dienent guoten wiben.
Lat solhe rede beliben!
Ez wirbet einer umbe mich, der truren kan vertriben!"

„Den soltu mir zeigen,
Wie er mir behage.
Der gürtel si din eigen,
Den ich umbe trage!
Sage mir sinen namen, der dich minne
So tougenlicher sinne!
Mir ist getroumet hint von dir, din muot der ste von hinne."

„Den si alle nennent
Von Riuwental
Und sinen sanc erkennent
Wol über al,
Der ist mir holt, mit guote ich im des lone:
Durch sinen willen schone
So wil ich brisen minen lip. wol dan, man liutet none!"

Nie habe ich die Wiese schöner gesehen

Nie habe ich die Wiese schöner gesehen,
Nie war mir der grüne Wald eine so große Augenweide:
Daran erkennen wir den Frühling.
Ihr Mädchen, stellt euch in Paaren zusammen
Und tanzt in dieser glänzenden Sommerzeit frohbeschwingt den Reigen.

Der Frühling wird von vielen gepriesen,
Die Blumen sind an vielen Stellen entsprossen,
Wo man vorher keine sehen konnte:
In Laub steht die Linde.
Dort beginnt, wie ihr gehört habt, ein Tanz von jungen Damen.

Die sind frei von Sorgen und voll Freuden.
Ihr schönen und liebenswerten Mädchen,
Schmückt euch so, daß euch die Bayern, Schwaben und Franken dafür loben.
Schmückt eure weißen Hemden
An den Hüften mit Seidenbändern.

„Für wen sollte ich mich denn schmücken?" sagte ein Mädchen;
„Diese dummen Burschen sind ganz verschlafen, das nimmt mir den Mut.
Freude und Ehre gelten nichts mehr in der Welt;
Die Männer sind unbeständig:
Keiner wirbt um eine Frau, die seinen Wert erhöhen würde."

„Du sollst nicht so reden", sagte ihre Freundin.
„Wir werden in Freuden alt werden:
Denn es gibt noch viele Männer, die gerne einer edlen Frau dienen.
Laß also solches Gerede!
Es wirbt einer um mich, der schlechte Laune vertreiben kann."

„Den zeige mir, ob er mir gefällt!
Dafür sollst du den Gürtel haben,
Den ich hier trage.
Nenne mir den bei Namen, der dich so heimlich liebt.
Mir träumte heute nacht, du wolltest von hier weggehen."

„Der, den sie alle ‚von Reuental' nennen
Und dessen Lieder alle gut kennen, er ist mir hold.
Und ich belohne ihn dafür reichlich..
Ihm zu Gefallen will ich mich schön schnüren.
Auf denn! Man läutet schon Mittag (= die neunte Stunde des Tages)!"

L'amour de moi
Meine Liebste

Französisch, 16. Jahrhundert

L'a - mour de moi s'y est en - clo - - se De - dans un jo-
- li jar - di - net Où croît la ro - se et le muguet Et
aus - si fait la pas - se - ro - - se. Ce jardin est bel
On y prend son
et plaisant: Il est garni de tou - tes flours;
é - bat - te - ment Au - tant la nuit com - me le jour.

L'amour de moi

L'amour de moi si est enclose
Dedans un joli jardinet
Où croît la rose et le muguet
Et aussi fait la passerose.

Ce jardin est bel et plaisant:
Il est garni de toutes flours;
On y prend son ébattement
Autant la nuit comme le jour.

Hélas! il n'est si douce chose
Que de ce doux rossignolet
Qui chante au soir, au matinet:
Quand il est las, il se repose.

Je la vis l'autre jour cueillir
La violette en un vert pré:
La plus belle qu'oncques ne vis,
Et la plus plaisante à mon gré.

Meine Liebste

Meine Liebste ist eingeschlossen
In einem lieblichen Gärtchen,
Rosen, Maiglöckchen
Und Stockrosen gedeihen in ihm.

Dieser Garten ist schön und angenehm zugleich,
Mit allen Blumen ist er ausgestattet;
Betört wird man von seinen Reizen
Tag und Nacht.

Leider! Es gibt nichts Sanfteres
Als diese süße Nachtigall,
Die singt vom Abend bis zum Morgen:
Wenn sie müde ist, ruht sie sich aus.

Ich sah sie jüngst Veilchen
Auf einer grünen Wiese pflücken:
Die Schönste, die es gibt,
Und die Angenehmste, wie ich finde.

Je la regardais une pose:
Elle était blanche comme lait,
Et douce comme un agnelet,
Vermeillette comme une rose.

Ich betrachtete sie eine Weile:
Sie war weiß, wie Milch,
Und sanft gleich einem Lämmchen,
Purpurn gleich der Rose.

La bergère et le monsieur
Schäferin und Herr

Französisch und patois d'oc' (Südfrankreich)

Que fais - tu, ber-ge-ret - te, là-bas dedans ce pré? Tu

es tou-te seu - let - te pour tes moutons gar - der. Fia - le

ma coulougno, garde mous moutons. Vire ma roulè - to de cènt mi-lo tous.

La bergère et le monsieur		Schäferin und Herr	
Le monsieur:	Que fais-tu, bergerette,	Der Herr:	Was machst du, kleine Schäferin,
	Là-bas dedans ce pré?		Dort auf jener Wiese?
	Tu es toute seulette		Ganz allein bist du,
	Pour tes moutons garder.		Um deine Schafe zu hüten.
La bergère:	Fiale ma coulougno,	Schäferin:	Ich drehe meine Spindel,
	Garde mous moutous.		Während ich die Schafe hüte.
	Vire ma roulèto		Ich drehe mein Rädchen
	De cènt milo tous.		Tausendmal schnell.
Le monsieur:	Dis-moi, ma bergerette,	Der Herr:	Sag mir, meine Schäferin,
	Dis ton amusement:		Sag mir von deinem Zeitvertreib:
	Pour être si jolie,		Da du so hübsch bist,
	Dis, n'as-tu pas d'amant?		Sag, hast du keinen Geliebten?
La bergère:	Ah! Moussu, iéu crese	Schäferin:	Ach, Herr, ich bange
	Que perdès l'esprit:		Um Euren Verstand;
	Jamais la miéu maire		So hat meine Mutter
	Mi n'aïant tant di.		Nie zu mir gesprochen –.
Le monsieur:	Dis-moi, quoique ta mère	Der Herr:	Sag mir, wenn auch deine Mutter
	Ne t'en parle pas,		Dir nichts davon erzählt,
	Ton cœur, ô ma bergère,		Dein Herz, du meine Schäferin,
	Te le dit bien tout bas?		Sagt es dir wohl ganz leis –?

La bergère:	Ah! Moussu, iéu crese Que perdès l'esprit: Coume un cuer sèns lengo Poueriô n'aver di?	*Schäferin:*	Ach, Herr, ich glaube, Ihr verliert den Verstand: Wie kann ein Herz ohne Sprache Zu mir sprechen?
Le monsieur:	Ton chien, ma bergerette, est plus humain que toi: Me caresse, me flatte, et se tient près de moi.	*Der Herr:*	Dein Hund, meine Schäferin, Ist menschlicher als du: Er liebkost mich, schmeichelt mir Und bleibt in meiner Nähe.
La bergère:	O! la laido bestio! Se tien près de vous, Lai, dins vautro poucho, Li sènt lous croustous.	*Schäferin:*	Oh! Das garstige Tier Bleibt in Eurer Nähe, Denn es riecht die Brotkruste In Eurer Tasche.
Le monsieur:	Si tu voulais, bergère, Venir dans mon château, Tu porterais dentelles, Un manteau des plus beaux.	*Der Herr:*	Wenn du, kleine Schäferin, In mein Schloß kommen wolltest, So trügest du Spitzen, Den schönsten aller Mäntel!
La bergère:	Grand merci, Moussu, De vautre chastèu: Garde ma voulèto Oub' moun pastourèu.	*Schäferin:*	Vielen Dank, mein Herr, Für Euer Schloß, Ich aber bewahre mein Herz Für meinen kleinen Schäfer.
Le monsieur:	Adieu donc, ma bergère, Ton cœur est de rocher; Si ton cœur est sincère, Il faut nous séparer.	*Der Herr:*	Adieu also, meine Schäferin, Dein Herz ist aus Stein. Spricht dein Herz ehrlich, So müssen wir uns trennen.
La bergère:	Adiéusias, Moussu, Pouvès bèn vous n'ana; Oube las bergièros li a rèn à gagna.	*Schäferin:*	Adieu, mein Herr, Ihr könnt gehen; Die Schäferin hat dadurch nichts gewonnen.

La pastorella mia
Meine schöne Schäferin

Jakob Arcadelt (ca. 1514–1572), italienisch

La pa - sto - rel - la mi - a senz' al - tra com - pag -
- ni - a so - lett' al sou giar - di - no per co - glier
pe - tro - si - - no se n'an - da - va. La non par - mi si sfor -
- la - va, di monstrar mi con la ma - no: Four della vil - la o
- za - va

bel vil-la-no, ch'io me ne-va-do po-co lon-ta-no. Veni-

-rai pian, pian, o bel vil-la-no, bel vil-la-no!

La pastorella mia	Meine schöne Schäferin
La pastorella mia	*Meine schöne Schäferin*
La pastorella mia	Meine schöne Schäferin
Senz' altra compagnia	Ging ohne Begleitung
Solett' al sou giardino	Allein in ihren Garten,
Per coglier petrosino	Um Petersilie zu pflücken
Se n'andava.	Ging sie hin.
La non parlava,	Sie sprach nicht,
Mi si sforzava	Aber bemühte sich,
Di monstrarmi con la mano:	Mir mit der Hand zu zeigen:
Four della villa o bel villano,	Zur Stadt hinaus, schöner Bauernbursche,
Ch'io me ne vado poco lontano.	Gehe ich, nicht weit entfernt –
Venirai pian, pian,	Du wirst leise, leise kommen,
O bel villano,	Du schöner Bauernbursche,
Bel villano!	Schöner Bursche!
N'andava contignosa	Sie ging fort, sittsam,
E mesta e vergognosa	Traurig und verschämt,
Cantand'una canzona:	Ein Lied singend:
«Tu porti la corona»	„Du trägst die Krone"
E poi rideva.	Und dann lachte sie.
Io la sentiva	Ich hörte,
Quel che diceva	Was sie sagte
Sotto voce piano, piano:	Mit leiser, leiser Stimme:
Four della villa o bel villano, etc.	Zur Stadt hinaus, schöner Bauernbursche, etc.

Come away, come sweet love
Mach' dich auf, komm', liebes Herz

John Dowland (1563–1626), englisch

Come a-way, come sweet love, The gold-en morn-ing breaks.
All the earth, all the air, Of love and plea-sure speaks:

Teach thine arms then to em-brace, And sweet Ro-
Eyes were made for beau-ty's grace, View-ing, Rue-

-sy Lips to kiss, And mix our souls in mu-tual bliss:
-ing Love's long pain Pro-cur'd by beau-ty's rude dis-dain.

Come away, come sweet love

Come away, come sweet love, the golden morning breaks.
All the earth, all the air, of love and pleasure speaks:
Teach thine arms then to embrace,
And sweet rosy lips to kiss,
And mix our souls in mutual bliss.
Eyes were made for beauty's grace,
Viewing,
Rueing
Love's long pain
Procur'd by beauty's rude disdain.

Come away, come sweet love, the golden morning wastes,
While the sun from his sphere, his fiery arrows casts:
Making all the shadows fly,
Playing, staying in the grove,
To entertain the stealth of love.
Thither sweet love let us hie,
Flying,
Dying
In desire,
Wing'd with sweet hopes and heav'nly fire.

Come away, come sweet love, do not in vain adorn
Beauty's grace, that should rise, like to the naked morn:
Lilies on the river's side,
And fair Cyprian flow'rs new-blown,
Desire no beauties but their own.
Ornament is nurse of pride,
Pleasure
Measure
Love's delight:
Haste then sweet love our wished flight.

Mach' dich auf, komm', liebes Herz

Mach' dich auf, komm', liebes Herz, der goldne Morgen naht.
Himmel und Erde künden von Liebe und Lust:
Deine Arme sollen umfangen
Und dein Rosenmund küssen,
Die Seelen verschmelzen in trunkener Glut.
Augen sind da sich an
Anmut
Zu freuen
Liebe macht Weinen und Klagen,
Wenn eine Schönheit den Liebenden spröd' verschmäht.

Mach' dich auf, komm', liebes Herz, verschwenderischen Überfluß schenkt golddurch-
webter Morgen
Dazu die Sonne aus dem Äther Feuerpfeile schießt:
Sie macht, daß alle Schatten fliehen
Verpsielt weilt sie im Hain
Um heimlich Liebe zu umhegen –
Dorthin mein Herz, wollen wir entfliehen
Auf Schwingen,
Vergehend
In Verlangen
Beflügelt von süßer Hoffnung und himmlischer Glut.

Mach' dich auf, komm', liebes Herz, preis' nicht vergeblich
Laut're Schönheit, die rein erblühen sollte, wie im lichten Morgen:
Die Lilien in den Auen am Fluß,
Die jungen, taubenetzten Blumen des heitren Cyprian
Erfreuen sich an der eigenen Schönheit,
Die Zierde nährt den Stolz,
Genuß
Und Maß
Erfüllen wahre Liebe.
Eil nun, mein Herz, beginnen wir die sel'ge Fahrt.

Fiskafånget
Ein Lied über die Fischerei

Carl Michael Bellman (1740–1795), schwedisch

Opp A - ma - ryl - lis! vak - na min lil - la! Våd - ret är stil - la,
Rågn - bå - gen prå - lar Med si - na strå - lar, Ran - di - ga må - lar

Luf - ten sval, A - ma - ryl - lis låt mig, u - tan vå - da,
Skog och dal.

I Neptu - ni famn dig frid be - bå - da; Söm - nens Gud får

i - cke me - ra ra - da I di - na ö - gon, i su - ckar och tal.

Fiskafånget	*Ein Lied über die Fischerei*
Opp Amaryllis! vakna min lilla!	Hei, Amaryllis! wach auf, du feine!
Vådret är stilla,	Die luft ist reine,
Luften sval,	Lau der wind;
Rågnbågen prålar	Manch regenbogen
Med sina strålar,	Sanft hingezogen,
Randiga målar	Vielbuntes wogen
Skog och dal.	Licht und lind.
Amaryllis låt mig, utan våda,	Amaryllis, laß mich dir verkünden
I Neptuni famn dig frid bebåda;	Fried aus des Neptuni blauen gründen;
Sömnens Gud får icke mera råda	Morpheus soll dem auge dir entschwinden,
I dina ögon, i suckar och tal.	Nächtliche seufzer, vergiß sie geschwind.

Kom nu och fiska, noten år bunden,	Auf nun, zum fischen, komm und beeil dich,
Kom nu på stunden,	Nimmer verweil dich,
Följ mig åt;	Folg mir schnell;
Klåd på dig tröjan;	Schlüpf in dein jäcklein,
Kjorteln och slöjan;	Flugs in die söcklein,
Gåddan och löjan	Uklei und hechtlein
Ställ försåt.	Gehts ans fell.
Vakna Amaryllis lilla, vakna;	Amaryllis, auf, wach auf vom kissen,
Låt mig ej ditt glada sållskap sakna;	Laß mich deine nähe nicht vermissen;
Bland Delphiner och Sirener nakna	Wo nereiden die tritone küssen,
Sku vi nu plaska med vår lilla båt.	Treibt unser nachen auf schaukelnder well.
Tag dina metspön, refvar och dragen;	Schon steigt im osten wärmend die sonne,
Nu börjar dagen,	Liebliche wonne,
Skynda dig.	Rot und rund;
Söta min lilla!	Sie dich vergolde,
Tånk icke illa,	Blühende dolde,
Skulle du villa	Lächelnde holde,
Neka mig?	Kirschenmund.
Låt oss fara til det lilla grundet,	Sieh, ganz hinten, in dem grünen grunde
Eller dit bort til det gröna sundet,	Oder drüben in dem stillen sunde,
Dår vår kårlek knutit det förbundet,	Finden wir uns ein zum liebesbunde,
Hvaröfver Tirsis så harmade sig.	Drum härmet Tirsis das herze sich wund.
Stig då i båten, sjungom vi båda!	Jauchze und juble, sing, tiriliere!
Kårlek skal råda	Lieb nur regiere
I vårt bröst.	In der brust.
Eol sig harmar,	Äol verbittert
Men når han larmar,	Lüfte durchzittert,
I dina armar	Brauset, gewittert
År min tröst.	Uns zur lust.
Lycklig uppa hafvets vreda bölja,	Tosend auf des meeres grimmen fluten,
I din stilla famn kan jag ej dölja	Preschen Neptuns schaumgekrönte stuten,
Hur i döden hjertat vil dig följa.	Welch ein rasen, pfauchen, heulen, tuten
Sjungen Sirener och hårmen min röst!	Singet, sirenen, uns beiden zum gruß!

Turlututu

Neuprovençalisch aus Haut-Languedoc (Frankreich)

Ieu troube - ri   mamour Ja - ne-to,   garda-vo   soun - turlututu, tutu

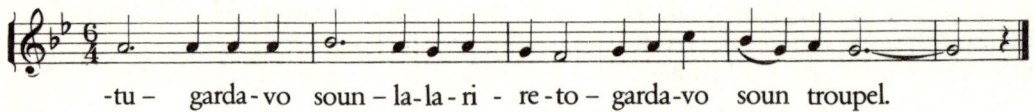

-tu -   garda-vo   soun - la-la - ri - re -to - garda-vo   soun   troupel.

Turlututu

Ieu trouberi mamour Janeto,
Gardavo soun – turlututu, tututu –
Gardavo soun – lalarireto –
Gardavo soun troupel.

E ieu m'en aproucheri d'elo,
Per la baysa – turlututu, tututu –
Per la baysa – lalarireto –
Per la baysa pla may.

Ne sourtihet sa filouseto,
Per m'en bourra – turlututu, tututu –
Per m'en bourra – lalarireto –
Per m'en bourra dessus.

Me frapes pas, mamour Janeto,
Seray vostre – turlututu, tututu –
Seray vostre – lalarireto –
Seray vostre berge!

Turlututu

Ich traf meine geliebte Jeanette,
Als sie ihre Herde – turlututu, tututu –
Als sie ihre Herde – lalarireto –
Als sie ihre Herde hütete.

Und ich näherte mich ihr,
Sie zu küssen – turlututu, tututu –
Sie zu küssen – lalarireto –
Sie zu küssen, doch etwas zu heftig.

Da zog sie ihren Spinnrocken hervor,
Um mich zu schlagen – turlututu, tututu –
Um mich zu schlagen – lalarireto –
Um mich zu schlagen, auf meinen Kopf.

Schlagt mich doch nicht, geliebte Jeanette,
Ich möchte doch euer – turlututu, tututu –
Ich möchte doch euer – lalarireto –
Ich möchte doch euer Schäfer sein!

Te kāi amen piras
Überall, wo ich gehe

Sprache der Zeltzigeuner aus Ungarn

Te kāi a-men pi - ras Lu-li-g'i ba-re - li.

Šu-kar mu-ri gras-to, šu-kar mu-ri rom-ni.

Te kāi amen piras

Te kāi amen piras
Lulig'i bareli.
Šukar muri grasto,
Šukar muri romni.

Überall, wo ich gehe

Überall wo ich gehe,
Erblühen die Blumen.
Was hab' ich doch für ein schönes Roß!
Schöner aber noch ist meine Frau.

Havuz başının gülleri
Am Teich blühen die Rosen

Türkisch

Ha - vuz ba - şı - nın gül - le - ri,

şak şak ö - ter bül bül - le - ri.

Havuz başının gülleri

Havuz başının gülleri,
Şak şak öter bül bülleri.

O yarin tatlı dilleri,
Allah yar gele yar gele,
Inşallah bize yar gele.

Am Teich blühen die Rosen

Am Teich blühen die Rosen.
Horch, horch, – die Nachtigall!

Süßer noch tönt die Stimme der Liebsten,
Allah hat sie dir zur Freude gegeben.

143

Es taget vor dem walde

Vannius: Bicinia sive duo germ., Bern 1553

Es ta - get vor dem wal - de, Stand uf, Kät - ter - lin! Die

ha - sen lau - fen bal - de: Stand uf, Kät - ter - lin, holder buel!

Hei - a - ho, Du bist min Und ich bin din! Stand uf, Kätter - lin!

Es taget vor dem walde

Es taget vor dem walde,
Stand uf, Kätterlin!
Die hasen laufen balde:
    Stand uf, Kätterlin, holder buel!
    Heiaho,
    Du bist min
    Und ich bin din!
    Stand uf, Kätterlin!

Es taget vor dem holze,
Stand uf, Kätterlin!
Die jäger hürnen stolze,
    Stand uf, Kätterlin, etc.

Es taget in der aue,
Stand uf, Kätterlin!
Schöns lieb, laß dich anschaue,
    Stand uf, Kätterlin, etc.

Es war amal an Abend spat

Dje ho-i ri-dl usw.

Es war a - mal an A - bend spat, a wun - der-schea - ne
dö Stern am Him - ml leuchtnt so hell, es war a liab- li- che

Nacht;
Pracht.

Auf a - mal fallt mir's in mein Her - zn ein, – Heint

möcht i's bei meiner Herz - liab - stn sein; und war das We - ge le

no so weit, so kunnt i's nit gra - tn mehr heut.

146

Es war amal an Abend spat

Es war amal an Abend spat,
A wunderscheane Nacht;
Dö Stern am Himml leuchtnt so hell,
Es war a liabliche Pracht.
Auf amal fallt mir's in mein Herzn ein, –
Heint möcht i's bei meiner Herzliabstn sein;
Und war das Wegele no so weit,
So kunnt i's nit gratn mehr heut.

Und wia i's geh über Berg und Tal,
So hör i's überall.
Es singt und jauchzt mit süaßn Schall
Die scheane Frau Nachtigall.
Frau Nachtigall schean pfeift und singt,
Von einem Ast zu dem andern springt;
Sie spielt mir auf ein Tänzelein geschwind,
Das mir viel Freuden bringt.

Und wia i's zum Schlaffensterlein kam,
Fang i's zum klopfen an,
Das Diandl steht von Bettlein auf
Und legt sein Kittle an.
Grüaß di Gott, hats g'sagt, mei liaber Bua,
Ziag aus dei Janggerl und deine Schuah;
Drauf schlaf'n wirs in stiller Ruah
Bis morgen in der Fruah.

Die Morgenröt frisch auffer geht,
Der helle Tag bricht an.
Der Bua, der steht von Bettlein auf
Und hat frisch Urlaub g'nomm.
Und wia der Bua so frisch Urlaub nahm,
Fangt's Diandle hart zu weinen an:
O weine nicht so bitterlich,
Ich kann dir ja helfen nicht!

Das Kchühorn
Das Kuh-Horn

Untarn ist gewonlich reden ze Salzburg und bedeutt so
man isset nach mittem tag über ain stund oder zwo

Mönch von Salzburg, 2. Hälfte d. 14. Jahrhunderts

Untarn - slaf tut den su - mer wol der an straf lib - lich ru - en sol

pey der di - ren auf dem stro in der sti - ren macht es fro.

Sy: ich muss hin mein traut ge - sell ich hab ze lang ge-

- slaf - fen hy pey dir Er: traut ge - spil ge wy got well ich

las dich schai - den nicht so pald von mir Sy: ja sint dy kchü noch

un - ge - mol - chen dar - umb ist mir gach ge - spot - tet wurd mir

von den vol - chen sold ich trei - ben nach. ain

fri - sche wol - ge - mu - te di - ren kan und wais gelympf dar-

-umb sorg ny - man umb dy i - ren es ist nur yr schympf.

Das Kchühorn

Untarnslaf tut den sumer wol
Der an straf liblich ruen sol
Pey der diren auf dem stro
In der stiren macht es fro.

Sy Ich muss hin mein traut gesell
    Ich hab ze lang geslaffen hy pey dir
Er Traut gespil ge wy got well
    Ich las dich schaiden nicht so pald von mir
Sy Ja sint dy kchü noch ungemolchen
    Darumb ist mir gach
    Gespottet wurd mir von den volchen
    Sold ich treiben nach.

Ain frische wolgemute diren
Kan und wais gelympf
Darumb sorg nyman umb dy iren
Es ist nur yr schympf.

Dy mit lust dem gesellen gut
Drukt sein brust hey wy wol es tut
Der ist zoren wer sey wekt
Mit dem horen und erschrekt.

Er herczen trost wy wol ich spür
    Das du mir pist ain ungetreues weib
Sy Dinst und lon ich gar verlür
    Wiss got nit das ich lenger hy beleib
    Gehab dich wol ich küm her wider
    So ich peldist kan
    Und leg mich wider zu dir nyder
    Herczenlibster man.

Ain frische wolgemute diren
Kan und wais gelympf, etc.

In dem lauss so der herter schreit
Ho treib auss hoho des ist zeit
Sy erwachet nach der mü
Unbesachet sint dy kchü

Das fügt wol ainem armen knecht
Dem gut und mut stet allzeit in dem saus
Gold und vechs ist ym nit recht
Ym fügt vil pas dy dyren in dem haus
Wenn sy des morgens fru wil haiczen
So wekt sy yn vor
Sein hercz kan sy zu freuden raiczen
Das er swebt enpor

Ain frische wolgemute diren
Kan und wais gelympf, etc.

Das Kuh-Horn

Untarn-Schlaf (ein Mittagsschläfchen) tut im Sommer demjenigen wohl,
Der ohne Gefahr und in Freude
Mit dem Mädchen im Stroh liegen kann:
Das erfreut den Sinn.

Sie Ich muß weg, mein Liebster,
    Ich habe zu lange bei dir gelegen.
Er Liebe Freundin, es sei wie Gott will.
    Doch lasse ich dich nicht so bald von mir gehen.
Sie Aber die Kühe sind noch nicht gemolken,
    Deswegen ist es mir so eilig.
    Die anderen verspotten mich,
    Wenn ich mich mit dem Austreiben verspäte.

Ein frisches und fröhliches Mädchen weiß,
Was zu tun ist.
Darum braucht sich niemand um ihre Arbeit Sorgen zu machen:
Es geht nur um ihren Spaß.

Die mit Lust ihren Freund umarmt
(Hei, wie schön das ist!)
Die wird zornig,
Wenn jemand sie mit einem Hornruf aufweckt und erschreckt.

Er Mein Schatz, ich merke wohl,
    Daß du mich nicht richtig gern hast.
Sie Dienst und Lohn würde ich verlieren, bei Gott!
    Gerne bliebe ich noch bei dir!
    Ade, ich komme zurück,
    Sobald ich nur kann,
    Und dann lege ich mich wieder zu dir,
    Mein Allerliebster.

Ein frisches und fröhliches Mädchen weiß,
Was zu tun ist, etc.

In ihrem Versteck, wenn der Viehhirte ruft
„Auf! Herausgetrieben! Auf! Es ist Zeit!"
Da erwacht sie und muß zur Arbeit:
Die Kühe sind noch nicht versorgt.

Ein armer Knecht,
Dessen Geld und Sinn stets aufs Vergnügen gerichtet sind,
Der braucht weder Gold noch Pelze.
Er braucht eher das Mädchen im Haus:
Bevor sie morgend das Feuer anheizt,
Soll sie ihn wecken;
Sie kann sein Herz so mit Freude erfüllen,
Daß es in höchster Stimmung ist.

Ein frisches und fröhliches Mädchen weiß,
Was zu tun ist, etc.

„Untarn" ist ein gebräuchlicher Ausdruck in Salzburg; er bedeutet
die Zeit zwischen Mittagessen und den folgenden ein bis zwei Stunden.

Oj, kuku, kuku
Oj, Kuckuck

Tscheremissisch aus der UdSSR

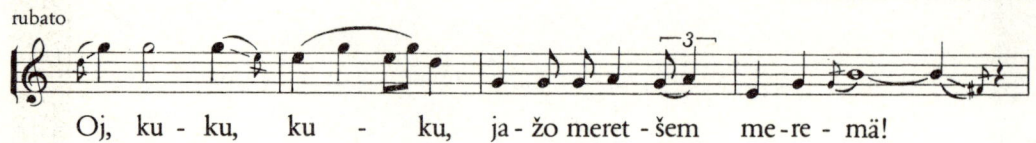

Oj, ku - ku, ku - ku, ja - žo meret - šem me - re - mä!

ten - žen ja - žo me - re juk - šem ta - me - ńa - rat ko - leštem!

Oj, kuku, kuku

Oj, kuku, kuku,
Jažo mêretšem mêremäd
Teńžen jažo mêrê jukšem
Ta-mêńarat kolêštêm!

Oj, jaratêm mloec tängem,
Teń meń donem popemä,
Teńžen laskon šajaetšem
Ta-mêńarat kolêštêm!

Oj, Kuckuck

Oj, Kuckuck, Kuckuck,
Rufst im weißen Birkenwald!
Immer werden meine Ohren
Nach deinem süßen Ton verlangen.

Oj, mein Herz, mein Liebstes!
Plaudere mit mir!
Immer werden meine Ohren
Nach deinen zärtlichen Worten verlangen.

152

Mikor gulyásbojtár voltam
Als ich noch ein armer Knecht war

Ungarisch

Moderato

Mikor gulyás - boj - tár vol - tam, Forrás - kútnál el - a - lud - tam.

Föl - éb - red-tem éj-fél táj - ban, Ëgy barmom sincs az ál - laś - ban.

Mikor gulyásbojtár voltam

Mikor gulyásbojtár voltam,
Forráskútnál elaludtam.
Fölébredtem éjfél tájban,
Ëgy barmom sincs az állasban.

Mëgkerültem járásomat,
Köröskörül határomat,
Még sëm találtam barmomra,
Csak a kedves galambomra.

Als ich noch ein armer Knecht war

Als ich noch ein armer Knecht war,
Schlief ich einmal ein beim Brunnen.
Als ich in der Nacht erwachte,
Sah ich nirgends meine Kälbchen.

Weit und breit durch alle Felder
Streifte ich umher im Dunkel;
Konnt' die Herde nirgends finden,
Doch ich fand mein liebes Täubchen.

X. Sie will min buel verjagen

Ἀνέβηκα στ' Ἄγραφα
Anevika sta Agrafa
Ich stieg hinauf nach Agrafa

Griechisch

A - né - vi - ka sta Á - gra - fa Kia - pá - no

sta ka - tsá - vra - cha Lí - gon íp - no

ja na pá - ro, Tin a - gá - pi mu ja ná - vro.

Ἀνέβηκα στ' Ἄγραφα

Ἀνέβηκα στά Ἄγραφα
Κι 'ἀπάνω στά κατσάβαχα
Λίγον ὕπνο γιά νά πάρω,
Τήν ἀγάπη μου γιά νά' βρω.

Παντρεύουν τήν ἀγάπη μου,
Τό κάνουν γιά γινάτι μου,
Καί τῆς δίνουν τόν ὀχτρό μου,
Γιά τό πεῖσμα τό δικό μου.

Anevika sta Agrafa

Anévika sta Ágrafa
Kiapáno sta katsávracha
Lígon ípno ja na páro,
Tin agápi mu ja návro.

Pandrévun tin agápi mu,
To kánun ja jináti mu,
Ke tis dínun ton ochthró mu,
Ja to pízma to dikó mu.

Ich stieg hinauf nach Agrafa

Ich stieg hinauf nach Agrafa
Und auf die großen Felsen;
Einen kurzen Schlaf wollte ich halten
Und meine Liebste treffen.

Sie verheiraten meine Liebste;
Sie tun es, um mir zu trotzen.
Sie geben sie meinem Feind,
Um mich zu kränken!

Коњ зеленко
Konj zelenko
Es weidet der Apfelschimmel

Serbisch

Konj ze - len - ko, konj ze - len - ko rosnu tra - vu

pa - se, ro - snu tra - vu pa - se.

Коњ зеленко

Коњ зеленко, коњзеленко
Роснч травч пасе, роснч травч пасе.

По час пасе, по час пасе,
По час ослчшкчје.

Где девојка, где девојка,
Својч мајкч моли:

«Мила мајко, мила мајко,
Подај ме за драго.

Ил' за њега, ил' за њега,
Ил' ч дчнав с брега!»

Konj zelenko

Konj zelenko, konj zelenko
Rosnu travu pase, rosnu travu pase.

Po čas pase, po čas pase,
Po čas osluškuje.

Gde devojka, gde devojka,
Svoju majku moli:

»Mila majko, mila majko,
Podaj me za drago.

Il' za njega, il' za njega,
Il' u Dunav s brega!«

Es weidet der Apfelschimmel

Es weidet der Apfelschimmel,
Er weidet auf taugetränktem Gras.

Ein Weilchen weidet er,
Ein Weilchen horcht er auf.

Horch, wie das Mädchen
Die Mutter anfleht:

„Liebe Mutter, liebe Mutter,
Laß mich zum Liebsten.

Entweder zu ihm, entweder zu ihm
Oder ins kalte Donauwasser!"

Ai tu ìva
Ei, du Faulbaum

Lettgalisch (Lettland)

Ai tu ì - va, ì - va - ņa, – kam nu - zì - di zì - ma - ņa?

Ai - ja, ai - ja - jai, kam nu - zì - di zì - ma - ņa?

Ai tu ìva

Ai tu ìva, ìvaņa,
Kam nuzìdi zìmaņa?
   Aija, aijajai,
    Kam nuzìdi zìmaņa?

Kò zidešu zìmiņa,
Solna solda zidiņus.
   Aija etc.

Solna solda zidiņus
Vàtra lauza zariņus.
   Aija etc.

Meitinite, lilija,
Kò tu raudi skumiga?
   Aija etc.

Voi puisitis tev atstòja,
Voi rùtites pazaudej?
   Aija etc.

Ni puisitis maņ atstòja,
Ni rùtišu pazaudej'.
   Aija etc.

Tètis mani gauži ròja,
Ka puisiti mìloju.
   Aija etc.

Ei, du Faulbaum

Ei, du Faulbaum,
Warum bist du kahl zur Winterszeit?
   Aija, aijajai,
    Warum bist du kahl zur Winterszeit?

Muß ich nicht kahl sein,
Wenn der Frost mich zittern läßt?
   Aija etc.

Wenn meine Blüten erfrieren,
Und der Sturm die Äste bricht?
   Aija etc.

Mädchen, Lilie,
Warum weinst du so bitterlich?
   Aija etc.

Hat dich dein Freund verlassen?
Hast du ihm die Raute gegeben?
   Aija etc.

Nein, es hat mein Freund mich nicht verlassen,
Ich habe ihm die Raute noch nicht gegeben.
   Aija etc.

Aber, weil ich ihn so sehr liebe,
Ist mein Vater zornig und zankt mit mir.
   Aija etc.

Tandernaken
Zu Andernach

Aus dem Antwerpener Liederbuch (1544), niederländisch

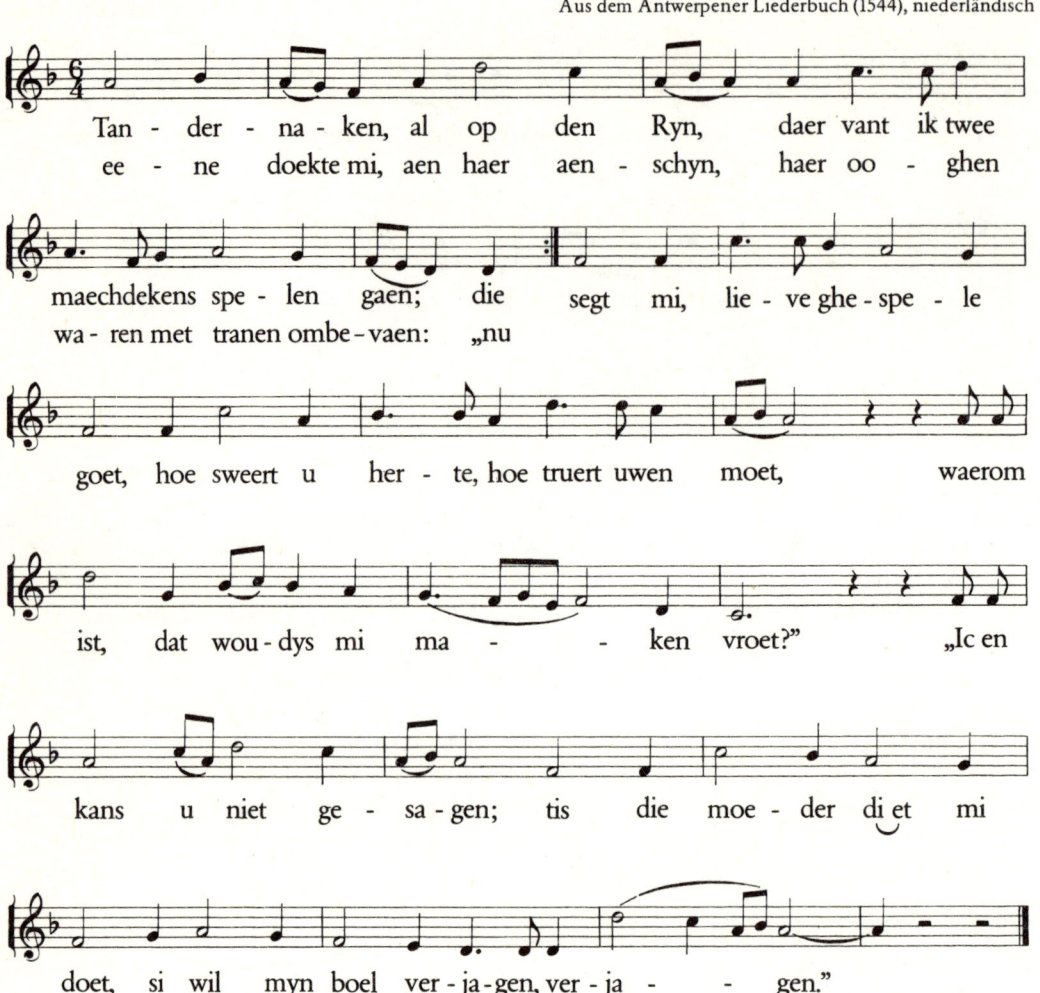

Tan - der - na - ken, al op den Ryn, daer vant ik twee
ee - ne doekte mi, aen haer aen - schyn, haer oo - ghen

maechdekens spe - len gaen; die segt mi, lie - ve ghe - spe - le
wa - ren met tranen ombe - vaen: „nu

goet, hoe sweert u her - te, hoe truert uwen moet, waerom

ist, dat wou - dys mi ma - - ken vroet?" „Ic en

kans u niet ge - sa - gen; tis die moe - der di et mi

doet, si wil myn boel ver - ja - gen, ver - ja - - gen."

Tandernaken

Tandernaken al op den Ryn,
Daer vant ik tweē maechdekens spelen gaen;
Die eene doekte mi, aen haer aenschyn,
Haer ooghen waren met tranen ombevaen:
«Nu segt mi, lieve ghespele goet,
Hoe sweert u herte,
Hoe truert uwen moet,
Waerom ist, dat woudys mi maken vroet?»
«Ic en kans u niet gesagen;
Tis die moeder di et mi doet,
Si wil myn boel verjagen, verjagen.»

Zu Andernach

Zu Andernach am Rhein,
Da fand ich zwei Mädchen, die spazieren gingen und sich unterhielten.
Die eine schien mir, wenn man sie ansah,
Die Augen voll Tränen zu haben.
„Nun sagt mir, liebe Freundin,
Was beschwert Euer Herz,
Was betrübt Euren Mut?
Sagt mir warum, das würde mich froh machen!"
„Ich kann Euch das nicht sagen.
Es ist die Mutter, die es mir antut:
Sie will meinen Liebsten verjagen, verjagen."

Zebyś była katolicka
Wenn du katholisch wärst

Ze - byś by - ła ka - to - li - cka, ha ha, ka - to - li - cka,

ca - ło - wałbym two-je li - cka ca - ło - wałbym two-je li - cka.

Zebyś była katolicka

Zebyś była katolicka,
Ha ha, katolicka,
l:całowałbym twoje licka:l.

Aleś ty jest lutyjanka,
Ha ha, lutyjanka,
l:boć mas ócka jak Cyganka:l.

Miałabym ja kawalira,
Ha ha, kawalira,
l:zeby mama nie broniła:l.

Ale mama broni, broni,
Ha ha, broni, broni,
l:co zobacy, z kijem goni:l.

Zagnala go między płoty,
Ha ha, między płoty,
l:idźze, Jasiu, do roboty:l.

Miał ci bym się o cię prosić,
Ha ha, o cię prosić,
l:toć ja wolę sablę nosić:l.

Moja sabla ślusowana,
Ha ha, ślusowana,
l:od cysarza darowana:l.

A co on mi ją darował,
Ha ha, ją darował,
l:kieć na wojnę mię werbował:l.

Wenn du katholisch wärst

Wenn du katholisch wärst,
Ha ha, katholisch,
Küßte ich deine Wangen.

Aber du bist Lutheranerin,
Ha ha, Lutheranerin,
Denn du hast Augen wie eine Zigeunerin.

Hätte ich doch einen Kavalier,
Ha ha, Kavalier,
Den mir die Mutter nicht verwehrte!

Aber Mama hält jeden ab,
Ha ha, jeden ab,
Wen sie sieht, jagt sie mit dem Stock.

Sie jagt ihn in die Hecken,
Ha ha, in die Hecken,
Geh doch, Jaś, zur Arbeit.

Ich sollte um dich bitten,
Ha ha, um dich bitten,
Jetzt aber will ich lieber den Säbel tragen.

Mein Säbel ist geschmiedet,
Ha ha, ist geschmiedet,
Der Kaiser hat ihn mir geschenkt.

Er hat ihn mir geschenkt,
Ha ha, mir geschenkt,
Als er mich für den Krieg anwarb.

161

Je, suhajowa maty
Frau Nachbarin

Polnisch

Je, su-ha-jo-wa ma-ty, Je, do mnie od-ka - zu-je,

Ze jej sy-na-szek do-ma, Hej, do-ma nie no - cu-je.

Je, suhajowa maty

Je, suhajowa maty,
Je, do mnie odkazuje,
Ze jej synaszek doma,
Hej, doma nie nocuje.

Je, suhajowa maty,
Je, do mnie nie odkazuj,
Je, jacy se synaszka,
Je, na powrózku wiązuj.

Je, choćbym go wiązała,
Je, na jedwabnej nitce,
Je, to on sie mi urwie,
Je, pójdzie ku frajerce.

Frau Nachbarin

Frau Nachbarin,
Sie macht mir vor,
Daß ihr Sohn zu Hause ist,
Zu Hause aber übernachtet er nicht.

„Frau Nachbarin,
Mach' mir nichts vor,
Solche, wie den Sohn,
Mußt du mit dem Strick anbinden."

„Auch wenn ich ihn anbinde,
An einem seidenen Faden,
So reißt er sich los
Und geht zu seinem Schatz."

I me boari
Meine Kuhhirten

Italienisch aus Venezien

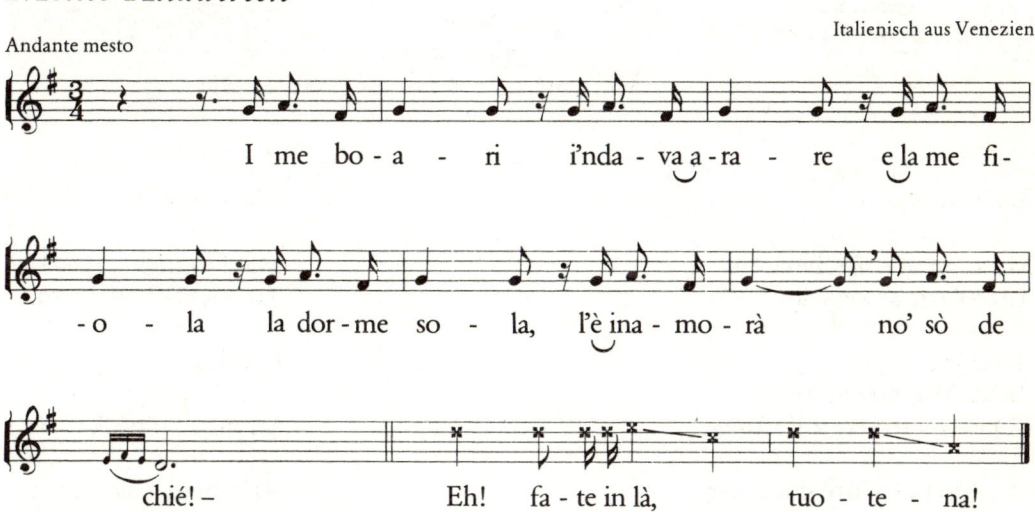

I me boari

I me boari i 'ndava a arare
E la me fiola la dorme sola,
L'è inamorà
No' sò de chié! –

Eh! fate in là, tuotena!
Avanti!

Meine Kuhhirten

Meine Kuhhirten gingen pflügen,
Und meine Tochter schläft ganz allein,
Sie ist verliebt,
Und ich weiß nicht, in wen!

Eh! geh weg, tuotena!
Hü!

Μά τί τό θελ 'ἠ
Ma tí to thél'i
Die Lampe

Griechisch

Ma tí to thé - l'i   má - na su   Ma tí to   thé - l'i

má - na su   Tin níchta   to   lich - ná - ri,   Tin níchta

to   lich - ná - ri,   É - la, é - la   sán   se

lé - go   Mí   me ti - ran - nís   ke   klé - go.

Μά τί τό θελ 'ἠ	*Ma tí to thél'i*
Μά τί τό θέλ 'ἠ μάνα σου Τήν νύχτα τό λυχνάρι,	Ma tí to thél'i mána su Tin níchta to lichnári,
Ἐπωδός: Ἔλα, ἔλα, σάν σέ λέγω, Μή μέ τυραννεῖς καί κλαίγω.	Epodós: Éla, éla sán se légo Mí me tirannís ke klégo.
Ἀφ᾽ ἔχει μέσ᾽ στό σπίτι της Τόν ἤλιο, τό φεγγάρι;	Af échi més sto spíti tis Ton ílio, to fengári?

Die Lampe

Vorsänger: „Aber, warum will deine Mutter
                In der Nacht eine Lampe?"

Refrain: „Komm, komm doch, wie ich's dir sage,
                Und quäle mich nicht zu Tränen!"

Vorsänger: „Wenn sie mitten in ihrem Haus
                Die Sonne und den Mond hat?"

Щучка рыбка немечися
Ščúčka rýbka
Hecht, Fisch

Russisch

Ščúčka   rýb - ka   ne mečí - sja   A - le - ksán - dra   dogadáj - sja,
Ží - va v rú - ki   ne daváj - sja;   I - vá - nov - na   dogadáj - sja.

Щучка рыбка немечися

Щучка рыбка немечися
Жива въ руки не даваися;
Александра догадайся,
Ивановна догадайся:
Идетъ Дмитрій обнимати
Александровичъ надувати
Съ твоимъ батюшкой кутили,
Красну дѣвицу пропили,
А тебя душа надували.

Hecht, Fisch

Hecht, Fisch, schwimm nicht hin und her,
Laß dich nicht lebendig fangen.
Aleksandra gib acht,
Ivanovna gib acht:
Dmitrij Aleksandrovič kommt
Zu umarmen und zu betrügen.
Mit deinem Vater hat man gezecht,
Ein schönes Mädchen hat man vertrunken,
Und dich, Arme, hat man betrogen.

Ščúčka rýbka

Ščúčka rýbka ne mečísja
Žíva v rúki ne davájsja;
Aleksándra dogadájsja,
Ivánovna dogadájsja:
Idjót Dmítrij obnimáti
Aleksándrovič naduváti
S tvojím bátjuškoj kutíli,
Krásnu devícu propíli,
A tebjá dušá naduváli.

165

XI. Nach der senenden klaghe mot ik singhen

Пастирче младо
Pastirče mlado
Was klagst du, Hirte?

Serbisch

Pa - stir - če mla - do i mi - lo, za - što si se ta - ko

snuždi - lo? za - što si se ta - ko snuždi - lo?

Пастирче младо

Пастирче младо и мило, зашто си се
Тако снуждило? Зашто си се снуждило?

Ил' ти је стадо нестало,
Или ти је срце клонуло?

„Стадо је моје потпуно,
Само ми је срце клонуло.

Три дана лежим ја овде
А стадо ми пасе крај воде.

Ја узмем фруху па свирам,
са њом моју драгу дозивам.

Сва гора јечи од фруле,
Мене моја драга не чује.“

Pastirče mlado

Pastirče mlado i milo,
Zašto si se tako snuždilo!

Il' ti je stado nestalo,
Ili ti je srce klonulo?

„Stado je moje potpuno,
Samo mi je srce klonulo.

Tri dana ležim ja ovde
A stado mi pase kraj gore.

Ja uzmem frulu pa sviram,
Sa njom moju dragu dozivam.

Sva gora ječi od frule,
Mene moja draga ne čuje.“

Was klagst du, Hirte?

Was klagst du, Hirte, Lieber, du,
Was bist du so traurig?

Ist deine Herde entkommen,
Oder ist dein Herz gebrochen?

„Vollzählig ist meine Herde,
Aber wund ist mein Herz.

Drei Tage schon weide ich hier,
Meine Herde weidet am kühlen Wasser.

Drei Tage blase ich die Flöte
Und rufe mein Liebchen herbei.

Der Flöte Klang hallt wider von den Bergen,
Stumm bleibt mein Engel.“

We, ik han ghedacht

Wizlaw von Rügen († 1325)

We, ik han ghe-dacht al de-se nacht an mi-ne gro-te
de en wif be-ghat und mi nicht lat ko-men to e-ner

swe-re, dat se mi wol-de na-hen. en kus-se-
we-re,

-lín ut er munt is fin. den wolde ik wol unt-va-hen.

We, ik han ghedacht

We, ik han ghedacht
Al dese nacht
An mine grote swere,
De en wif beghat
Und mi nicht lat
Komen to ener were,
Dat se mi wolde nahen.
En kusselin
Ut er munt is fin.
Den wolde ik wol untvahen.

Wat ik jo ghesank,
Ne mi ghelank
An diner hoghen minne.
Des lide ik not,
En erren dot,
Den ik dar van ghewinne.
Jomer wil ik di bidden.
Mi hilpt ken rat.
Also it mi nu stat
In minem herten midden.

Vil sote vrucht,
Wer dat din tucht,
Dat du mi wult vorderven?
We gnade socht
Und der an di rocht,
Dem scholt du salde erven.
Dat were an mime rade,
Dat du minnen pant
In sine hant
Ghevest ut dines herten grade.

Ach, ich habe die ganze Nacht
An meinen großen Schmerz gedacht,
Den eine Frau mir bereitet,
Die mir nicht erlaubt,
Daß ich ihr näher komme.
Ein Kuß von ihrem Mund ist etwas Herrliches!
Den würde ich gerne empfangen.

Du liebliches Geschöpf,
Ist das etwa deine gute Art,
Daß du mich verderben willst?
Wenn jemand Gegenliebe sucht und sich um dich bemüht,
Den sollst du glücklich machen.
Mein Rat wäre, daß du ihm ein Liebespfand
Aus deinem innersten Herzen in die Hand gäbest.

Was ich auch immer gesungen habe,
Nie habe ich deine große Liebe gewinnen können.
Darum bin ich in Not,
Und einen sinnlosen Tod werde ich erleiden.
Um so mehr will ich dich bitten.
Mir hilft kein anderer Rat.
So steht es um mich im Innersten meines Herzens.

Nach der senenden klaghe mot ik singhen

Wizlaw von Rügen († 1325)

Nach der se-nen-den kla-ghe mot ik sin-ghen. kunde ik mi
dat ik moch-te le-ven a-ne swe-re, so were ik

sul-ve brin-ghen vrou-de nach dem wil-len min,
vrou-den-be-re, ho-ghes mo-des wolde ik sin.

so vorwunne ik al-le se-nende wi-se, dat ik wol to pri-se

jum-mer an dat al-der vro-lik gri-se sunder al-len pin.

Nach der senenden klaghe mot ik singhen

Nach der senenden klaghe mot ik singhen.
Kunde ik mi sulve bringhen
Vroude nach dem willen min,
Dat ik mochte leven ane swere,
So were ik vroudenbere,
Hoghes modes wolde ik sin.
So vorwunne ik alle senende wise,
Dat ik wol to prise
Jummer an dat alder vrolik grise
Sunder allen pin.

Se schot mi dorch de oghen in dat herte,
Untzundet sam en kerte,
Weldeliken to gefloghen.
Sus berovet se mi miner sinne,
De minnichlike Minne.
Set, wo se heft mi bedroghen!
Wem de leve like waghe stellet,
Unde en Minne sellet
So der herteleven: wol ghefellet
Lef dorch lef ghetoghen.

In hogher werde en leflik aventure
Dot mi de Minne hure,
Wen ik denke er werdekeit,
Wo nach wunsche wol ghedan en bilde
Vor minen oghen spilde,
De mi an dat herte sneit
Mit ghewelde, klar also de sunne;
Wat is beter wunne
Wen se mit er schone dwinghen kunne
De de leve treit?

In meinem sehnsuchtsvollen Liebesschmerz muß ich singen!
Könnte ich mir (damit) selber, wie ich es möchte,
Solche Freude bringen,
Daß ich ohne Kummer leben könnte,
Dann wäre ich hochgemut.
Dann würde ich alle klagenden Liebeslieder (in ihrer Wirkung) so sehr übertreffen,
Daß ich hochgelobt und freudenvoll alt und grau werden würde,
Ohne jeden Kummer.

Ein beglückendes und herrliches Erlebnis bereitet mir die Liebe jetzt,
Wenn ich an sie in ihrer Herrlichkeit denke:
Wie sie sich vor meinen Augen sanft bewegt
Und ihr vollkommener Anblick keinen Wunsch offen läßt,
Der mir mit Gewalt und hellglänzend wie die Sonne ins Herz eingedrungen ist.
Gibt es eine größere Wonne,
Als wenn sie den, der sie liebt,
Mit ihrer Schönheit bezwingt?

Sie traf mich durch die Augen ins Herz
Und entzündete es
Wie ein herbeigeflogener Feuerfunken.
So beraubte mich die liebreiche Liebe meiner Sinne.
Seht, wie sie mich betört hat!
Wem die Liebe gleiche Waage stellt (= gleiche Gegenliebe zuträgt)
Und wen sie in Minne mit der Herze-Lieben verbindet,
Der liebt und wird wieder geliebt.

Kume, kum, geselle min

Aus den Carmina Burana, 13. Jahrhundert

Kume, kum, geselle min

Kume, kum, geselle min,
Ich enbite harte din.
Ich enbite harte din,
Kume, kum, geselle min!

Süezer rosenvarwer munt,
Kum und mache mich gesunt,
Kum und mache mich gesunt,
Süezer rosenvarwer munt.

Ach Elselein, liebes Elselein

Aus den „Bicinien" von Georg Rhaw (1545)

Ach El - selein, lie - bes El - se- -lein, Wie gern wär ich bei dir! So sein zwei tie - fe Was - ser Wohl zwi - schen dir und mir.

Ach Elselein, liebes Elselein

Ach Elselein, liebes Elselein
Wie gern wär ich bei dir!
So sein zwei tiefe wasser
Wohl zwischen dir und mir.

Das bingt mir großen schmerzen,
Herzallerliebster gsell!
Red ich von ganzem herzen,
Habs für groß ungefäll.

Hoff, zeit wird es wohl enden,
Hoff, glück werd kummen drein,
Sich in alls guts verwenden,
Herzliebstes Elselein!

Quando le nei
Wann kommt die Nacht

Lento

Italienisch aus dem Tessin

Quan - do le nei, Quando le nei ti zo - gno E ti m'embrass, E ti m'embrass.

Quando le nei

Quando le nei,
Quando le nei ti zogno
E ti m'embrass,
E ti m'embrass.

Sei tutta mia,
Sei tutta mia fortuna.
Sei tutt' me sol penzè,
Me sol penzè.

Lontan de te,
Lontan de te la vita
Non mi fa negn penè,
Piü negn penè.

Wann kommt die Nacht

Wann kommt die Nacht,
Wann kommt die Nacht des Traumes,
In der du mich umfangen wirst,
In der du mich umfängst?

Du wirst ganz mein sein,
Du mein ganzes Glück.
Du wirst ganz mein sein,
Mein einziger Gedanke.

Fern von dir heißt
Fern vom Leben sein.
Mach mir keine Qualen,
Quäl mich nicht mehr.

Mila mati
Liebe Mutter

Kroatisch

Lento moderato

Mi - la ma - ti, mi - la ma - ti, kad ti u - mrem mla - da, mla - da,

Mila mati

Mila mati, mila mati, kad ti umrem mlada,
Ne delaj mi lesa od dasaka,
Već ga delaj od mladi' junaka:
(S') svake strane po jednog junaka,
A kod glave mojega dragoga:
Kad se zbudim, da si ga poljumbin!

Liebe Mutter

Liebe Mutter, sollte jung ich sterben,
Mach mir ja nicht einen Sarg aus Brettern,
Sondern mach ihn nur aus jungen Helden:
Leg an jede Seite einen Helden,
Und zum Kopf mir meinen Allerliebsten:
Wenn ich aufwach, daß ich ihn kann küssen!

Za našíma humny
Wo eine Träne hinfällt, bleibt ein Grübchen

Mährisch

Za naší-ma humny, Za na - ší-ma hu - mny, ej,
Došly mně my - sel, Došly mně my - sel, ej,

Zahu - čala so - va, ej, Zahu - ča-la so - va,
Méj ma - mičky slo - va, ej, Méj ma - mičky slo - va.

Za našíma humny

Za našíma humny, ej,
Zahůčala sova, ej
Došly mně mysel, ej
Méj mamičky slova, ej,

Méj, mamičky slova, ej,
Milého tichá řeč,
Nebanovala bych, ej,
S milým vandrovat preč.

Vandruj, šohaj, vandruj, ej,
Třeba na kraj světa.
Enom sa rozpomeň, ej,
Ze su já sirota.

Kde sirota pláče, ej,
Všady voda teče,
Kde sluza ůpadne, ej,
Tam dulek ostane.

Wo eine Träne hinfällt, bleibt ein Grübchen

Hinter unserer Scheune
Krächzte eine Eule,
Und es kam mir in den Sinn
Meiner Mutter Wort.

Meiner Mutter Wort
Und das leise Flüstern des Geliebten,
Hätte ich doch nicht bereut,
Mit ihm fortzuwandern!

Wandre, Bursche, wandre,
Wenn du willst, bis ans Ende der Welt,
Nur entsinne dich,
Daß ich allein zu Hause bin.

Wo eine Waise weint,
Fließt überall Wasser,
Wo eine Träne hinfällt,
Bleibt ein Grübchen.

Mîndră floare-i norocu
Das Glück ist eine schöne Blume

Rumänisch

rubato, nach der Art der Doina

ai Mîndră floare-i no - ro - cu, re, Mîndră floa - re-i no - ro - cu, mă,

si Nu se fa - ce-n tot lo - - cu, re,

ei Nu se fa - ce-n tot lo - cu, Şi, se fa - ce p-îngă ca - le.

Mîndră floare-i norocu

Mîndră floare-i norocu,
Nu se face-n tot locu.
Dar se face p-îngă cale

Pe-a mea seamă nu răsare:
Se face pe lîngă rît,
Pe-a mea seamă n-a ieşit.

Maică, măiculeana mea,
Cînd te-ajunge dor de mine,
Nu te jelui la mine.

Peste Mureş, peste tău,
Ard două lumini de său,
Nimeni nu le poate stinge
Făr-inima mea, cînd plînge.

Cucule, peană galbenă,
Eu mă duc, tu mă leagănă,
Dar mă leagănă frumos
Să nu pic din leagăn jos;
Căci eu n-am fost învăţată
Să mă culc neleganată.

Das Glück ist eine schöne Blume

Das Glück ist eine schöne Blume,
Sie wächst nicht überall.
Aber sie erblüht neben dem Weg.

Für mich ist sie nicht aufgeblüht;
Sie sprießt neben der Wiese,
Für mich ist sie nicht aufgegangen.

Liebster, mein Schatz,
Wenn dich die Sehnsucht nach mir packt,
Beklage dich nicht bei mir.

Über dem Mureş, über dem See
Brennen zwei Lichter.
Niemand kann sie löschen,
Nur mein Herz, das weint.

Kuckuck mit gelben Federn,
Ich gehe, du sollst mich wiegen,
Doch wiege mich sanft,
Daß ich nicht aus der Wiege falle,
Denn ich bin nicht daran gewöhnt,
Ungewiegt schlafen zu gehen.

Der Liebe Macht

(Originalsatz)

Adam Krieger (1634–1666)

Nun sich der Tag ge - en - det hat, und kei - ne Sonn mehr
scheint, Schläft al - les, was sich ab - gematt' und was zu - vor geweint.

Ritornell

Der Liebe Macht

Nun sich der Tag geendet hat, und keine Sonn' mehr scheint,
Schläft alles, was sich abgematt' und was zuvor geweint.

Nur ich, ich gehe hin und her und suche, was mich quält,
Ich finde nichts als ungefähr, das was mich ganz entseelt.

Ihr Sterne hört zwar meine Not, ihr helft mir aber nicht,
Denn euer Einfluß macht mich tot und blendet mein Gesicht.

Du Schöne bist in Schlaf gebracht und liegst in stiller Ruh;
Ich aber geh' die ganze Nacht und tu' kein Auge zu.

Erhöre doch den Seufzerwind, der durch die Fenster geht,
Der sagt dir, wie du mich entzünd't, und wie es mit mir steht.

Bist du der Ursprung meiner Pein, so such' ich bei dir Rat,
Durch dich kann mir geholfen sein! Ach, tu es in der Tat.

Indessen habe gute Nacht, du meine Lust und Pein,
Und wenn du morgen aufgewacht, so laß mich bei dir sein.

Sarajevo, behara ti tvoga
Sarajewo, du blühende Stadt

Lento   Bosnisch

Sa - ra - je - vo, be - ha - ra ti tvoga, be - ha - ra ti tvo - ga.

Sarajevo, behara ti tvoga

Sarajevo, behara ti tvoga,
Znaš li reći šta za dragog moga?
„Otišo je već godinu dana,
Ja ga čekam, tužna rasplakana,
Dođi, dragi, milovanje moje!
Uzalud je i otac i mati,
Kad me, dragi, tvoj pogled ne prati."

Sarajewo, du blühende Stadt

Sarajewo, du blühende Stadt,
Weißt du nichts über meinen Geliebten?
„Seit einem Jahr ist er fern,
Traurig harre ich seiner, in Tränen –
Komm, Lieber, mein Geliebter!
Was sind mir Vater und Mutter,
Wenn mich dein Blick, Liebster, nicht
begleitet."

Bryd one brere
Vogel im Busch

Englisch um 1300

Bryd one bre - re, brid, brid, one bre - re, kynd is co - me of loue, loue to cra - ve, blith - ful biryd on me thu re - we, Or greyth, lef, greyth thu me my gra - ve.

Bryd one brere

Bryd one brere, brid, brid one brere!
Kynd is come of loue, loue to crave.
Blith-ful biryd on me thu rewe,
Or greyth, lef, greid thu me my grave.

Hic am so blithe, so bryhit, brid on brere;
Quan I se that hende in halle–
Yhe is quit of lime, loue-li, trewe,
Yhe is fayr, and flur of alle.

Mikte hic hire at wille hauen,
Stedefast of loue, loue-li, trewe,
Of mi sorwe yhe may me sauen;
Ioye and blisse were me Newe.

Vogel im Busch

Vogel im Busch, Vogel, Vogel im Busch!
Lenz ist gekommen, fleht Lieb um Liebe.
Holde der Frauen, erbarme dich meiner,
Oder bereite mir, Liebste, das Grab.

Froh bin ich, heiter, Vogel im Busch,
Wenn ich im Saal so Hübsches sehe –
Weiß von Gliedern, lieblich, treu,
Schön ist sie, die Blume von allen.

Möchte sie mir zu Willen sein,
Fest in der Liebe, hold und treu,
Vom Kummer würde sie mich retten,
Die Freude und Wonne wären mir neu.

Das Rautensträuchelein

Aus „Des Knaben Wunderhorn" (1810)

Gar hoch auf je - nem Berg al - lein Da steht ein Rau - ten - sträu - che - lein, Ge - wun - den aus der Er - den, der Er - den Mit son - der - bar Ge - ber - den.

Das Rautensträuchelein

Gar hoch auf jenem Berg allein
Da steht ein Rautensträuchelein,
Gewunden aus der Erden
Mit sonderbar Geberden.

Mir träumt ein wunderlicher Traum,
Da unter diesem Rautenbaum;
Ich kann ihn nicht vergessen,
So hoch ich mich vermessen.

Es wollt ein Mädlein Wasser han,
Ein weißes Hemdlein hat sie an,
Dadurch schien ihr die Sonnen,
Da überm kühlen Bronnen.

Wär ich die Sonn, wär ich der Mond,
Ich bliebe auch, wo Liebe wohnt,
Und wär mit leisen Tritten
Wohl um Feinslieb geschritten.

Zelena lipa j'gorila
Es brannte die grüne Linde

Kroatisch aus dem Burgenland (Österreich)

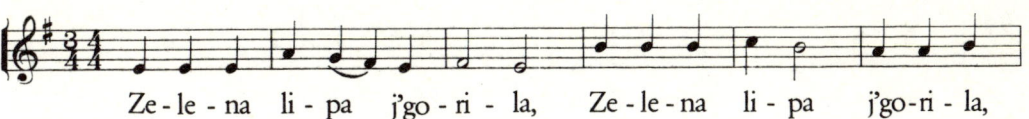

Ze - le - na li - pa j'go - ri - la, Ze - le - na li - pa j'go - ri - la,

Pod njom je mi - la si - di - la. Pod njom je mi - la si - di - la.

Zelena lipa j'gorila	*Es brannte die grüne Linde*
Zelena lipa j'gorila, Pod njom je mila sidila.	Es brannte die grüne Linde, Unter ihr ist die Liebste gesessen.
Iskre su na nju padale, Da su se ptice plakale.	Funken sind auf sie gefallen, Daß die Vögel geweint haben.
Ne plačite se ptičice, Jur vam procviću pšenice.	Weint nicht, ihr Vögel, Denn der Weizen blüht ja für euch.
Kad smo se po nju vozili, Uz put su tunje sadili.	Als wir sie geholt haben, Hat man am Weg Quitten gepflanzt.
Kad smo se najzad vozili, Zrlje su tunje trgali.	Auf unserer Rückfahrt Hat man schon reife Quitten gepflückt.
Svakomu svatovu tunju, A mladoženji zaručnju.	Jedem Hochzeitsgast eine Quitte, Und dem Bräutigam die Braut.
Zaručnja se je plakala, Nevjesta ju je batrila.	Die Braut hat sehr geweint, Doch die Schwägerin hat sie getröstet.
Nevjesta ju je batrila, J vako njoj gavorila:	Getröstet hat sie die Schwägerin, Indem sie zu ihr gesprochen hat:
„Ne plačite se, nevjesta, Dužja j'bila moja cesta.	„Weinen Sie nicht, Schwägerin, Noch länger ist meine Straße (bis hierher) gewesen.
Triktrat dalje vožena, Još nis bila tako tužna.	Trotzdem bin ich nicht traurig gewesen, Dreimal weiter ist man mit mir gefahren.
Dostat ćete lip bijeli grad, Po kom ćete si vi šetat."	Ihr bekommt ein schönes weißes Schloß, In welchem Ihr spazieren könnt."

Ar gouriz
Der Gürtel

Bretonisch

gemessen

Gwelet em euz enn eur flouren Eur gazek vihan, hi la - ouen. – Oh! –

Gra, pa ri tra, To, pa ri ti; Gra, pa ri; Gra, pa ri, Pa ri tra.

Ar gouriz

Gwelet em euz enn eur flouren
Eur gazek vihan, hi laouen.
    – Oh! – Gra, pa ri tra,
    To, pa ri ti;
    Gra, pa ri;
    Gra, pa ri,
    Pa ri tra,

Ne oa sonj d'ei nemed da vad,
Nemed da vragal harz ar prad,
    – Oh! – Gra, pa ri tra, etc.

Nemed da buri ar ieod glaz,
Ha da eva dour deuz ar waz.
    – Oh! – Gra, pa ri tra, etc.

Ken a zeuaz benn gand ann hent
Eur marc'hek iaousnk, hag hen ken!
    – Oh! – Gra, pa ri tra, etc.

Hag hen ken ampart ha ken drant!
He zillad a aour hag arc'hant.
    – Oh! – Gra, pa ri tra, etc.

Hag ar gazek dal' m he welaz,
Enn he sao souet a jomaz;
    – Oh! – Gra, pa ri tra, etc.

Ha goustadig a dostaaz,
Hag he fenn d'ar gleud astennaz;
    – Oh! – Gra, pa ri tra, etc.

Der Gürtel

Ich sah auf einer Weide
Eine kleine, fröhliche Stute.
    – Hört! – Tu, was du tust,
    Decke, wenn du baust, das Haus;
    Tu, was du tust,
    Tu, was du tust;
    Mach es gut.

Sie dachte nur an ihr Wohl, nur daran,
Sich auf der Weide auszutoben.
    – Hört! – Tu, was du tust, etc.

Nur daran, zu grasen
Und den Durst am Bächlein zu stillen.
    – Hört! – Tu, was du tust, etc.

Aber da kam des Wegs ein junger Reiter:
Schön, wohlgestalt und so lebendig!
    – Hört! – Tu, was du tust, etc.

Die Kleider glänzten
Von Gold und Silber.
    – Hört! – Tu, was du tust, etc.

Und die Stute, als sie ihn sah
Stand unbeweglich vor Erstaunen.
    – Hört! – Tu, was du tust, etc.

Und sie näherte sich langsam
Und streckte den Hals über den Balken hin;
    – Hört! – Tu, was du tust, etc.

Hag ar marc'heg he likaouaz,
Hag he vek d'he bek a lakaz;
    – Oh! – Gra, pa ri tra, etc.

Ha goudeze he briataz,
Hag hi 'n em gavaz enn he eaz,
    – Oh! – Gra, pa ri tra, etc.

Ila goude 'n deuz he c'habestret,
Ila goude en deuz he senklet.
    – Oh! – Gra, pa ri tra, etc.

Und es streichelte sie der Kavalier,
Und sein Kopf näherte sich dem ihrigen.
    – Hört! – Tu, was du tust, etc.

Und dann hat er sie geküßt,
Und sie war es zufrieden.
    – Hört! – Tu, was du tust, etc.

Und dann hat er sie gezäumt
Und dann gegürtet.
    – Hört! – Tu, was du tust, etc.

Qitma, moj Naze
Der Gürtel

Albanisch

Qitma, moj Na - ze, bal - lin - o, Bal - lin prej dri - ta - res - o!

Bal - li te - le - i - sun, Për du - kat uj - di - sun.

Qitma, moj Naze,

Qitma, moj Naze, ballin-o,
Ballin prej dritares-o!
Balli teleisun,
Për dukat ujdisun.

Qitma, moj Naze, qafën-o,
Qafën prej dritares-o!
Qafa teleisun,
Për dukt ujdisun.

Qitma, moj Naze, belin-o,
Belin prej dritares-o!
Beli teleisun,
Për qemer ujdisun.

Der Gürtel

Zeig mir, du, Naze, die Stirne – oh,
Die Stirne durch das Fenster – oh
Die Stirne bereit,
Dukaten zu tragen.

Zeig mir, du, Naze, den Hals – oh,
Den Hals durch das Fenster – oh,
Den Hals bereit,
Schmuck aus Dukaten zu tragen.

Zeig mir, du, Naze, die Taille – oh,
Die Taille durch das Fenster – oh,
Die Taille bereit,
Den Gürtel zu tragen.

Приголубь яснаго сокола

Prigolúb' jásnovo sókola
Streichle den hellen Falken

Russisch

Kak pri vé - če - re, vé - če - re, Pri pos -
-léd - nem ča - sú vré - meč - ke, -ke.

Приголубь яснаго сокола

Какъ при вечерѣ, вечерѣ,
При послѣднемъ часу времечкѣ,
При Натальиномъ дѣвишничкѣ
Прилеталъ младъ ясенъ соколъ;
Онъ садился на окошечко,
На серебряну рѣшоточку;
Да никто-ли сокола не видалъ,
Только увидѣла, услышала

Свѣтъ Натальюшкина матушка;
Говорила своей доченькѣ:
„Ужъ ты дочь ли моя милая,
„Приголубь яснаго сокола.“
Отвѣчала свѣтъ Натальюшка:
„Я бы рада приголубила –“
Бѣлы руки опустилися,
Рѣзвы ноги подломилися.

Prigolúb' jásnovo sókola

Kak pri véčere, véčere,
Pri poslédnem časú vrémečke,
Pri Natáľinom devíšničke
Priletál mlad jásen sókol;
On sadílsja na okóšečko,
Na serébrjanu rešótočku;
Da niktó-li sókola ne vidál,
Tóľko uvídela, uslýšala

Svet Natáľjuškina mátuška;
Govoríla svojéj dóčen'ke:
«Už ty doč' li mojá mílaja,
Prigolúb' jásnovo sókola.»
Otvečála svet Natáľjuška:
«Ja by ráda prigolúbila –»
Bély rúki opustílisja,
Rézvy nógi podlomílisja.

Streichle den hellen Falken

Am Abend, Abend,
Zur letzten Abendstund,
Bei Nataljas Polterabend
Kam ein junger Falk geflogen;
Er ließ sich nieder aufs Fenster,
Aufs silberne Gitter;
Niemand hatte den Falken je gesehen,
Nur Nataljas Mutter

Erblickte ihn, hörte ihn.
Sie sagte zu ihrer Tochter:
„Wenn du meine liebe Tochter bist,
Dann streichle den hellen Falken“.
Darauf antwortete Natalja:
„Ich würde ihn ja gern streicheln“,
Doch die weißen Hände sanken herab,
Die flinken Beine knickten ein.

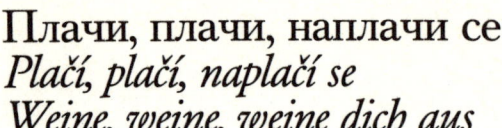

Плачи, плачи, наплачи се
Plačí, plačí, naplačí se
Weine, weine, weine dich aus

Bulgarisch

rubato

Pla - čí, pla - čí,   ma - rí Má - ro ľo, nă - -pla - čí sa,   Njá - ma vé - če,   ma - rí Má - ro ľo, mo - - mín - stvoto.

Плачи, плачи, наплачи се

Плачи, плачи, мари Маро льо,
наплачи са,
Няма вече, мари Маро льо,
моминството.

Няма тръгнеш с тумба моми,
С тумба моми и ергени,
Най ще тръгнеш с тумба булки,
С тумба булки млаложенки.

Плачи, плачи, наплачи са,
Няма вече моминството,
Моминството, визирството.

Plačí, plačí, naplačí se

Plačí, plačí, marí Máro ľo,
Naplačí sa,
Njáma véče, marí Máro ľo,
Momínstvoto.

Njáma trăgneš s túmba momí,
S túmba momí i ergéni,
Naj šte trăgneš s túmba búlki,
S túmba búlki mladožénki.

Plačí, plačí, naplačí sa,
Njáma véče momínstvoto,
Momínstvoto, vizírstvoto.

Weine, weine, weine dich aus

Weine, weine, Mari Maro ejo,
Weine dich aus,
Vorbei ist, Mari Maro ejo
Deine Mädchenzeit.

Weine, weine, weine dich aus,
Lange zurück liegt die Mädchenzeit,
Die Zeit deiner Freiheit.

Nicht mehr wirst du im Kreis der Mädchen,
Nicht mehr im Kreis der Mädchen und Burschen weilen,
Du wirst mit den Bräuten gehen
Wirst gehen mit deinem jungen Bräutigam.

Майка сина жени за незнайно либе
Májka sína žéni za neznájno líbe
Die Mutter verheiratet den Sohn

Bulgarisch

rubato

Má - mă sínkă   žé - ni,   bú - li le,   Ză ni - zná - jnu

lí - bi,   bú - li le,   Ză ni - znájnu lí - bi.

Майка сина жени за незнайно либе	Májka sína žéni za neznájno líbe
Мамъ синкъ жени, були ле,	Mámă sínkă žéni, búli le,
Зъ низнайну либи, були ле,	Ză niznájnu líbi, búli le,
Зъ низнайну либи.	Ză niznájnu líbi,
Я знайнуту либи,	Ja znájnutu líbi,
Приз плет нъдничьши,	Priz plet nădníčăši,
Дребни сълзи рони.	Drébni sắlzi róni.
Дету съзи капнът,	Détu sắlzi kápnăt,
Желту просу никни	Žéltŭ prósu níkni
Мума й момък жънът,	Mumá j mómăk žắnăt,
Жънът и нъджъвът.	Žắnăt i nădžắvăt.
Мума Радъ жъни,	Mumá Rádă žắni,
Момък Стуян връжн.	Mómăk Stújan vắrži.

Die Mutter verheiratet den Sohn

Die Mutter verheiratet den Sohn, Buli le,
Doch er kennt seine Braut nicht, Buli le,
Ich aber kenne die Braut.
Ich kenne die Braut.

Sie schaut durch den Zaun,
Und es fallen kleine Tränen.
Wo die Tränen fallen,
Wächst gelbes Korn.

Mädchen und Burschen schneiden das Korn,
Sie schneiden das Korn, und bündeln es zu Ähren.
Rada schneidet das Korn,
Stojan bündelt die Ähren.

Çekin halay düzülsün
Reiht euch auf zum Halaytanz

Türkisch

Çe - kin ha - lay düzül - sün, hay - le - le, le - le - le,

Sür - meli göz ler süzül - sün, şır le - le - le!

Ha - la - ya gel - miye - nin, hay le - le, le - le - le,

Vu - run boy - nu üzül - sün, şır le - le - le!

Çekin halay düzülsün

Çekin halay düzülsün, hay lele, lelele,
Sürmeli gözler süzülsün, şır lelele!
Halaya gelmiyenin, hay lele, lelele,
Vurun boynu üzülsün, şır lelele!

Tekneli pınar tekneli, hay lele, lelele,
İçine (de) güller ekmeli, şır lelele.
Ak göbekten aşağı, hay lele, lelele,
Biraz zahmet çekmeli, şır lelele.

Al elmanın dördünü, hay lele, lelele,
Sev yiğidin merdini, şır lelele!
Seversen de güzel sev, hay lele, lelele,
Çekme çirkin kahrını, şır lelele!

Reiht euch auf zum Halaytanz

Reiht euch auf zum Halaytanz,
Die geschminkten Augen sollen schmachtend blicken!
Wer nicht kommt zum Halaytanz,
Schlagt ihn, schmerzen soll sein Nacken!

In den Trog, den Trog der Quelle,
Soll man Rosen legen.
Unten das am weißen Bauch
Soll ein wenig Mühe haben.

Von den Äpfeln nimm dir vier,
Liebe nur den starken Jüngling!
Liebe, wenn du liebst, die Schöne,
Laß die Häßliche dich nicht umgarnen!

Mamma mia
Mutter, o Mutter

Italienisch aus Sizilien

«Mamma mia, mamma mia, vogghiu ma-ri-tu, Ch'accussì, ch'accussi nun poz-zu sta-ri. E cir-ca-ti-mi, e cir-ca-timi un par--ti-tu Pi pu-tir-mi, Pi pu-tir-mi ma-ri-ta-ri.

Mamma mia

«Mamma mia, mamma mia, vogghiu maritu.
Ch'accussì, ch'accussì nun pozzu stari.
E circatimi, e circatimi un partitu
Pi putirmi, putirmi maritari.

Li vint'anni su' cumpiti,
Già pigghiavi li vintunu;
E si jeu tardu a maritarmi
Nun mi voli chiù nissunu».

Mutter, o Mutter

„Mutter, o Mutter, ich will einen Mann.
Denn so, denn so, kann ich nicht bleiben.
Und such' mir eine (gute) Partie,
Damit ich mich verheiraten kann.

Ich bin schon zwanzig Jahre alt
Und bin schon fast einundzwanzig;
Und wenn ich die Hochzeit noch verschiebe,
Wird mich niemand mehr wollen."

XIII. Verhexte Mädchen sind an kalten Brunnen

Ой, не ходи, Грицю
Oj, ne chody Hrycju
Gehe nicht, Gregor, zum Abendtanz

Moderato   Ukrainisch

Oj, ne cho-dý Hry — cjú ta j na ve-čor-ný — ci,
Bo na ve-čor-ný — cjach div-ký ča-riv-ný — ci!

Od-ná dív-čy — na čor-no-brý-vá — ja

Ta j ča-riv-ný-čen-'ka spra-ved-lý-va — ja.

Ой, не ходи, Грицю	*Oj, ne chody Hrycju*
Ой, не ходи, Грицю, та й на вечорниці,	Oj, ne chodý, Hrycjú, ta j na večornýci,
Бо на вечорницях дівки чарівниці!	Bo na večornýcjach divký čarivnýci!
Одна дівчина чорнобривая	Odná dívčyna čornobrývaja
Та й чарівниченька справедливая.	Ta j čarivnýčen'ka spravedlývaja.
У неділю рано зілля копала,	U nedílju ráno zíllja kopála,
А у понеділок переполоскала,	A u ponedílok perepoloskála,
А у вівторок зілля варила,	A u vivtórok zíllja varýla,
А в середу рано Гриця отруїла.	A v séredu ráno Hrycjá otrujíla.
Прийшов четвер – та вже Гриць умер,	Pryjšóv četvér – ta vžé Hryc' umér,
Прийшла п'ятниця – поховали Гриця.	Pryjšlá p'játnycja – pochovály Hrycjá.
А в суботу рано мати дочку била:	A v subótu ráno máty dóčku býla:
„Нащо ти, дочко, Гриця отруїла?"	«Náščo ty, dóčko, Hrycjá otrujíla?»
„Ой, мати, мати, жаль ваги не має,	«Oj, máty, máty, žaľ vahý ne máje,
Нехай же Гриць разом та двох не кохає!	Necháj že Hryc' rázom ta dvoch ne kocháje!
Нехай він не буде ні їй, ні мені,	Necháj vin ne búde ni jij, ni mení,
Нехай достанеться він сирій землі!"	Necháj dostáneť sja vin syríj zemlí!»
„Оце тобі, Грицю, я так ізробила,	«Océ tobí, Hrycjú, ja tak izrobýla,
Що через тебе мене мати била!	Ščo čérez tebé mené máty býla!
Оце ж тобі, Грицю, за теє заплата –	Océ ž tobí, Hrycjú, za tejé zapláta –
Із чотирьох дощок дубобая хата!"	Iz čotyŕóch doščók dubóvaja cháta!»

Gehe nicht, Gregor, zum Abendtanz

Gehe nicht, Gregor, zum Abendtanz,
Denn bei den Abendtänzen sind die Mädchen Zauberinnen!
Ein Mädchen mit schwarzen Augenbrauen dort
Ist eine wahre Zauberin.

Am Sonntag grub sie Giftkräuter aus,
Am Montag wusch sie sie,
Am Dienstag kochte sie das Gift,
Am Mittwoch früh vergiftete sie Gregor.

Donnerstag kam und Gregor war tot –
Freitag kam – da begruben sie ihn.
Aber am Sonntag schlug die Mutter die Tochter:
„Warum hast du, Tochter, Gregor vergiftet?"

„O Mutter, Mutter ich tat es,
Damit Gregor nicht zwei Mädchen liebt,
Damit er nicht ihr, nicht mir,
Sondern der feuchten Erde gehört."

„Wegen dir, Gregor, habe ich gelitten,
So daß mich meine Mutter schlug.
Ich werde, Gregor, dafür bezahlen
Mit einer Hütte aus vier Eichenbrettern."

Стефане
Stefane

Bulgarisch

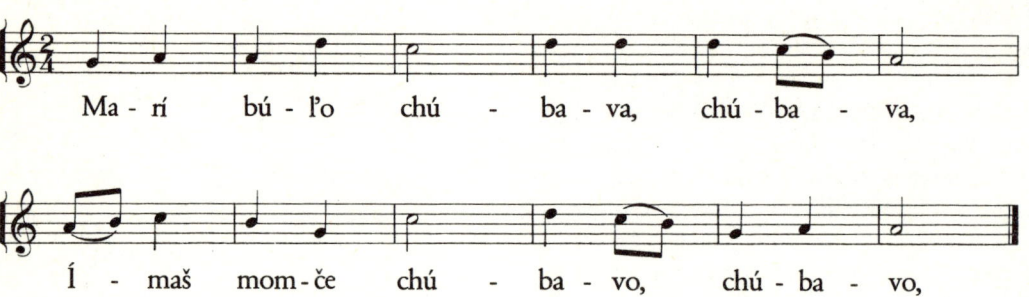

Ma - rí bú - ľo chú - ba - va, chú - ba - va,

Í - maš mom - če chú - ba - vo, chú - ba - vo,

Стефане

Мари бульо хубава, хубава,
Имаш момче хубаво, хубаво,
Не го пращай никаде, никаде,
Ни на студен кладенец, кладенец.
Там има моми проклети, проклети,
Майките им ги проклели, проклели.
Ще му бръкнат в джобове, в джобове,
Ще му извадят маръме, маръме.
Маръмнице Дано ле, Дано ле,
Златен пръстен, Стефане, Стефане.

Stefane

Marí búľo chúbava, chúbava,
Ímaš momčé chúbavo, chúbavo,
Ne go práštaj níkade, níkade,
Ni na studén kládenec, kládenec.
Tam íma mómi prokléti, prokléti,
Májkite im gi prokléli, prokléli.
Šte mu brăknat v džóbove, v džóbove,
Šte mu izvádjat marắme, marắme.
Marắmnice Dáno le, Dáno le,
Zláten prắsten, Stéfane, Stéfane.

Stefane

Schönes schönes Mädchen,
Was hast du für einen schönen Burschen!
Laß ihn nie hingehen
Zu dem kalten Brunnen,
Verhexte Mädchen sind
Dort in dem kalten Brunnen.
Sie werden in seine Taschen greifen,
Sie werden ihm rauben
Seinen goldenen Ring, Stefane, Stefane.

Мари, бульо, мари

Mari, buľo, mari
Schwester, flicht mir dichte griechische Zöpfe

Allegro

Bulgarisch

"Ma-rí, bú-ľo, ma-rí, míl — na   bú - ľo,   "Ma-rí, bú-ľo,
ma-rí, míl — na   bú - ľo,   Stá - ni me, bú - ľo,
so - plé - ti,   Sít - no - to grăc - ko   plé - te — ne."

Мари, бульо, мари

„Мари, бульо, мари, милна бу льо,
Стани ме, бульо, соплети,
Ситното гръцко плетене."

„Мари, лейко, мъри милна, лейко,
Не мога, лейко ле, да стана,
Змея ми очи испила,
Руса ми коса скосила,
На сърце гняздо извила."

Mari, buľo, mari

„Marí, búľo, marí, mílna búľo,
Stáni me, búľo, sopléti,
Sítnoto grǎcko plétene."

„Marí, léjko, mǎrí mílna, léjko,
Ne móga, léjko le, da stána,
Zméja mi óči ispíla,
Rúsa mi kósa skosíla,
Na sárce gnjázdo izvíla."

Schwester, flicht mir dichte griechische Zöpfe

„O Schwester, o du, liebe Schwester,
Steh auf, Schwester, und flicht mir
Dichte griechische Zöpfe."

„O du, Schwesterchen, lieb Schwesterchen,
Ich kann nicht aufstehn, Schwesterchen,
Die Schlange trank mir die Augen aus,
Biß mir das blonde Haar ab,
Hat sich im Herzen eingenistet."

Es freit ein wilder Wassermann

Deutsch, 19. Jahrhundert

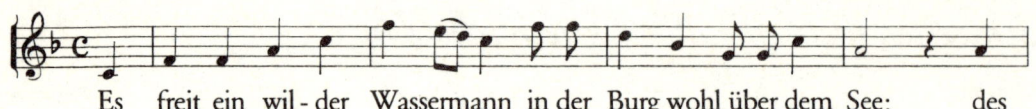

Es freit ein wil- der Wassermann in der Burg wohl über dem See; des

Kö- nigs Tochter mußt er han, die schö- ne jun- ge Li- lo-

-fe, die schö- ne jun- ge Li- lo- fe.

Es freit ein wilder Wassermann

Es freit ein wilder Wassermann
– In der Burg wohl über dem See –;
Des Königs Tochter mußt er han,
Die schöne junge Lilofe.

Sie hörte drunten die Glocken gehn
– Im tiefen, tiefen See –,
Wollt Vater und Mutter wiedersehn,
Die schöne junge Lilofe.

Und als sie vor dem Tore stand
– Auf der Burg wohl über dem See –,
Da neigt sich Laub und grünes Gras
Vor der schönen jungen Lilofe.

Und als sie aus der Kirche kam
– Von der Burg wohl über dem See –,
Da stand der wilde Wassermann
Vor der schönen jungen Lilofe.

Sag, willst du hinuntergehn mit mir
– Von der Burg wohl über dem See –,
Deine Kindlein unten weinen nach dir,
Du schöne junge Lilofe.

Und eh ich die Kindlein weinen laß
– Im tiefen, tiefen See –,
Scheid ich von Laub und grünem Gras,
Ich arme junge Lilofe.

Dola n'bahçe me mledh'lula
Zwei Feen

Albanisch

Do-la n' bah-çe me mledh' lu-la, Lu-mi u-në

po m' vjen Pu-la. A-jo Pu-la

n' gzof të zi-e, Hi-je t' pas-kan kto di-mi-e.

Dola n'bahçe me mledh'lula

Dola n' bahçe me mledh' lula,
Lumi unë po m' vjen Pula.
Ajo Pula n' gzof të zi-e,
Hije t' paskan kto dimi-e.

Hije t'paskan dimit e gjana,
Ku po rrina nesër proma?
Ku po rrina nesër proma?
N' sob' të vogël rreth me xhama.

N' sob' të vogël rreth me xhama,
Aty ishin nja dy zana.
Aty ishin nja dy zana,
Bàjshin drit' sikur dy Ilam'a.

Zwei Feen

Ich ging in den Garten, Blumen zu pflücken,
Glücklicher, ich; es kommt das Hühnchen,
Das Hühnchen im schwarzen Kleid.
Gut stehen ihr die Pluderhosen.

Die Pluderhosen stehen ihr gut.
Wo treffen wir uns morgen abend?
Wo treffen wir uns morgen abend?
Im kleinen Zimmer, ringsum aus Glas.

Im kleinen Zimmer, ringsum aus Glas,
Dort waren zwei Feen,
Dort waren zwei Feen.
Sie leuchteten wie zwei Lampen.

Tha mi sgìth
Liebeslied der Fee

Schottisch-gaelisch, von den Hebriden

Tha mi sgìth ’smi leam fhìn Buain a rain-ich, buain a rain-ich;

Tha mi sgìth ’smi leam fhìn Buain a rain-ich, daonn-an.

Cùl an tom-ain, bràigh an tom-ain, Cùl an tom-ain bhòidh-ich;

Cùl an tom-ain, bràigh an tom-ain, Hui-le là-tha ’mòn-ar.

<table>
<tr><td>

Tha mi sgìth

Tha mi sgìth ’smi leam fhìn
Buain a rainich, buain a rainich;
Tha mi sgìth ’s mi leam fhìn
Buain a rainich, daonnan.
Cùl an tomain, bràigh an tomain,
Cùl an tomain bhòidhich;
Cùl an tomain, bràigh an tomain,
Huile làtha ’mònar.
Ach ’nuair chi mi thu tighinn
Nuas am bealach nuas am bealach
Gur a mi nach bi sgìth
’Sgaol mo chridhe comh rium.

</td><td>

Liebeslied der Fee

ich bin müd ganz allein
schneide farne schneide farne
ich bin müd ganz allein
schneide farne traurig
hinterm hügel vor dem hügel
hinterm schönen hügel
hinterm hügel vor dem hügel
alle tage mühsam
aber komm ich zu dir
drunt am wege drunt am wege
dann bin ich nicht mehr müd
wenn mein herz bei ihm ist

</td></tr>
</table>

Klage und Trost

Aus „Des Knaben Wunderhorn" (1810)

Ich hört ein Sichlein rau - schen, Wohl rauschen durch das Korn, Ich

hört ein Mädlein kla - gen Sie hätt ihr Lieb ver - lorn.

Klage und Trost

Ich hört ein Sichlein rauschen,
Wohl rauschen durch das Korn,
Ich hört ein Mädlein klagen,
Sie hätt ihr Lieb verlorn.

Laß rauschen Lieb, laß rauschen,
Ich acht nicht wie es geh,
Ich thät mein Lieb vertauschen
In Veilchen und im Klee.

Hast du ein Mädlein worben
In Veilchen und im Klee,
So steh ich hier alleine
Thut meinem Herzen weh.

Ich hör ein Hirschlein rauschen,
Wohl rauschen durch den Wald,
Ich hör mein Lieb sich klagen,
Die Lieb verrausch' so bald.

Laß rauschen Lieb, laß rauschen,
Wer weiß, wie's werden wird,
Die Bächlein immer rauschen,
Und keines sich verirrt.

Das Lied der Guggisberger

Aus dem Kanton Bern um 1790 (Schweiz)

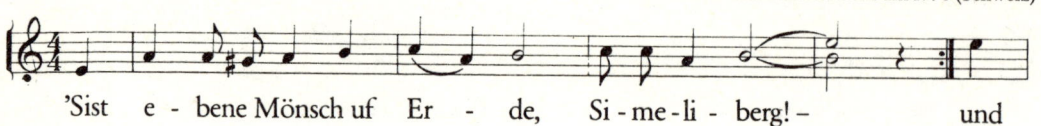

'Sist e - bene Mönsch uf Er - de, Si - me - li - berg! – und

d's Vre - ne - li ab - em Gug - gis - berg, und d's Si - mes Hans Jog - ge - li

a - net dem Berg! 'sist e - be - ne Mönsch uf

Er - de, daß ich möcht by-n - ihm sy.

Das Lied der Guggisberger

'S ist ebe-n-e Mönsch uf Erde,
Daß i möcht by-n-ihm sy.

U mah-n-er mir nit werde,
Vor Chummer stirbe-n-i!

U stirbe-n-i vor Chummer,
So leit me mi i-d's Grab.

I mynes Buehli's Garte,
Da stah zweu Bäumeli;

Das eine treit Muschgate,
Das andri Nägeli.

Muschgate die sy süßi,
Und d' Nägeli die sy räß.

I gabs mym Lieb z'versuche,
Daß's myner nit vergeß.

„Ha di no nie vergesse,
Ha-n-immer a di denkt;

Es sind nunmehr zweu Jahr,
Daß mi ha-n-a di ghenkt.“

Dört unte-n-i der Teufi
Da geit es Mühlirad;

Das mahlet nüt als Liebi
Die Nacht und auch den Tag.

Das Mühlirad isch broche:
Die Liebi het e-n-End.

Anneli, wo bisch geschter gsi?

Deutsch, aus der Ostschweiz

„An - neli, wo bisch geschter gsi?" „Hinder em Hus im Gärt - li." „Säg, was häsch im Gärtli to?" „Rösli pflückt und Ma - je - ro hinder em Hus im Gärt - li."

Anneli, wo bisch geschter gsi?

„Anneli, wo bisch geschter gsi?" „Hinder em Hus im Gärtli."
„Säg, was häsch im Gärtli to?"
„Rösli pflückt und Majero hinder em Hus im Gärtli."

„Anneli, wer isch bi der gsi hinder em Hus im Gärtli?"
„Denk, min Schatz, min liebe Schatz,
O wie gern gib ich em Platz hinder em Hus im Gärtli."

„Anneli, säg, was hend er gredt hinder em Hus im Gärtli?"
„Gang und frog du d'Röseli,
D'Ilgen und de Rosmarin hinder em Hus im Gärtli."

„Anneli, sind er alli Tag hinder em Hus im Gartli?"
„Ach, min Schatz chunnt nümme meh,
Wird en schwerli wieder gseh hinder em Hus im Gärtli."

Mein herz, das ist versert

Oswald von Wolkenstein (1377–1445)

Mein herz das ist ver - sert und gif -

- tik - li - chen wunt mit ai - nem scharffen swert

zwir durch pis an den grunt,

Und lebt kain arzt auff erd, der mich verhai - - -

- - len kan, neur ain mensch, das mir den scha - den

hat ge - tan.

Mein herz, das ist versert

Mein herz das ist versert
Und giftiklichen wunt
Mit ainem scharffen swert
Zwir durch pis an den grunt,
Und lebt kain arzt auff erd, der mich verhailen kan,
Neur ain mensch, das mir den schaden hat getan.

Frau, krön dein edle art,
Bewar dein höchsten schatz,
Das dir nicht werd verkart
Dein wild in schanden latz.
Damit kain zung darinn nicht werd erfreuet,
So wird mein herz gesund und gar verneuet.

Ich man dich, lieb, der wort
Mit williklichem trost.
Bedenk das kläglich mort,
Damit ich werd erlost.
Vil pesser wär mit eren kurz gestorben zwar,
Wann mit schanden hie gelebt zwai hundert jar.

Mein Herz ist bis ins Innerste verwundet
Und vergiftet durch die zweifache Schneide eines Schwertes.
Es gibt keinen anderen Arzt auf Erden,
Der mich heilen kann,
Außer dem Geschöpf, das mir diesen Schaden angetan hat.

Herrin, zeige dich edel,
Laß dein Höchstes nicht verderben,
Damit das von dir gefangene Wild nicht im Netz der Schande umkomme,
Daß kein übler Neider sich freut,
Dann wird mein Herz gesund und neu.

Ich mahne dich, Liebe, daß du mich gerne trösten sollst.
Denke an den klagevollen Tod,
Erlöse mich davon.
Es wäre besser, bald in Ansehen zu sterben
Als in Schande hier zweihundert Jahre zu leben.

My Love, Oh, She Is My Love
Sie verbreitet Zauberbann

Irisch

She casts a spell, oh, casts a spell. Which haunts me more than I can tell. More

dear because she makes me ill   Than who would will to make me well.

My Love, Oh, She Is My Love

She casts a spell, oh, casts a spell
Which haunts me more than I can tell.
More dear because she makes me ill...
Than who would will to make me well.

She is my store, oh, she my store,
Whose grey eyes wounded me so sore,
Who will not place in mine her palm,
Who will not calm me anymore.

Too hard my case, too hard my case,
How have I lived so long a space.
And she to trust me nevermore.
Though I adore her silent face.

She's my desire, oh, my desire,
More glorious than the bright sun's fire,
Who were than windblown ice more cold...
Were I so bold as to sit by her...

Oh, she it is hath stole my heart
And left a void and aching smart,
And if she soften not her eye...
Then life and I in pain must part.

Sie verbreitet Zauberbann

Sie verbreitet Zauberbann, oh, ihr zauberhaftes Wesen
Quält mich mehr, als ich sagen kann.
Doch lieber ist mir, die mich kränkt,
Als eine, die mir gut tun wollte.

Sie ist mein höchstes Gut, mein einz'ger Schatz,
Deren graue Augen mich verletzen,
Die ihre Hand nicht in die meine legt,
Die mir nimmer Ruhe schenken will.

Unerträglich meine Qual, unerträglich.
Wie konnte ich so lang so leben.
Und sie vertraut mir nimmer mehr,
Doch ich verehr' ihr schweigend Angesicht.

Sie ist mein Begehren, oh, mein Begehren,
Das versengender brennt als die feurige Sonne.
Doch sie wär kälter als eisiger Wind,
Würd' ich mich kühn neben sie setzen.

Oh, sie nur sie raubte mein Herz
Und ließ einen leeren, pochenden Schmerz.
Macht sie den Blick ihres Auges nicht sanft,
Dann müssen das Leben und ich in Schmerzen uns trennen.

Ich schell mein horn in jammers ton

Deutsch, 16. Jahrhundert

Ich schell mein horn in jam - mers ton, mein freud ist
ich hab ge - jagt ohn a - be - lon, es lauft noch

mir verschwun - den, Ein e - delsgwild in di - sem gfild,
vor den hun - den:

als ich's het auß - er - ko - ren; es scheucht ab mir,

als ich es spür, mein ja - gen ist ver - lo - ren.

Ich schell mein horn in jammers ton

Ich schell mein horn in jammers ton,
Mein freud ist mir verschwunden,
Ich hab gejagt ohn abelon,
Es lauft noch vor den hunden:
Ein edelsgwild in disem gfild,
Als ich's het außerkoren;
Es scheucht ab mir, als ich es spür,
Mein jagen ist verloren.

Kein edlers tier ich jagen kan,
Das muß ich oft entgelten,
Noch halt ich stets uf rechter ban,
Wiewol mein glück kumt selten.
Mag mir nit gon ein hochwild schon,
So laß ich mich beniegen
Von hasenfleisch, nit mer ich heisch,
Das kan mich nit betriegen.

Far hin gewild in waldeslust,
Ich wil nit mer erschrecken
Mit jagen dein schneweiße brust,
Ein ander muß dich wecken
Und jagen frei mit hundes krei,
Da du nit magst entrinnen;
Halt dich in hut, mein tierlein gut,
Mit leid scheid ich von hinnen!

A chantar m'er de so q'ieu no volria
Kanzone von verratener Liebe

Beatritz de Dia (um 1160), provençalisch

A chan - tar m'er de so q'ieu no vol - ri - a, tant
car eu l'am mais que nuil - la ren que si - a; vas

me ran - cur de lui cui sui a - mi - a ni
lui no·m val mer - ces ni cor - te - si - a,

ma bel - tatz, ni mos pretz, ni mos sens, c'a - tres - si·m

sui en - ga - nad' e tra - hi - a cum degr' es -

- ser, s'ieu fos des - a - vi - nens.

A chantar m'er de so q'ieu no volria

A chantar m'er de so q'ieu no volria,
Tant me rancur de lui cui sui amia
Car eu l'am mais que nuilla ren que sia;
Vas lui no·m val merces ni cortesia,
Ni ma beltatz, ni mos pretz, ni mos sens,
C'atressi·m sui enganad'e trahia
Cum degr'esser, s'ieu fos desavinens.

D'aisso·m conort car anc non fi faillenssa,
Amics, vas vos per nuilla captenenssa,
Anz vos am mais non fetz Seguis Valenssa,
E platz mi mout qez eu d'amar vos venssa,
Lo mieus amics, car etz lo plus valens;
Mi faitz orguoill en digz et en parvenssa,
E si etz francs vas totas autras gens.

Meravill me cum vostre cors s'orguoilla,
Amics, vas me, per q'ai razon qe·m duoilla;
Non es ges dreitz c'autr'amors vos mi tuoilla
Per nuilla ren qe·us diga ni·us acuoilla;
E membre vos cals fo·l comensamens
De nostr'amor. Ja Dompnidieus non vuoilla
Q'en ma colpa sia·l departimens!

Proesa grans q'el vostre cors s'aizina
E lo rics pretz q'avetz m'en atayna,
C'una non sai loindana ni vezina,
Si vol amar, vas vos non si'aclina;
Mas vos, amics, etz ben tant conoisens
Que ben devetz conoisser la plus fina,
E membre vos de nostres covinens.

Valer mi deu mos pretz e mos paratges
E ma beutatz e plus mos fis coratges,
Per q'ieu vos mand lai on es vostr'estatges
Esta chansson que me sia messatges:
E voill saber, lo mieus bels amics gens,
Per que vos m'etz tant fers ni tant salvatges,
Non sai si s'es orguoills o mals talens.

Mas aitan plus vuoill li digas, messatges,
Q'en trop d'orguoill ant gran dan maintas gens.

Kanzone von verratener Liebe

Zu singen kommt's mich an, wie ich's auch wehre:
So quäl ich mich um ihn, des ich begehre,
Nach dem ich mich wie sonst nach nichts verzehre.
Nicht, wie in artger Huld ich ihm gewogen,
Nicht Rang noch Geist noch Schönheit achtet er;
Er läßt mich stehn, verraten und betrogen,
Wie ich's verdient, wenn ich ein Scheusal wär.

Mich tröstet's, daß ich nichts an Fehl verübte,
Durch kein Vergehn, mein Freund, Euch je betrübt.
Ich lieb Euch, wie Seguin Valensa liebte.
Es freut mich, Euch an Liebe zu besiegen,
Wo Ihr, mein Freund, doch sonst so tapfer seid:
Mir zeigt Ihr grimmen Stolz in Wort und Zügen
Und allen andern Frauen Freundlichkeit.

Ich faß ihn nicht, den Hochmut Eurer Seele,
Mein Freund, und hab wohl recht, wenn ich mich quäle,
Daß fremde Liebe mich um Euch bestehle,
Mag sie was immer reden oder bieten;
Denkt doch, wie unsre Liebe hold begann;
Und kommt's zur Trennung, möge Gott verhüten,
Daß je ich mich der Schuld bezichtgen kann.

Das Euch im Herzen wohnt, das hohe Prangen,
All Euer edler Wert läßt mich erbangen,
Daß eine, die nach Liebe trägt Verlangen,
Von fernher oder hier, sich zu Euch neige;
Ihr aber, Freund, seid wahrlich drin bewandt
Und seht, wo sich die echte Liebe zeige:
Denkt nur an unsrer Schwüre heilges Band.

Auch mich mag Rang und Abkunft reich beschenken
Und Schönheit und noch mehr getreues Denken;
Wohin Ihr drum auch mögt die Schritte lenken,
Ich send dies Lied zu Euch, es sei mein Bote.
Viel edler Freund, zu wissen hätt ich Lust,
Was Euch zu solchem wilden Groll verrohte,
Ob Stolz, ob Bosheit – mir ist's nicht bewußt.

Was ich zutiefst erfühl, sag's ihm, mein Bote:
Zu hoher Stolz stürzt manchen in Verlust.

Anynyi bánat
Soviel Kummer

Molto lento

Ungarisch

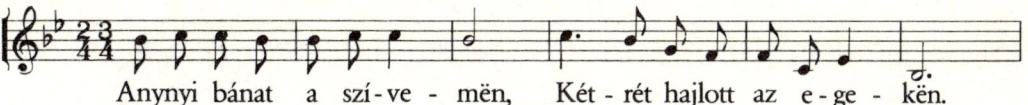

Anynyi bánat   a szí - ve - mën,   Két - rét hajlott az e - ge - kën.

Ha még ëggyet   hajlott vol - na,   Szívem ketté hasadt volna.

Anynyi bánat

Anynyi bánat a szívemën,
Kétrét hajlott az egekën.
Ha még ëggyet hajlott volna,
Szívem ketté hasadt volna.

Én elmëgyëk kőzületëk,
Isten maradjon veletëk.
Tölem több panaszt nem hallasz,
Kit hallottál avval maradsz.

Akkor jussak én eszëdbe,
Mikor kënyér a kezedbe.
Akkor së jussak ëgyébröl,
Csak az igaz szeretetröl.

Soviel Kummer

Soviel Kummer in meinem Herzen,
Gespalten bis zum Himmel;
Klaffte es noch weiter auseinander,
Zerrissen wäre mein Herz.

Ich verlasse euch. Gott sei mit euch.
Von mir wirst du, Geliebter,
Keine Klage mehr hören;
Ausgeglüht ist meine Liebe.

Doch sollst du dich meiner erinnern
Immer wenn du Brot in Händen hältst.
An nichts anderes sollst du dann denken,
Als an die wahre Liebe.

Ků lúdit, seséles
Schwestern, warum seid ihr traurig?

Litauisch

Ků lú - dit, se - sé - les, Ků ne daj - nú - jat? Ků sé - dit

už sta - lé - lu? Ků ry - mut ant ran - ké - lu?

Ků lúdit, seséles

Ků lúdit, seséles,
Ků ne dajnújat?
Ků sédit už stalélu?
Ků rymut ant rankélu?

Ka, Dıévas, dajnúsim,
Ka línksmıos búsim,
Yr dárže iškadéle,
Darzély iškadéle.

Subatós dienéle,
Par pačıùs pıétus,
Púte šıaurùs vejélis,
Láuže zalàs rutéles.

Schwestern, warum seid ihr traurig?

Schwestern, warum seid ihr traurig
Und singt nicht?
Am Tische sitzt ihr weinend,
Die Blicke zum Boden kehrend.

Sollen wir singen
Und sollen uns freuen?
Im Garten ist ein Schaden,
Im Garten ist ein Schaden.

Heute um Mittag
Blies heftig der Nordwind,
Die grünen Rauten brach er,
Brach uns die grünen Rauten.

Stets i Truure mues i lebe

Deutsch, aus dem Kanton Glarus (Schweiz)

Stets i Truu - re mues i le - be, säg, mit was hä-n-is verschuldt? Wil myn
Schatz isch uu - trüü wor - de, mues i-s ly - de mit Ge - duld.

Stets i Truure mues i lebe

Stets i Truure mues i lebe, säg, mit was hä-n-is verschuldt?
Wil myn Schatz isch uutrüü worde, mues i-s lyde mit Geduld.

Chunntsch mer zwar us mynen Auge, aber nüd us mynem Sinn;
Hettisch mer wuel törffe glaube, as i trüü gewese bin.

Rechti Liebi gaht vu Heerze, rechti Liebi brännet häiss;
O wie wuel isch ämäne Mäntsche, wo nüd wäiss, was Liebi häisst!

Spiled uuf, ir Musikante, spiled uuf das Säitespiil,
Mynem Schätzli zu Gefalle, mög s verdrüüsse, wän es will.

Bis die Beerge tüend sich büüge und die Hügel sängge sich,
Bis die Tischtle trääged Fyge, so lang wil i liebe dich.

Bis die Mülstai trääged Rebe, daruus flüsset süesse Wy,
Bis dr Tod mir nimmt das Lebe, so lang söllsch du blybe my.

The Lover's Curse
Der Fluch der Geliebten

Irisch

This one and that one will court him, But if e'er he gets a - ny but me, Both dai - ly and hourly I'll curse them, That stole love - ly Ja - mie from me.

The Lover's Curse

This one and that one will court him,
But if e'er he gets any but me,
Both daily and hourly I'll curse them,
That stole lovely Jamie from me.

Far in the land of the stranger,
Six hundred long miles o'er the sea,
To fight in the lowlands of Holland,
They stole lovely Jamie from me.

Sadness and weeping are on me,
For the lad that is over the sea.
But daily and hourly I'll curse them,
That stole lovely Jamie from me.

Der Fluch der Geliebten

Die eine oder andre wird ihn schon umgarnen wollen.
Aber sollte er jemals eine andre bekommen als mich,
Dann werde ich fluchen tagein und tagaus,
Jenen, die mir meinen lieben Jamie entführten.

Weit in ein fremdes Land,
Sechshundert Meilen über das Meer
Entführten sie mir meinen lieben Jamie
Um in den Niederlanden zu kämpfen.

Ich muß nun trauern und weinen,
Um den Burschen, der jenseits des Meeres.
Aber ich werde fluchen tagein und tagaus,
Jenen, die mir meinen lieben Jamie entführten.

The water is wide
Das Meer ist weit

Englisch, aus Somerset

The wa-ter is wide, I can-not go o'er, and nei-ther have I wings to fly. Give me a boat that will car-ry two and both shall row my love and I.

The water is wide

The water is wide, I cannot go o'er,
And neither have I wings to fly.
Give me a boat that will carry two
And both shall row my love and I.

O down in the meadows the other day,
Agath'ring flowers both fine and gay,
Agath'ring flowers both red and blue,
I little thought what love can do.

I put my hand into one soft bush,
Thinking the sweetest flower to find.
I pricked my fingers to the bone
And left the sweetest flower alone.

I leaned my back against some oak
Thinking that he was a trusty tree,
But first he bended and then he broke,
And so did false love to me.

A ship there is and she sails the sea,
She's loaded deep as deep can be,
But not so deep as the love I'm in;
I know not if I sink or swim.

Das Meer ist weit

Das Meer ist weit, ich kann nicht hinüber,
Und Schwingen hab' ich nicht zum Fliegen.
Gebt mir ein Boot, das uns beide trägt,
Und beide rudern wir davon, meine Liebe und ich.

O, einst, drunten in den Wiesen,
Als ich hübsche und fröhliche Blumen brach,
Als ich rote und blaue Blumen brach,
Dachte ich wenig daran, was Liebe vermag.

Ich steckte meine Hand in einen weichen Busch
Und dachte, die süßeste Blume zu finden.
Ich zerstach mir die Finger bis auf den Knochen
Und ließ die süßeste Blume sein.

Ich schmiegte meine Schulter an eine Eiche
Und dachte, sie wäre ein treuer Baum;
Aber erst bog sie sich, dann brach sie,
Das tat auch falsche Liebe mir.

Ein Schiff fährt hinaus auf das weite Meer;
Es ist beladen, so schwer es nur geht,
Doch viel schwerer lastet die Liebe auf mir.
Ich weiß nicht, ob ich versink' oder schwimm'.

Měła sem hołubka
Ich hatte einen Täuberich

Schlesisch-tschechisch aus Polen

Mě - la sem ho - łub - ka v truhle schova - né - ho, a on mi vy - le - těł do po - le šči - re - ho, do po - le šči - re - ho, na ze - le - ny du - bek, tam so - bě za - hur - kał můj złaty ho - łu - bek.

Měła sem holubka

Měła sem hołubka,
V truhle schovaného,
A on mi vyletěł
Do pole ščireho,
Do pole ščireho,
Na zeleny dubek,
Tam sobě zahurkał
Můj złaty hołubek.

Něhurkej, holubku,
Na želenem dubku,
Nedělej me miłe
Většiho zarmutku;
Já ji ho nedělám,
Děła sě ho sama,
Dy mě doma není,
S inšimi pohrava.

Ich hatte einen Täuberich

Ich hatte einen Täuberich
In die Truhe gesperrt,
Davongeflogen ist er
In das breite Feld,
In das breite Feld,
Auf die grüne Eiche,
Dort gurrt er vor sich hin,
Mein goldener Täuberich.

Gurre nicht, Täuberich,
Auf der grünen Eiche;
Mach deiner Liebsten
Nicht noch größeren Kummer.
Ich mach ihr doch keinen,
Sie macht sich ihn selber:
Wenn ich nicht zu Hause bin,
Treibt sie es mit anderen.

A na dębie
Dort auf der Eiche

Polnisch

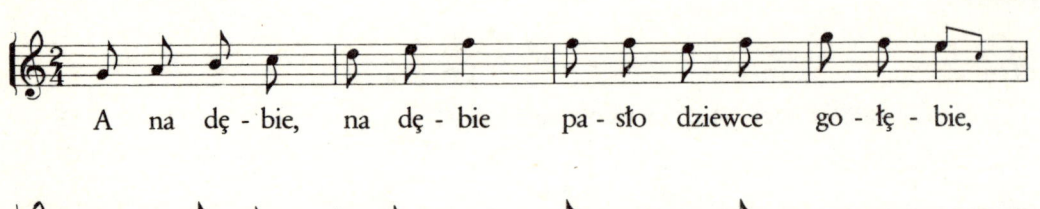

A na dębie

A na dębie, na dębie
Pasło dziewce gołebie,
Wołało se: „duś, duś, duś,
Pójdźze do mnie, mój Kubuś.

Nie chodź do mnie w sobote,
Bo mam wielgom robote,
A przyjdź do mnie w niedziele,
Lózecko ci pościele."

Štery świece zgorzaly,
Niźli lózko wyslaly,
I na piaty polówka –
Stala sie ta rozrywka.

„Powiedaj mi, powiedaj:
Silas panien nazdredzal?"
„Nie zdredzilem, ino dwie,
Sierotecki obiedwie."

„A rozmawiaj, rozmawiaj,
Chustecki mi powracaj,
Com ja ci ich zadała,
Kiedym mala bywała.

Jedną dalam cieniućką,
Jak ja była dziéwećką,
Druga dalam z obrabkiem,
Jak'eś ty byl parobkiem."

Dort auf der Eiche

Dort auf der Eiche, auf der Eiche
Hielt ein Mädchen Tauben.
Und es rief: „Gru, gru, gru,
Komm zu mir, mein Kubuś.

Komm nicht am Samstag zu mir,
Denn da habe ich viel Arbeit,
Komm dafür am Sonntag:
Ich werde dir das Lager bereiten."

Vier Kerzen brannten nieder,
Bis das Lager bereitet war,
Und als die fünfte zur Hälfte verbrannt war,
Begannen sie sich zu vergnügen.

„Sag mir, sag mir:
Mit wie vielen Mädchen hast du das getan?"
„Nur mit zweien,
Und beide waren Waisen."

„Rede doch, rede,
Und gib mir die Tüchlein zurück,
Die ich dir gab,
Als ich noch klein war.

Ein hauchdünnes habe ich dir gegeben,
Als ich ein kleines Mädchen war,
Das zweite mit einem Saum gab ich dir,
Als du ein junger Bursche warst."

Si le Roy…
Wenn mir der König…

Französisch

Giocoso

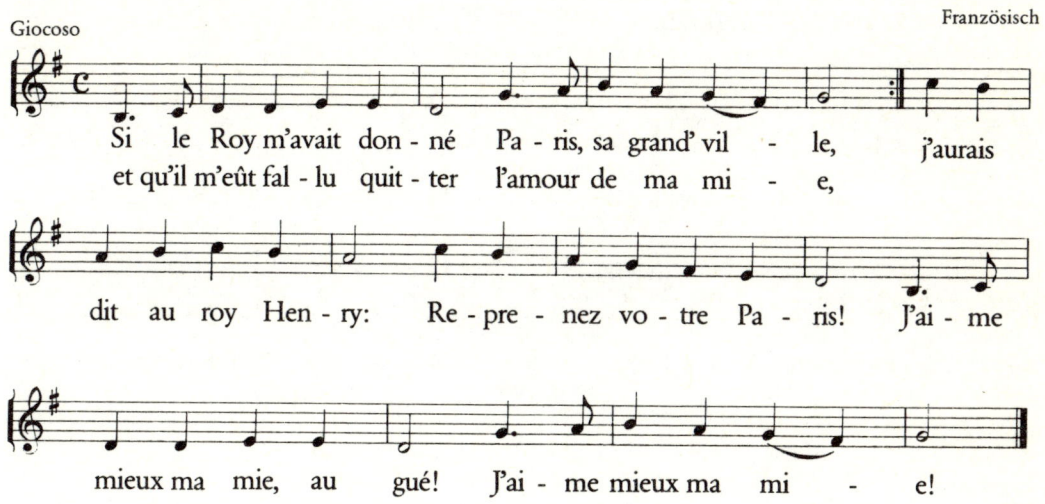

Si le Roy m'avait don - né Pa - ris, sa grand' vil - le, j'aurais
et qu'il m'eût fal - lu quit - ter l'amour de ma mi - e,

dit au roy Hen - ry: Re - pre - nez vo - tre Pa - ris! J'ai - me

mieux ma mie, au gué! J'ai - me mieux ma mi - e!

Si le Roy…

Si le Roy m'avait donné
Paris, sa grand' ville,
Et qu'il m'eût fallu quitter
L'amour de ma mie,
J'aurais dit au roy Henry:
Reprenez votre Paris!
J'aime mieux ma mie,
Au gué!
J'aime mieux ma mie!

Or, le Roy n'a pas donné
Paris, sa grand' ville,
Mais il m'a fallu quitter
L'amour de ma mie;
Et j'ai dit au roy Henry:
Laissez-moi mourir ici!
J'ai perdu ma mie,
Oh gué!
J'ai perdu ma mie!

Wenn mir der König…

Wenn mir der König
Paris, seine große Stadt geschenkt hätte,
Und wenn er mich gezwungen hätte,
Meine Liebste dafür zu verlassen,
So hätte ich zu König Henri gesagt:
Behaltet Euer Paris,
Lieber ist mir die Meine,
Au gué!
Lieber ist mir die Meine!

Nun aber hat mir der König
Paris, seine große Stadt nicht geschenkt,
Ich aber war gezwungen,
Meine Liebste zu verlassen.
Was habe ich zu König Henri gesagt?
Lassen Sie mich hier sterben!
Meine Liebste habe ich verloren,
Oh gué!
Meine Liebste habe ich verloren!

Ой, у лісі на ялині
Oj, u lisi na jalyni
Im Wald, auf der Fichte

Ukrainisch

Oj, u lí - si na ja-lý - ni Koly - sá - la Maru - sy - na

dvi dy - tý - ny. Koly - sá - la Maru - sy - na dvi dy - tý - ny.

Ой, у лісі на ялині	*Oj, u lisi na jalyni*
Ой, у лісі на ялині	Oj, u lísi na jalýni
Колисала Марусина дві дитини.	Kolysála Marusyna dvi dytýny.
Ой, у лісі на дубочку	Oj, u lísi na dubóčku
Колисала Марусина сина й дочку.	Kolysála Marusyna sýna j dočkú.
Колисала та й плакала:	Kolysála t j plákala:
„Ой, чого ж я отця й неньки не слухала?	„Oj, čohó ž tja otcjá j nén'ky ne slúchala?
Ой, ти, сестро моя рідна,	Oj, ty, séstro mojá rídna,
Поколиши мені дитя, бо я бідна!“	Pokolyšý mení dytjá, bo ja bídna!“
„Ой, не буду колисати:	„Oj, ne búdu kolysáti:
Було б тобі дворянина не слухати!	Buló b tobí dvorjanýna ne slúchati!
Бо дворянин пізно ходить,	Bo dvorjanýn pízno chódiť,
Не одную дівчиноньку з ума зводить.	Ne odnúju dívčynon'ku z umá zvódiť.
Бо дворянин пером пише,	Bo dvorjanýn peróm pýše,
Не одную дівчиноньку з дитям лишить!“	Ne odnúju dívčynon'ku z dytjám lyšýť!“

Im Wald, auf der Fichte

Im Wald, auf der Fichte
Wiegte Marusina zwei Kinder.

Im Wald, auf der Eiche
Wiegte Marusina Sohn und Töchterlein.

Sie wiegte sie und weinte:
„Warum habe ich nicht auf Vater und Mutter gehört?

Du, meine leibliche Schwester,
Wiege mir das Kind, denn ich bin arm!"

„Ich werde sie nicht wiegen:
Du hättest auf den Adeligen nicht hören sollen!

Denn der Adelige schweift umher,
Nicht bloß ein Mädchen bringt er um den Verstand.

Denn der Adelige schreibt mit der Feder,
Nicht bloß einem Mädchen hinterläßt er ein Kind."

XV. Soll ich nicht einzig und allein
   der Hahn in deinem Korbe sein

Stamattina
Heute morgen

Moderato

Italienisch aus Benevent

Sta - mat - ti - na mi so - no al - za - to u - na mezz'

o - ra pri - ma del so - le, u - na mezz'

o - ra pri - ma del so - le, Angio - li - na, u - na mezz'

o - ra pri - ma del so - le.

Stamattina	Heute morgen
Stamattina mi sono alzato	Heute morgen bin ich aufgestanden,
Una mezz' ora prima del sole,	Eine halbe Stunde vor Sonnenaufgang,
Angiolina,	Angiolina,
Una mezz' ora prima del sole.	Eine halbe Stunde vor Sonnenaufgang.
E l'ho visto con una altra ragazza	Und ich habe ihn mit einem anderen Mädchen gesehen,
Una mezz' ora primo del sole,	Eine halbe Stunde vor Sonnenaufgang,
Angiolina,	Angiolina,
Una mezz' ora primo del sole.	Eine halbe Stunde vor Sonnenaufgang.
Sono andato dal confessore	Ich bin zum Beichtvater gegangen
E gli ho detto la mia ragione,	Und habe ihm meinen Fall vorgetragen,
Angiolina,	Angiolina,
E gli ho detto la mia ragione.	Ich habe ihm meinen Fall vorgetragen.
E gli ho detto la mia ragione;	Und ich habe ihm meine Meinung gesagt.
La penitenza che lui m'ha dato,	Die Buße, die er mir auferlegt hat,
Angiolina,	Angiolina,
È di lasciare quel primo amore.	War, jene erste Liebe zu lassen.

Ma Rosalie m'est infidèle
Meine Rosalie ist mir nicht treu

Französisch, 18. Jahrhundert

rubato

Ma Ro-sa-lie m'est in fi-dè - le, Pourtant je l'ai - me toujours: Les cris, le pleurs que j'ai versés pour el - - le N'ont pas é-teint le feu de mes a - mours. N'ont pas é-teint le feu de mes a - mours.

Ma Rosalie m'est infidèle

Ma Rosalie m'est infidèle,
Pourtant je l'aime toujours:
Les cris, les pleurs que j'ai versés pour elle
N'ont pas éteint le feu de mes amours.

Ces cris, ces pleurs, rien ne la touche,
Rien n'est sensible à ma douleur:
Pour un baiser que j'ai pros sur sa bouche,
Je sens son image gravée dans mon coeur.

Ennemi de sa perfidie,
Je suis touché de ses appas;
J'engagerais bien volontiers ma vie
Pour un de ses bonjours, si je pouvais l'avoir.

Amants, vous que cherchez à plaire,
Qui voulez vivre sous sa loi,
Méfiez-vous des maîtresses infidèles:
Vous serez un jour malheureux comme moi.

Meine Rosalie ist mir nicht treu

Meine Rosalie ist mir nicht treu,
Dennoch liebe ich sie noch:
Die Klagen, die Tränen, die ich wegen ihr vergoß,
Haben das Feuer meiner Leidenschaft nicht gelöscht.

Weder Klagen, noch Tränen, nichts rührt sie,
Nichts empfindet sie bei meinem Schmerz:
Seit jenem Kuß, den ich ihr auf den Mund gedrückt habe,
Grub sich ihr Bild in mein Herz.

Stößt mich ihre Treulosigkeit auch ab,
So fesseln mich doch ihre Reize.
Mein Leben würde ich hingeben
Für einen Gruß von ihr – ach könnte ich ihn erlangen.

Traurige Liebhaber, die ihr zu gefallen sucht,
Die ihr unter ihrem Gesetz leben wollt,
Mißtraut den untreuen Geliebten:
Eines Tages werdet ihr so unglücklich sein wie ich.

Hołbik dwě běłej nóžcy ma
Das Täubchen hat zwei weiße Füße

Wendisch (sorbisch) aus der Lausitz

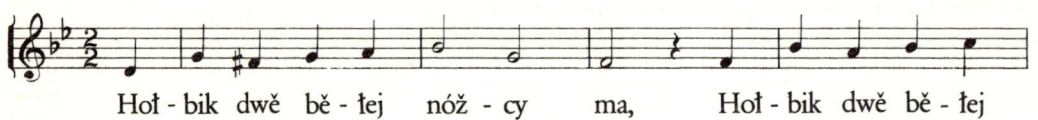

Hoł - bik dwě bě - łej nóž - cy ma, Hoł - bik dwě bě - łej

nóž - cy ma, hól - čik dwě rja - nej lub - cy ma.

Hołbik dwě běłej nóžcy ma

Hołbik dwě běłej nóžcy ma,
hólčik dwě rjanej lubcy ma.

Hdyž wón ztej jenej ryčeše,
Dha so ta druha hněwaše.

»So njehněwaj ty, holičo,
Wšak tebje j tež lubomam.«

»Wo taj-ku lu-bosć nje-ro-dźu
Hdyž te-bje sa-ma nje-kry-dnu.«

A wza-łoj staj so za ru-čku
A wie-dłoj staj so přez lu-čku.

Do poł staj lu-čki nje-při-šloj
A dwaj staj hro-daj na-de-šłoj.

»Ně-tkle mi po-wjez, ho-li-čo,
We ko-trym hro-dźe by-dlić chceš.«

»By-dlu, mój lu-by, w ko-trymž je,:
Sym-li je-no přec při te-bi!«

Das Täubchen hat zwei weiße Füße

Das Täubchen hat zwei weiße Füße,
Zwei schöne Mädchen hat der Bursche.

Sprach er mit der einen,
So grollte die andere.

So groll doch nicht,
Dich liebe ich ja auch.

Eine solche Liebe will ich nicht,
Habe ich dich nicht für mich allein.

Und sie nahmen sich an der Hand
Und schritten über die Wiese.

Sie kamen zur Mitte der Wiese,
Und da standen zwei Schlösser.

Sag mir, Mädchen,
In welchem Schloß du wohnen möchtest.

Mir ist das ganz gleich, Liebster,
Bin ich nur bei dir.

Scheint der Herr Mond

Deutsch aus dem Salzkammergut (Öberösterreich)

Scheint der Herr Mond so schön, sollt zu mein Dian - derl gehn,

sollt zu mein Dianderl gehn, weil's is so schön bei der Nacht. schön.

Scheint der Herr Mond

Scheint der Herr Mond so schön,
Sollt zu mein Dianderl gehn,
Sollt zu mein Dianderl gehn,
Weil's is so schön – (bei der Nacht).

Wiari zan Fensterl kam,
Fang i glei z'pfeifn an,
Draht si mein Schatz glei um,
Fragt: Wo gehst um – (bei der Nacht)?

Wo wiar-i umagehn?
Das sollst wohl selm verstehn,
Daß i zu dir hergeh,
Das woaßt ja eh – (bei der Nacht)!

Mir is heut gar nit guat,
Weil ma der Kopf wehtuat!
Kannst wieda weitagehn,
Mag nit aufstehn – (bei der Nacht)!

Wann da der Kopf wehtuat,
Is da in Herz a nit guat;
Bleib nar glei liegn bei der Nacht,
Hast an andern Buam drin – (bei der Nacht)!

Wer hat das Lied erdacht?
Georg Hans auf der Wacht.
Sein Dirndl zan Spott
Hat er das Liadl gemacht – (bei der Nacht)!

Weg mit verliebter Lust!

Polonaise

Sperontes (1705–1750)

Weg mit ver - lieb - ter Lust! Wann Do - ris, dei - ne Brust

Sich mit fremden Flammen nährt und brüst. Soll ich nicht ein - tzig

und al - lein Der Hahn in deinem Korbe seyn: O so ge - he!

Denn ich kre - he Nimmermehr auf solchem fau - len Mist.

Weg mit verliebter Lust!

Weg mit verliebter Lust!
Wann Doris, deine Brust
Sich mit fremden Flammen nährt und brüst.
Soll ich nicht eintzig und allein
Der Hahn in deinem Korbe seyn:
O, so gehe!
Denn ich krehe
Nimmermehr auf solchem faulen Mist.

Was Treu und Farben hält,
Das ist, was mir gefällt:
Nur getheilte Liebe mag ich nicht.
Sprichst du: es ist galant und fein.
Sag ich: es ist mir zu gemein.
Denn die Triebe
Meiner Liebe
Fordern schlechterdings gantz andre Pflicht.

Wiewohl, was quäl ich mich?
Wenn endlich du und ich
Eines so dem andern nicht gefällt.
Mein Schaden geht ja noch wohl an:
Liegt dir nun eben nicht viel dran?
Unbetrübet:
Denn es giebet
Unsers gleichen noch wohl in der Welt.

Üsküdara gideriken
Mein Sekretär

Türkisch

Üs - küda - ra gi - der - i - ken al - dı da bir yağmur,
Kâ - tip uy - ku - dan u - yanmış göz - le - rı mah - - - mur.

Kâ - ti - bi - min se - ti - re - si u - zun e - te - ği ça - mur;
Kâ - tip be - nim ben kâ - ti - bin el - ne ka - rı - sır?

Kâ - ti - bi - min se - ti - re - si u - zun e - te - ği ça - mur;
Kâ - ti - bi - me ko - la - lı da göm - lek ne gü - zel yakı - şır!

Üsküdara gideriken

Üsküdara gideriken aldı da bir yağmur,
Kâtip uykudan uyanmış gözleri mahmur.
Kâtibimin setiresi uzun eteği çamur;
Kâtip benim ben kâtibin elne karısır?
Kâtibime kolalı da gömlek ne güzel yakışır!

Üsküdara gideriken bir mendil buldum;
Kâtibimi ararıken yanımda buldum.
Mendilin içerisine lokum doldurdum.
Kâtip benim ben katibin elne karışır?
Kâtibime setre de pantol ne güzel yaraşır!

Mein Sekretär

Als er nach Üsküdar ging, überraschte ihn der Regen.
Mein Sekretär hat sich seinen langen Rock beschmutzt.
Mein Sekretär ist vom Schlaf erwacht, verquollen sind seine Augen.
Der Sekretär gehört mir! und ich ihm. Was mischt sich dieser Fremde ein?
Wie schön ihm doch das gestärkte Hemd steht, meinem Sekretär!

Als ich nach Üsküdar ging, fand ich ein Taschentuch.
Ich füllte es mit Süßigkeiten. Eigentlich suchte ich meinen Sekretär.
Auf einmal stand er neben mir.
Der Sekretär gehört mir! und ich ihm. Was mischt sich dieser Fremde ein?
Wie schön ihm doch Rock und Hose stehen, ihm, meinem Sekretär!

XVI. Adieu m'amour

Adios ene maitia
Ade denn, Liebste

Lento   Baskisch

A - di - os   e - ne maiti - a, A - di - o   se - ku - la - ko!

Nik ez tit   be - ste   phena - rik, mai - ti - a,   zou - re - ta - ko,

Ze - ren eiz - ten   zu - tu - dan hain li - bro   besten - ta - ko.

Adios ene maitia

Adios ene maitia,
Adio sekulako!
Nik ez tit beste phenarik, maitia, zouretako,
Zeren eizten zutudan hain libro bestentako.

Zertako erra iten duzu,
Adio sekulako!
Ouste duzia eztudala amorio zouretako?
Zuk nahi banaizu e nukezu bestentako.

Ade denn, Liebste

Ade denn, Liebste,
Ade für alle Zeiten!
Ich habe keinen anderen Schmerz, Geliebte, als um dich.
Es verzehrt mich, daß du nun frei bist für einen andern.

Wie mich das verbrennt,
Ade für alle Zeiten!
Meine Liebe wird immer bei dir sein, hab Vertrauen,
Und du wirst mir gehören und keinem andern.

Meins traurens ist

Paul Hofhaimer (1459–1537)

Meins trau - rens ist, ur - sach mir gbrist, das ich
denn dir al - lein, mein kla - rer schein, pein muß

niemandt darf kla - gen, Ich wolt glaub mir, schier
ich deinthalb tra - gen.

ehr den Tod er - kie - sen, denn dich al - so ver - lie - sen.

Meins traurens ist

Meins traurens ist,
Ursach mir gbrist,
Das ich niemandt darf klagen,
Denn dir allein,
Mein klarer schein,
Pein muß ich deinthalb tragen.
Ich wolt glaub mir,
Schier ehr den Tod erkiesen,
Denn dich also verliesen.

Dweyl nun kein rat
Hülff oder that
Soll ichs mit fug mag wenden,
So bhüt dich Gott
Klars mündlein rot
Dort und an allen enden.
Der wolle dir
Mir gthane trew vergleichen
Und nimmer von dir weichen.

Ich dir verschwer
Mein trew und er
Solchs bey mir lan verschwiegen,
Ob einer kem
Sich drauff vernem
Noch dennoch muss er liegen.
Rugk du zu mir
Hier her herzlieb in freuden
Vor meynem abescheyden.

Greensleeves

Englisch

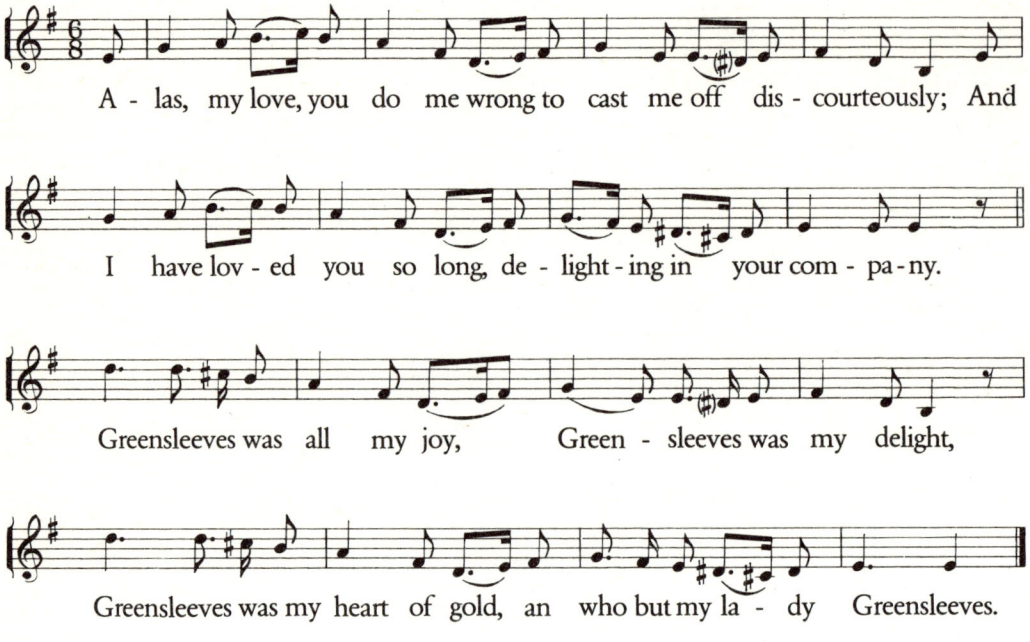

A - las, my love, you do me wrong to cast me off dis - courteously; And

I have lov - ed you so long, de - light - ing in your com - pa - ny.

Greensleeves was all my joy, Green - sleeves was my delight,

Greensleeves was my heart of gold, an who but my la - dy Greensleeves.

Greensleeves

Alas, my love, you do me wrong to cast me off discourteously
And I have loved you so long, delighting in your company.
>   Greensleeves was all my joy,
>   Greensleeves was my delight,
>   Greensleeves was my heart of gold,
>   An who but my Lady Greensleeves.

If you intend thus to disdain it does so more enrapture me,
And even so, I still remain, a lover in captivity.
>   Greensleeves etc.

Alas, my love, that you should own a heart of wanton vanity,
So I must I meditate alone upon your insincerity.
>   Greensleeves etc.

Ah, Greensleeves, now farewell, adieu, to God I pray to prosper thee,
For I am still thy lover true, come once again and love me.
>   Greensleeves etc.

Greensleeves

Ach, Geliebte, Ihr tut mir Unrecht, daß Ihr mich so grob von Euch stoßt,
Wo ich Euch doch so lange geliebt habe und glücklich war in Eurer Nähe.
    Greensleeves war all meine Freude,
    Greensleeves war meine Wonne.
    Greensleeves gehörte mein ganzes Herz,
    Niemand anderem als Lady Greensleeves.

Je tiefer Ihr mich jetzt verachtet, desto mehr bin ich von Euch gefangen
Und gerade deshalb umschlingen mich die Fesseln der Liebe.
    Greensleeves, etc.

Ach hättet Ihr doch, Geliebte, ein Herz aus hohler Eitelkeit,
So daß ich über Eure Falschheit nachsinnen könnte.
    Greensleeves, etc.

Ach, Greensleeves, so lebt denn wohl, adieu, ich bete zu Gott, daß er Euch gnädig ist,
Denn immer noch bin ich Euer treuer Liebhaber, kommt einst zurück und liebt mich.
    Greensleeves, etc.

Ach Sorg, du mußt zurücke stahn

J. Clemens non Papa (ca. 1510–1556)

Ach Sorg, du mußt zu - rü - cke stahn du bist zu

Ach Sorg, du mußt zu - rü - cke stahn du

Ach Sorg, du mußt zu - rü - cke stahn du bist zu früh ge-

früh ge - kom - - men; der Win - ter hat mir

bist zu früh ge - kom - men; der Win - ter hat mir

-kom - - men; der Win - ter hat mir

Leids ge - tan, das muß ich kla - - gen dem Som - mer.

Leids ge - tan, das muß ich kla - gen dem Som - mer.

Leids ge - tan, das muß ich kla - gen dem Som - mer.

Ach Sorg, du mußt zurücke stahn

Ach Sorg, du mußt zurücke stahn,
Du bist zu früh gekommen;
Der Winter hat mir Leids getan,
Das muß ich klagen dem Sommer.

Hat dir der Winter Leids getan,
Die gelben Blümlein aufspringen;
Und wer ein steten Buhlen hat,
Der mag wohl fröhlich singen.

Ja, wer ein steten Buhlen hat,
Der halt in lieb zu maßen;
Und wann es an ein Scheiden gaht,
Daß er kann von ihm lassen.

Ach allzuviel ist ungesund,
Hab ich oft hören sagen;
Der Brunn, der hat ein falschen Grund
Darein man's Wasser muß tragen.

Des Brunnen Grund den preis ich nit,
Er hat mich oft betrogen:
Was mir mein Feinslieb zugeseit
Ist ganz und gar erlogen.

Ach Süden-, Nord- und Westerwind
Die halten selten stille;
Und wann zwei Herzlieb scheiden solln,
Geschicht wider beider Willen.

Zwischen perg und tiefem tal

Aus dem „Augsburger Liederbuch" (1516)

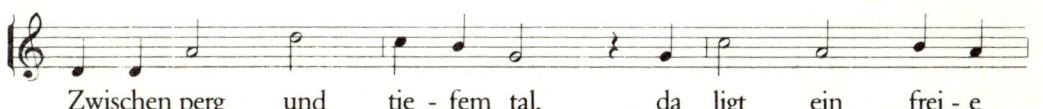

Zwischen perg und tie-fem tal, da ligt ein frei-e

stra - ßen; wer sei-nen bu - len nit

ha-ben mag, der muß in fa-ren la - - ßen.

Zwischen perg und tiefem tal

Zwischen perg und tiefem tal,
Da ligt ein freie straßen;
Wer seinen bulen nit haben mag,
Der muß in faren laßen.

Augspurg ist ain kaiserliche statt,
Darinn da leit mein lieb gefangen
In ainem turn den ich wol waiß,
Darnach stat mein verlangen.

Ich laint mein laiterlin an die maur,
Ich hort mein lieb darinnen,
Da erfrewt sich alles des darinnen was,
Ich hort ain vogel singen.

„So sing, so sing fraw Nachtigal!
Die ander waldvogelein schweigen,
So wil ich dir dein gefidere
Mit rotem gold beschneiden."

„Mein gefider beschneidst mir freilich nit,
Ich will dir nümme singen,
Ich bin ain klains waldvogelein,
Ich trawe dir wol zentrinnen."

„Bist du ain klains waldvogelein,
So schwing dich von der erden!
Daß dich des kiele maientaw nit nötz,
Der kalte reif dich nit erfrere."

„Und nötzet mich des kiele maientaw,
So tricknet mich fraw Sunne,
Und wa zwai herzenlieb bei ainander seind,
Die zwai sollent sich baß besinnen.

Und wölcher knab in großen sorgen leit
Und er ain schwäre burdin auf im trait,
Der soll sich frewen gen der liechten sumerzeit,
Daß im sein burdin geringeret werd.

So han ichs von den weisen hören sagen:
Großen unmut soll man auß dem herzen schlagen,
Man soll in under die tiefen erden graben,
Ain frischen freien mut des soll ain krieger haben.

Zwischen perg und tiefem tal
Da ligt ein freie straßn,
Wer seinen bulen nit haben mag,
Der muß in faren laßen."

Muri semo de cini gadži
Meine liebe kleine Frau

Sprache der Zeltzigeuner aus Ungarn

parlando

Kodi penel o tsino rom ke čo - rav de so dža - navde.

Či čor - dem ke si a - menge de Mu - ri semo de ci - ni gadži.

Muri semo de cini gadži

Kodi penel o tsino rom
Ke čorav de so džanav de.
Či čordem ke si amenge
De Muri semo de cini gadži.

Mărel o Del mărel babám
Kas Kamel de de te mărel
Vi man mardu de čavoronca
Muri semo de cini gadži.

Džavtar aba, džavtar aba
Lungone de de dromenca
Lungone de de dromenca
Muri semo de cini gadži.

Ungarische Version

Azt mondja a kis cigányka:
Azt lopok én amit tudok.
De nem lopok, van mindenem,
Kicsike csepp feleségem.

Verje Isten, verje babám,
Akit meg akar ö verni.
Vert engem is gyerekekkel,
Kicsike csepp feleségem.

Elmegyek már, elmegyek már,
Hosszu utra el kellmennem.
Hosszu utra el kellmennem,
Kicsike csepp feleségem.

Meine liebe kleine Frau

Es sagt der kleine Zigeuner:
Ich stehle, was ich kann,
– Doch besser nicht, hab ich doch alles,
Meine liebe kleine Frau.

Bestrafe Gott, meine Liebe,
Wenn er bestrafen will,
Mich hat er geschlagen mit Kindern,
Meine liebe kleine Frau.

Jetzt gehe ich fort, gehe fort
Auf den langen weiten Weg,
Auf den langen weiten Weg –
Meine liebe kleine Frau.

243

Los que amor y fe se tienen
Die sich Lieb und Treue halten

Spanisch, 15. Jahrhundert

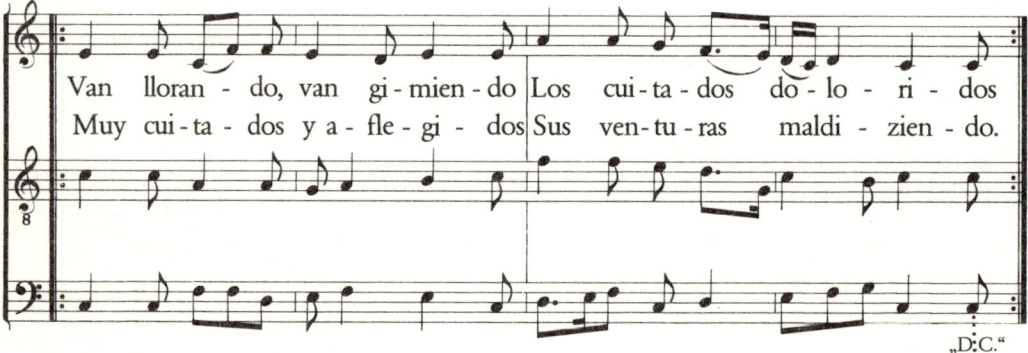

Los que amor y fe se tie-nen, quando se quieren partir
Ca - da u - no ya sin - tiendo Los do-lo-res del partir,

Los que a - mor

Los que a - mor

Am - bos pi - den el mo - rir. Am - bos pi - den mo - rir.

„Fine"

Van lloran - do, van gi - mien - do Los cui-ta-dos do - lo - ri - dos
Muy cui - ta - dos y a - fle - gi - dos Sus ven-tu - ras maldi - zien - do.

„D:C."

Los que amor y fe se tienen

Los que amor y fe se tienen,
Quando se quieren partir
Ambos piden el morir.
Van llorando,
Van gimiendo

Los cuitados doloridos
Muy cuitados
Y aflegidos
Sus venturas maldiziendo.
Cada uno ya sintiendo
Los dolores del partir,
Ambos piden el morir.

Es geht ein dunckle wolcken rein

Aus Johann Werlins Liederhandschrift (1646)

Es geht ein dunck - le wol - cken rein, mich deuchts es werd ein

re - gen sein, ein re - gen auß den wol - cken, wol in das grü - ne graß.

Es geht ein dunckle wolcken rein

Es geht ein dunckle wolcken rein,
Mich deuchts, es werd ein regen sein,
Ein regen auß den wolcken,
Wol in das grüne graß.

Und kommst du, liebe Sonn, nit bald,
So weset alls im grünen Wald,
Und all die müden Blumen,
Die haben müden Tod.

Es geht ein dunkle Wolk herein,
Es soll und muß geschieden sein.
Ade, Feinslieb, dein Scheiden
Macht mir das Herze schwer.

Die sich Lieb und Treue halten

Die sich Lieb und Treue halten,
Wenn sie voneinander scheiden
Wollen sie den Tod erleiden
Und sie klagen,
Schier verzagen,
Herzbang, aller Wonnen bloß;
Freudelos –
Trauerschoß.
Und sie fluchen ihren Tagen
Soll die Erd sie länger tragen:
Wenn sie voneinander scheiden
Wollen sie den Tod erleiden.

Adieu m'amour
Lebt wohl, meine Liebste

Guillaume Dufay (1400–1474), französisch

A - dieu m'a - mour, a - dieu ma ioy - e, A-

A - dieu m'a - mour, a - dieu ma ioy - e,

- dieu le so - las que i'a - voy - e,

A - dieu le so - las que i'a - voy - e,

A - dieu ma le - a - le maistres - se.

A - dieu ma le - a - le maistres - se.

Le di-re a-dieu Tant fort me bles - - se Qu'il

Le di-re a-dieu Tant fort me bles - - se

me sam-ble Que mo-rir doy - - - -

Qu'il me sam-ble Que mo-rir doy - - - -

- - - - - e.

- - - - - e.

Adieu m'amour

Adieu m'amour,
Adieu ma ioye,
Adieu le solas
Que i'a voye,
Adieu ma leale maistresse.
Le dire adieu
Tant fort me blesse
Qu'il me samble
Que morir doye.

Lebt wohl, meine Liebste

Lebt wohl, meine Liebste,
Lebt wohl, meine Freude,
Lebt wohl, mein Trost,
Den ich gesehen habe.
Lebt wohl, meine getreue Herrin.
Lebwohl zu sagen
Verwundet mich so sehr,
Daß mir scheint,
Ich müsse sterben.

Ay vuruyor
Der Mond geht auf

Türkisch

Ay vu - ru - yor 'da du - ru - yor Ay vu - ru - yor 'da

du - ru - yor Çık - tı da - ğa du - ru - yor, Ca - nım Ca - nım

Oy çık - tı da - ğa du - ru - yor ci - cim Ca - nım.

Ay vuruyor

Ay vuruyor 'da duruyor
Ay vuruyor 'da duruyor
Çıktı dağa duruyor, Canım Canım
    Oy çıktı dağa duruyor cicim Canım.

Sar bana kollarını
Canım çıktı gidiyor cicim Canım
    Oy canim çıktı etc.

Ay vuruyor aylanamam
Sabah uyanamam Canım Canım
    Oy sabah etc.

Yarım orada ben burada
Ben burda dayanamam Canım Canım
    Oy ben burda etc.

Iki gece bir olsa
Yar koynuma girende Canım Canım
    Oy yar koynuma etc.

Sevdalıyım duramam
Başımı kaldıramam Canım Canım
    Oy başımı etc.

Bu sevdalı başımla
Nerede gitsem duramam Canım Canım
    Oy nerede etc.

Der Mond geht auf

Der Mond geht auf
(die Liebenden begleitet er auf den Berg)
„Jetzt steht er hoch über dem Berg,
Liebste, Liebste."

„Umarme mich,
Meine Liebe zu dir ist so groß,
Ich möchte morgen nicht mehr erwachen."

„Ich kann mich von dir nicht trennen,
(sie muß ihn verlassen)
Wenn du so weit fort gehst,
Richtest du mich zugrunde.

Jetzt tritt der Mond hinter die Wolken,
Schwermut um mich –
Wohin soll ich mein schweres Herz tragen,
Es kann nirgendwo weiterleben,
Nirgendwo?

Er ist der morgensterne

Deutsch, 16. Jahrhundert

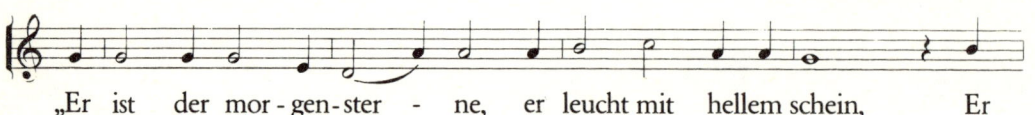

"Er ist der mor-gen-ster - ne, er leucht mit hellem schein, Er

weckt uns mit gesan - ge vom al - lerlieb - sten mein vom al - lerliebsten mein."

Er ist der morgensterne

„Er ist der morgensterne,
Er leucht mit hellem schein,
Er weckt uns mit gesange
Vom allerliebsten mein."

„Wer ist der, der da singet?
Er mag sein singen wol lan;
Ob im etwas widerfüre,
Er müst ims warlich han."

„Ob mir etwas widerfüre,
Feins lieb, was hilft dich das?
Hab ich durch deinen willen
Gesungen ein lange nacht."

„Hast du durch meinen willen
Gesungen ein lange nacht,
Ich wil dirs wol verlonen,
Du edler jüngling zart!"

„Alde, ich sol mich scheiden
Von der allerliebsten mein.
Mein rößlein wil nimmer leiden,
Wo sol ich mein roß hin tun?"

„So bind dus auch wol ane
Wol an den grünen zweig,
So leg dich in mein betlein."
Der knab was seuberleich.

„Ich kan und mag nicht schlafen,
Ich kan nit frölich gesein:
Bin ichs verwundet sere
Wol durch den willen dein."

„Bist du verwundet sere
Wol duch den willen mein,
Ich wil dirs lassen heilen,
Du edler jüngling mein!"

„Alde! ich sol mich scheiden
Von der allerliebsten mein,
Mein rößlein wil nimmer bleiben:
Alde! ich reit von dir."

Ich far dohin

Aus dem „Lochhamer Liederbuch" (um 1450)

Ich far do-hin, wann es muß sein, ich scheid mich von der lieb-sten mein. zu letz laß ich ir das her-ze mein, die-weil ich leb, so soll es sein. ich far, ich far do-hin.

Ich far dohin

Ich far dohin, wann es muß sein,
Ich scheid mich von der liebsten mein.
Zu letz laß ich ir das herze mein,
Dieweil ich leb, so soll es sein.
Ich far, ich far dohin.

Des sag ich niemand me,
Meinem herzen geschach noch nie so we.
O lieb, sie liebt mir je lenger je me,
Durch meiden muß ich leiden pein.
Ich far, ich far dohin.

Das ich von scheiden nie hört sagen,
Davon so muß ich mich beklagen,
So muß ich leid in meinem herzen tragen,
So mag es anders nit gesein.
Ich far, ich far dohin.

Ich pitt dich, du allerliebste frau mein,
Wann ich dich mein und anders kein,
Wann ich dir gib mein lieb allein:
Gedenk daran, das ich dein eigen pin.
Ich far, ich far dohin.

Halt dein treu als stet als ich!
Wie du wilt, so findestu mich,
Halt dich in hut, des pitt ich dich.
Gesegnet dich got! ich far dohin,
Ich far, ich far dohin.

Zorčica oće
Morgengrauen

Kroatisch aus Istrien

Molto lento

Zor-či-ca o - će, zor-či-ca o - će mi, dra-go, skoro da sva - ne.

Zorčica oće

Zorčica oće, zorčica oće mi,
Drago, skoro da svane.

Dragi mi konja, drago mi konjića kuje,
Oće da sprojde.

Sprojdi mi, dragi, sprojdi mi, dragiću,
Sprojdi i nazad dojdi.

Svoju ćeš majku, svoju ćeš majčicu
Naći va črnoj zemljice.

Svoju ćeš ljubu, svoju ćeš ljupčicu,
Naći va črno zavitu.

Morgengrauen

Morgengrauen, Morgengrauen,
Mein Liebster, bald wird es tagen.

Mein Liebster beschlägt sein Pferd,
Sein Pferdchen beschlägt er, er will fortziehen.

Geh, mein Lieber,
Geh, mein Liebster und kehr wieder.

Deine Mutter, dein Mütterchen,
Wirst du in schwarzer Erde finden.

Dein Lieb, deine Geliebte,
Wirst du in Schwarz gehüllt wiedersehen.

So wünsch ich ir ein gute nacht

Aus Georg Forsters Liedersammlung (1556)

So wünsch ich ir ein gute nacht

So wünsch ich ir ein gute nacht,
Bei der ich war alleine,
Ein traurig wort sie zu mir sprach:
Wir zwei müßen scheiden.
Ich scheid mit leid, gott weiß die zeit,
Widerkommen das bringt freude.

Und nechten da ich bei ir war
Ir angsicht stund vol röte,
Sie sach den knaben freuntlich an,
Sprach: „daß dich gott beleite,
Mein schimpf, mein scherz! scheiden bringt schmerz,
Das bin ich worden innen."

Das megdlein an dem laden stund,
Hub kleglich an zu weinen:
„Gedenk daran, du junger knab,
Laß mich nicht lang alleine!
Ker wider bald, mein aufenthalt,
Lös mich von schweren treumen!"

Der knab wol über die heide reit,
Er warf sein rößlein herumbe:
„Nun gsegen dich gott, mein schönes lieb,
Wend deine red nicht umbe!
Beschert gott glück, get nimmer zurück,
Du bist meins herzen ein krone."

Het windeke
Der Windhauch

Niederländisch

Het win - de - ke dat uit Oos - ten waait, Lief, het
waait niet tot al - le tij - den: Al die een zoe - te lief - ke
heeft, Die moet er dan gaan lij - den! Lie - ve
mondekijn zo rood, Hoe droef is 't hem in dat schei - den.

Het windeke

Het windeke dat uit Oosten waait,
Lief, het waait niet tot alle tijden:
Al die een zoete liefke heeft,
Die moet er dan gaan lijden!
Lieve mondekijn zo rood,
Hoe droef is 't hem in dat scheiden.

Ach lieveke mijn, 't zal nog worden goed,
Lief, en wilt toch daarom niet treuren:
Al zijn wij nu duizend mijl vaneen:
Dat God voegt, zal gebeuren!
Lieve mondekijn zo rood,
Laat ons daarom niet treuren.

Der Windhauch

Der Windhauch, der aus Osten weht,
Mein Lieb, weht nicht zu allen Zeiten.
Und wer so tief in Liebe lebt,
Der muß auch um sie leiden.
Lieber Mund so rot,
Wie trüb ist ihm das Scheiden.

Es soll noch alles werden gut,
Lieb, du sollst darum nicht trauern:
Wohl sind wir tausend Meilen getrennt:
Was Gott fügt, das soll dauern.
Lieber Mund so rot,
Laß uns darum nicht trauern.

In feuers hitz

Aus dem „Glogauer Liederbuch" (1480)

In feu-ers hitz so glüt mein herz, mein sin und mein ge-
nach dir, mein lieb, mit gro-ßem smerz in rech-ter treu an

-dan-ken
ich scheid von dir, wan es muß sein, ver-
wan--ken.

-sleuß mich, lieb, in dei--nen schrein! das her-ze mein sent

sich so hart, ich freu mich nur der wi-der-fart.

In feuers hitz

„In feuers hitz so glüt mein herz,
Mein sin und mein gedanken
Nach dir, mein lieb, mit großem smerz
In rechter treu an wanken.
Ich scheid von dir, wan es muß sein,
Versleuß mich, lieb, in deinen schrein!
Das herze mein
Sent sich so hart,
Ich freu mich nur der widerfart."

„O allerliebster herre mein,
Muß ich mich von dir scheiden,
Das pringt meim herzen swere pein,
Daß ich mich nit sol kleiden
Mit deiner lieb zu aller zeit.
Ich fürcht, die reis werd gar zu weit,
Die sich mir geit
In harter art,
Doch freu ich mich der widerfart."

„Gehab dich wol, mein höchstes heil,
Ich wil dich einig haben,
Umb keiner schön pistu mir feil,
Du pist, die mich muß laben
Mit deinem müntlein unverkert,
Als du mich, herzlieb, hast gelert
Noch heur als fert,
Liebes lieb zart,
Ich freu mich nur der widerfart."

Insbruck! ich muß dich laßen

Heinrich Isaak (1450–1517)

Ins - bruck! ich muß dich la - ßen, ich far da -

-hin mein stra - ßen, in fremde land da - hin; mein freud ist

mir ge - nom - men, die ich nit weiß be - kom - men

wo ich im el - - - lend bin. | bin.

Insbruck! ich muß dich laßen

Insbruck! ich muß dich laßen,
Ich far dahin mein straßen,
In fremde land dahin;
Mein freud ist mir genommen,
Die ich nit weiß bekommen
Wo ich im ellend bin.

Groß leid muß ich iez tragen,
Das ich allein tu klagen
Dem liebsten bulen mein;
Ach lieb, nun laß mich armen
Im herzen dein erbarmen,
Daß ich muß dannen sein!

Mein trost ob allen weiben!
Dein tu ich ewig bleiben,
Stät, trew, der eren frumm;
Nun müß dich gott bewaren,
In aller tugend sparen,
Biß daß ich wider kumm!

The Little Turtle Dove
Die kleine Turteltaube

Englisch aus Somerset

Moderato

O can't you see the litt-le turt-le dove sitting un-der the mul-ber-ry tree? See how that she doth mourn for her true love, and I shall mourn for thee, my dear, and I shall mourn for thee.

The Little Turtle Dove

O can't you see the little turtle dove
Sitting under the mulberry tree?
See how that she doth mourn for her true love,
And I shall mourn for thee, my dear,
And I shall mourn for thee.

O fare thee well, my little turtle dove,
And fare thee well for a while.
But though I go I'll come again,
If I go ten thousand mile, my dear,
If I go ten thousand mile.

The crow that's black, my little turtle dove,
Shall change its colour white;
Before I'm false to the maiden that I love,
The noon-day shall be night, my dear,
The noon-day shall be night.

Die kleine Turteltaube

Siehst du nicht die kleine Turteltaube,
Wie sie sitzt unter dem Maulbeerbaum?
Sieh, wie sie um ihren Liebsten trauert.
So werde auch ich trauern um dich, mein Lieb,
So werde auch ich trauern um dich.

Leb wohl, Turteltäubchen,
Leb wohl für eine kurze Zeit.
Bin ich auch fort, so komm' ich doch wieder,
Und wenn ich zehntausend Meilen zu laufen hätte, mein Lieb,
Und wenn ich zehntausend Meilen zu laufen hätte.

Die schwarze Krähe, mein Turteltäubchen,
Soll sich weiß färben,
Ehe ich dem Mädchen treulos bin, das ich liebe,
Soll sich der helle Mittag in Nacht verwandeln, mein Lieb,
Soll sich der helle Mittag in Nacht verwandeln.

Jamer ist mir entsprungen

Deutsch, 14. Jahrhundert

Ja - mer ist mir entsprun - gen, ach! mein lait ist ve - ste.

o we! klag hat be - twun - gen mein sen - des herz auf dir - re lin - den

e - - ste. ho - her mut, trost, vreude mus sich de - cken, suf - zen,

trauren, wai - nen wil ich han um di - sen werden re - - cken.

Jamer ist mir entsprungen

Jamer ist mir entsprungen, ach! mein lait ist veste.
O we! klag hat betwungen mein sendes herz auf dirre linden este.
Hoher mut, trost, vreude mus sich decken,
Sufzen, trauren, wainen wil ich han um disen werden recken.

Ale Vasserlech Flisn Avek
All die Wasser fließen dahin

Jiddisch

A - le vas - ser - lech fli - sn a - vek, Di gri - be - lech blay - bn ley - dig. Nito a - za mentsh oyf gor der velt Vos zol far - shteyn mayn vey - tig.

Ale Vasserlech Flisn Avek

Ale vasserlech flisn avek,
Di gribelech blaybn leydig.
Nito aza mentsh oyf gor der velt
Vos zol farshteyn mayn veytig.

Di yorelech tsi-en, di yorelech fli-en,
Di tsayt geyt avek vi roych.
Un az ich dermon zich on dir, mayn zis-lebn,
Geyt mir oys der koyech.

Un az a meydele shpilt a libe,
Shpiln in ir ale farbn.
Un az zi shpilt ir libe nit oys,
Kon zi cholile noch shtarbn.

Un az di tepelech trikenen oys,
Blaybn zey ale leydig.
Un az a meydele firt ir libe nit oys,
Vert zi farfaln oyf eybig.

All die Wasser fließen dahin

All die Wasser fließen dahin,
Die Gräben sind ausgetrocknet,
Und es ist kein Mensch auf dieser Welt,
Der meine Klage versteht.

Die Jahre ziehn, die Jahre fliehn,
Die Zeit geht dahin wie Rauch,
Und wenn ich an die Tage mit dir zurückdenke, mein Leben,
So werde ich ganz schwach.

Und wenn ein Mädchen verliebt ist,
Spielen in ihm alle Farben,
Und wenn seine Liebe nicht erfüllt wird,
Wird es krank und kann sogar sterben.

Und wenn die Krüge ausgetrocknet sind,
Bleiben sie für immer leer,
Und wenn das Mädchen nicht wiedergeliebt wird,
So wird es auf ewig untergehn.

A Santanyí vaig partir
Ich machte mich auf nach Santanyí

Katalanisch

Moderato

A San-ta-nyí vaig par-tir amb u-na fos-ca re-sol-ta. Pel ca-

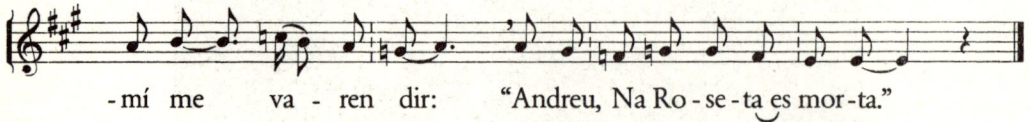

-mí me va-ren dir: "Andreu, Na Ro-se-ta es mor-ta."

A Santanyí vaig partir

A Santanyí vaig partir
Amb una fosca resolta.
Pel camí me varen dir:
«Andreu, Na Roseta es morta.»

Jo, per sebrer-ho més cert,
Vaig passar per ca sa tia:
«Tia, que fa Na Roseta?»
«Diuen que se vol morir.»

Com s'havia d'alegrar,
Que la mort s'hi acostava!
Quan la treien de ca seva
Sa mare se n'hi va anar
Amb un mocador a la mà:
«Adiós, filleta meva!»

Aquests cabellets tan rossos
No los gosava mirar.
Haver-ho de remolcar
Pels animals verinosos!

Ich machte mich auf nach Santanyí

Ich machte mich auf nach Santanyí
Mit einem finsteren Entschluß.
Auf dem Weg sagten sie mir:
„Andreu, Roseta ist gestorben."

Ich ging, um mich zu vergewissern,
Am Haus ihrer Tante vorbei:
„Tante, was macht meine Roseta?"
„Man sagt, daß sie sterben wird."

Wie sollte sie auch fröhlich sein,
So nah vor ihrem Tode!
Als sie sie aus dem Haus trugen,
Trat ihre Mutter zu ihr,
Das Tränentuch in der Hand:
„Mein Töchterchen, leb wohl!"

Diese schönen blonden Haare,
Ich wagt' es nicht, sie anzuschauen.
Ach, daß diese verfluchten Tiere
Sie wegbringen mußten!

Ieu sui muntele plîngîndu
Ich gehe weinend den Berg hinauf

Rumänisch

Lento rubato

Ieu sui munte - le plîn - gîn - du ei

Şi de je - lea mea cei sa - că, m Toa-te tu-fi-

-le s-a - plea-că ei Toa-te tu-fi - le s-a-plea-că

Ieu sui muntele plîngîndu

Ieu sui muntele plîngîndu
Ei-Şi de jelea mea cei sacă,
M-Toate tufile s-apleacă
Ei-Toate tufile s-apleacă
Cu crengile la pămînt
Şi mă-ntreabă de ce plîng.
Dar cum focu meu n-oi plînge,
C-am pierdut un mare bine,
Pe badea de lîngă mine.

Ich gehe weinend den Berg hinauf

Ich gehe weinend den Berg hinauf
Ei – Und vor meinem heftigen Herzeleid
M – Verneigen sich Busch und Strauch.
Ei – Alle Bäume verneigen sich
Mit den Zweigen bis zur Erde.
Und fragen mich, warum ich weine.
Aber wie sollte ich nicht heiße Tränen vergießen,
Habe ich doch ein großes Gut verloren,
Den Liebsten von meiner Seite.

Las tres hojas
Die drei Blätter

Spanisch aus Andalusien

De-ba-jo de la ho-ja De la ver-be-na,

de-ba, De-ba-jo de-ba-jo de la ho-ja,

de-ba-jo de la ho-ja de la ver-be-na, Tengo a mi a-

Ende

-mante ma-lo: Je-sús, qué pe-na!

In jeder Strophe Wiederholung
vom Zeichen bis „Ende".

Las tres hojas	Die drei Blätter
Debajo de la hoja De la verbena Tengo a mi amante malo: Jesús, qué pena!	Unter dem Blatte Des Eisenkrauts Liegt mein kranker Geliebter. O, welch ein Jammer!
Debajo de la hoja De la lechuga Tengo a mi amante malo Con calentura.	Unter dem Blatte Des Lattichs Liegt mein kranker Geliebter Im heißen Fieber.
Debajo de la hoja Del perejil Tengo a mi amante malo Y no puedo ir.	Unter dem Blatte Der Petersilie Liegt mein kranker Geliebter, Und ich kann nicht zu ihm.

Kultani on kaukana
Weit ist mein Geliebter

Lento

Finnisch

Kul - ta - ni on kau - ka - na, en tie - dä vaikk'o - lis kuol - lut.

Ei - käne pie - net lin - tu - set - kaan sa - no - mi - a tuo - nut.

Kultani on kaukana

Kultani on kaukana,
En tiedä vaikk'olis kuollut.
Eikäne pienet lintusetkaan sanomia tuonut.

Weit ist mein Geliebter

Weit ist mein Geliebter, weit,
Weiß nicht, ob noch am Leben.
Selbst das kleine Vögelein kann mir nicht Kunde geben.

Pugil Fechter.

Ich hab die Nacht geträumet

Aus: „Eyn feyner, kleyner Almanach" (1777/78)

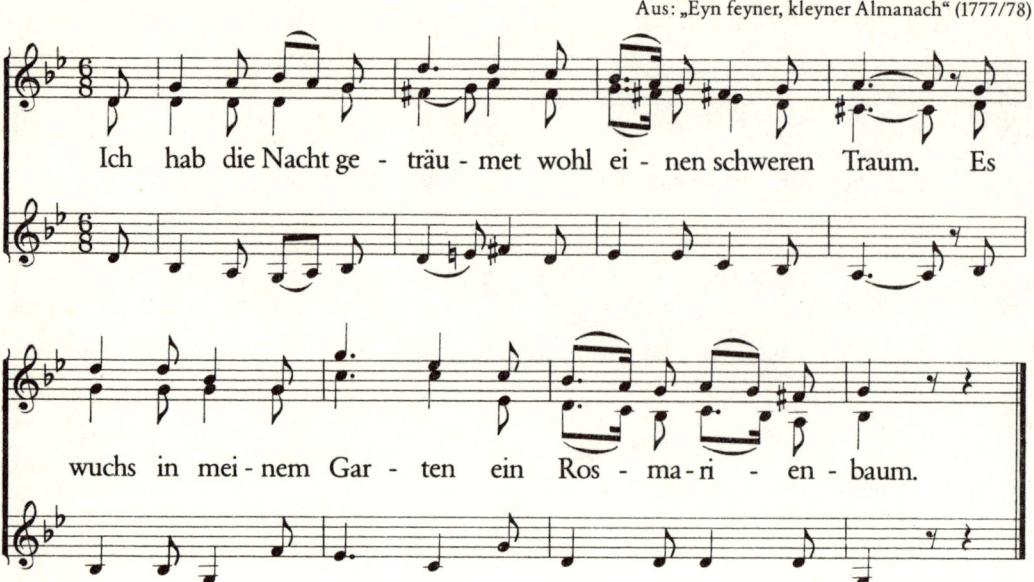

Ich hab die Nacht geträumet

Ich hab die Nacht geträumet wohl einen schweren Traum.
Es wuchs in meinem Garten ein Rosmarienbaum.

Ein Kirchhof war der Garten, ein Blumenbeet das Grab,
Und von dem grünen Baume fiel Kron und Blüte ab.

Die Blätter tät ich sammeln in einen goldnen Krug,
Der fiel mir aus den Händen, daß er in Stücken schlug.

Draus sah ich Perlen rinnen und Tröpflein rosenrot:
Was mag der Traum bedeuten? Ach, Liebster, bist du tot?

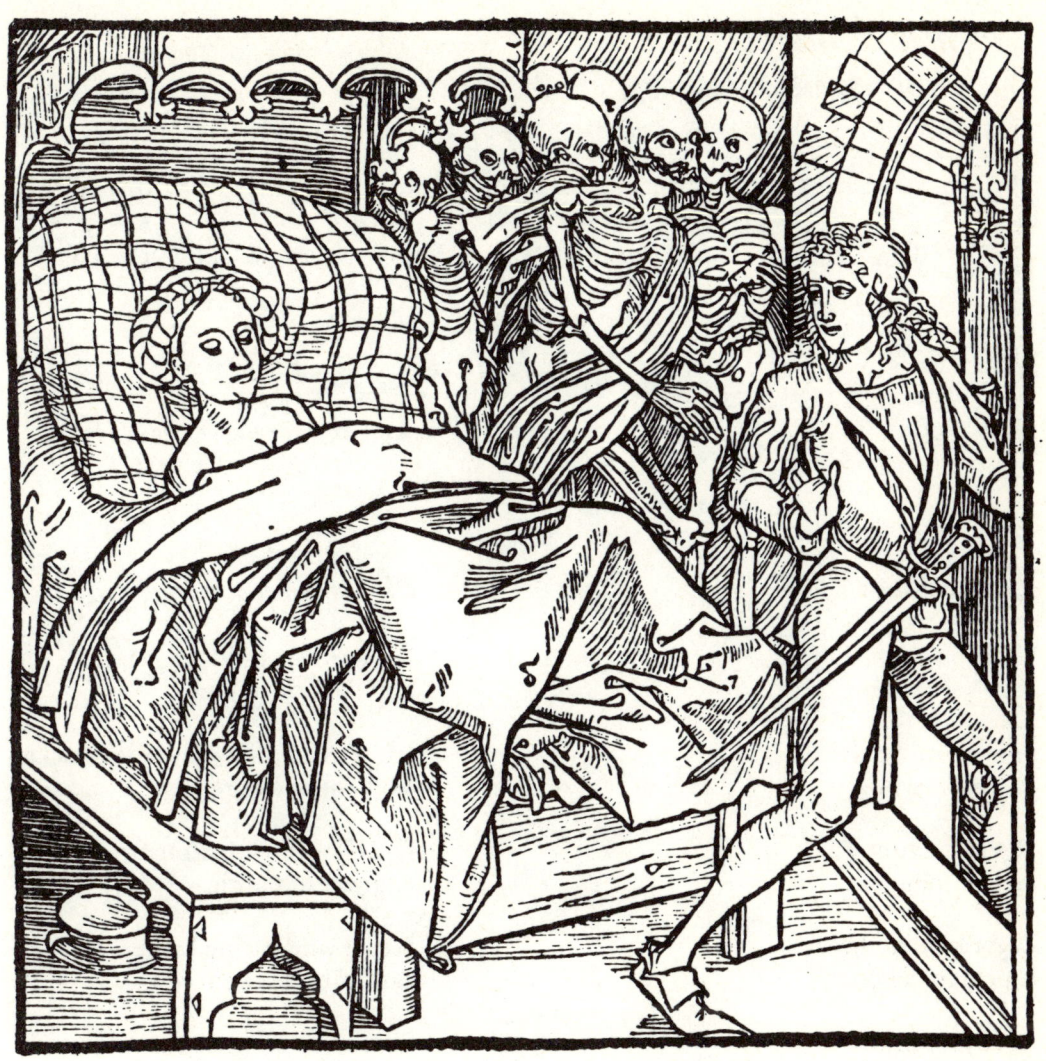

Zagorski zvonovi
Die Glocken von Zagorje

Slowenisch

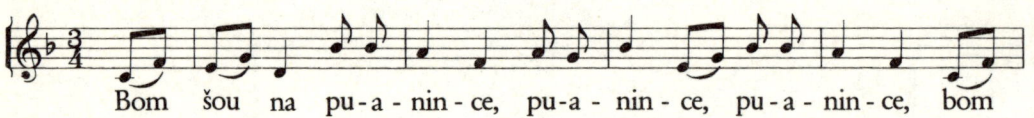

Bom šou na pu-a-nin-ce, pu-a-nin-ce, pu-a-nin-ce, bom

šou na pu-a-nin-ce, na v'so-če go – re.

Zagorski zvonovi	Die Glocken von Zagorje
Bom šou na puanince, Na v'soče gore.	Ich werde auf die Berge gehen, Auf die hohen Berge.
Bom slišou od daleč, Zagorske zvone.	Ich werde von weitem die Glocken Von Zagorje hören.
Zagorsk' zvonov', Premiv' pojo.	Die Glocken von Zargorje Klingen so traurig.
Zagvišn' mojo ljubo, K pogreb' nesó.	Sicher wird meine Liebe Zu Grabe getragen.
Pa če jo nesejo, Le naj jo nesó.	Und wenn sie getragen wird, Soll sie getragen werden.
S'j doug' k'nabode Sam pojd'm za no.	Es wird ja nicht lange dauern, Dann folge ich ihr.

Zasela sem bazaličku
Ich säte Basilikum

Mesto

Mährisch

Za - se - la sem ba - zaličku, za - se - la, dyž sa na - ša věr - ná láska

za - ča - la; a e - šče tá ba - za - li - čka

ne - vze - šla, už sa na - ša věr - ná láska ro - ze - šla.

Zasela sem bazaličku

Zasela sem bazaličku, zasela,
Dyž sa naša věrná láska začala;
A ešče tá bazalička nevzešla,
Už sa naša věrná láska rozešla.

Škoda, šohaj, škoda mojej slobody,
Že zapadá do Dunaja, do vody.
Co sa stalo tejto noci nového?
Zabili ně, ach můj Bože, milého.

Ich säte Basilikum

Ich säte Basilikum, das säte ich,
Als unsere Liebe begann.
Und das Basilikum war noch nicht aufgegangen,
Da verdarb unsere Liebe schon.

Ach, mein Lieber, schade um meine Freiheit,
Sie sinkt in die Donau, sinkt tief ins Wasser.
Was geschah in dieser Nacht?
O, mein Gott, sie haben meinen Liebsten umgebracht.

Twee Königskinner

Deutsch aus Ostfriesland

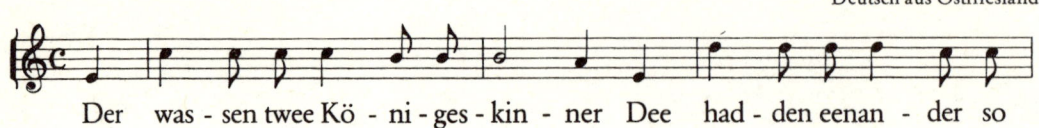

Der was-sen twee Kö-ni-ges-kin-ner Dee had-den eenan-der so

leev; Bi'n an-der kunnen se nich ko-men: Dat

Wa-ter was völs to breed. Dat Wa-ter was völs to breed.

Twee Königskinner

Der wassen twee Königeskinner
Dee hadden eenander so leev;
Bi'n ander kunnen sie nich komen:
Dat Water was völs to breed.

‚Du kanst ja good swemmen, min Leve,
So swemme herover to mi:
Van Nacht sal een Fackel hier brannen
De See to belüchten vör di.'

Derwas ook een falske Nunne
Dee sleek sück ganz sacht na de Stee
Un dampte dat Lucht hüm tomaal nut;
De Königssohn bleev in de See.

De Dochter sprak to de Moder:
‚Min Harte, dat deit mi so vee,
Laat mi in de Lucht gaan to wandeln
An de Kante van de See.'

„Do dat, min leeveste Dochter,
Doch dürst du alleen nich gaan;
Weck up din jungste Broder
Un dee laat mit di gaan!"

‚Och nee! min jungste Broder
Dee is so vild, dat Kind
De schütt na alle de Vögels,
Dee an de Seekante sünt;

Un schütt he dann alle de macken,
De wilden let he gaan;
Dann segt gliek alle Lüde:
Dat het dat Königskind daan!'

„Doch Dochter, leeveste Dochter,
Alleen dürst du nich gaan;
Weck up dien jungste Süster
Un dee laat mit di gaan!"

‚Och nee! min jungste Süster
Is noch een spölend Kind,
Dee löpt na alle de Blöömtjes
Dee an de Seekante sünt,

Un plükt se dame alle de roden,
De witten let see staan,
Dann segt gliek alle Lüde:
Dat het dat Königskind daan!'

De Moder gunk na de Karke,
De Dochter gunk an de See;
Se gunk so alleen und so trürig,
Dat Harte dat dee hör so wee.

,O Fisker, min gode Fisker
Du sügst ik bin bün so krank;
Du kanst un most mi helpen;
Sett nu dien Netten to Fank!

Hier hebb' ik min Leevste verloren
Wat ik up Erden had,
Doch riek wil ik di maken
Kanst du upfisken den Schat."

„Vör ju wil ik dage lank fisken,
Verdeent ik ook niks als Godslohn."
Un smeet sien Nette in't Water;
Wat funk he? – den Königssohn!

,Daar Fisker, leeveste Fisker,
Daar nimm dien verdeente Lohn:
Hier hest du min goldene Ketten
Un mine demantene Kroon.'

Se nam hör Leevst in hör Armen
Und küßde sin bleeken Mund:
,O traue Mund, kunst du spreeken,
Dan worde min Hart weer gesund!'

Se drükde hüm fast an hör Harte,
Dat Harte dat dee hör so wee,
Un langer kun se nich leeven
Un sprunk mit hüm in de See.

M'at' an' detit
Hinter dem Meer

Albanisch

Lento

M'at'an' de - tit m'at' - an' bre - gut kish fi -

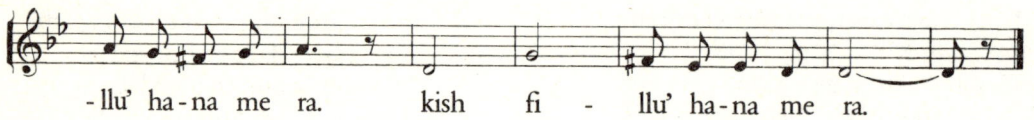

- llu' ha - na me ra. kish fi - llu' ha - na me ra.

M'at' an' detit	*Hinter dem Meer*

<table>
<tr><td>

M'at' an' detit m'at' an' bregut
Kish fillu' hana me ra.

Ish nji djal por-si bir mbre-tit
Me nji vajz' rri-shin tuj kja.

Vaj-zai thot: «Na kan' dik-tu-e
Ne na du-het për m'u nda.»

Dja-li thot: «moj ze-mra i-me,
Ti mar-to-hesh, un' be-qar.

N'at sa-hat qi t'bâ-hesh nu-se
Dil n'dri-tore, vash', me t'pa.

Syt e zi fa-qet e ku-qe
Me bajn', vash'-o, për me kja.

N'fund të de-tit âsht la-i-ku,
A-ty kush nuk ka dik-ton.»

Sa i mba-ru-në kto dy fja-lë,
Mbre-nda ra-në të dy bashk'.

</td><td>

Hinter dem Meer, hinter dem Ufer
Begann der Mond sich zu neigen.

Es war ein Jüngling – wie ein Königsohn
Und ein Mädchen – sie weinten.

Das Mädchen sagte: „Wir sind entdeckt,
Wir müssen uns trennen."

Der Jüngling sagte: „Du, mein Herz,
Du heiratest, ich bleibe Junggeselle.

Wenn du als Braut gekleidet bist,
Komm ans Fenster, dich zu zeigen.

Deine schwarzen Augen, roten Wangen
Machen, Mädchen, daß ich weine.

Der Meeresgrund ist unser Schicksal.
Dort entdeckt – oh – niemand uns."

Als sie diese Worte sprachen,
Ertranken sie zusammen im Meer.

</td></tr>
</table>

Lement a nap
Sonne ging unter

Mesto

Ungarisch

Lement a nap a ma-ga já-rá-sán, Sár-ga ri-gó szól a Ti-sza

part-ján. Sár-ga ri-gó meg a fü-le-mü-le...

Szép a rószám, hogy' váljak el tö-le? Sár-ga ri-gó meg a fü-le-

-mü-le... Szép a rószám, hogy' vál-jak el tö-le?

Lement a nap	*Sonne ging unter*
Lement a nap a maga járásán, Sárga rigó szól a Tisza partján. Sárga rigó, meg a fülemüle… Szép a rószám, Hogy' váljak el töle?	Sonne ging unter, Goldammer singt noch am Ufer der Theiß. Goldammer und Lerche.. Meine Liebe ist schön, Wie könnte ich von ihr lassen?
Ha meghalok Temetöbe visznek, A síromra fakeresztet tesznek.	Wenn ich sterbe, Wenn man mich zum Friedhof bringt, Wird man ein Holzkreuz setzen.
Jöjj ki hoszám holdvilágos este, Úgy borulj Rá a sírkeresztemre.	Dann komm im Mondlicht, Beug dich nieder Und umarme das Kreuz.

She Moved Through the Fair
Sie schritt über den Jahrmarkt

frei und langsam

Irisch

My young love said to me "My mo - ther won't mind

And my fa - ther won't slight you For your lack of kind",

Then she stepped a - way from me And this did she say,

"It will not be long, love, Till our wed - ding day."

She Moved Through the Fair

My young love said to me:
"My mother won't mind
And my father won't slight you
For your lack of kind,"
Then she stepped away from me
And this did she say,
"It will not be long, love,
Till our wedding day."

She stepped away from me
And she moved through the fair,
And fondly I watched her
Move here and move there,
Then she went away homeward
With one star awake,
As the swan in the evening
Moves over the lake.

Sie schritt über den Jahrmarkt

Meine junge Geliebte sagte zu mir:
„Meine Mutter hat nichts dagegen,
Und mein Vater verachtet dich nicht
Weil du geringer Abkunft bist.“
Dann ging sie von mir fort
Und sagte,
„Es wird nicht mehr lang dauern, Lieber,
Bis zu unserem Hochzeitstag.“

Sie ging von mir fort.
Und sie schritt über den Jahrmarkt,
Und ich sah ihr mit Freude nach,
Wie sie umherging.
Dann ging sie heimwärts,
Mit dem Abendstern
Der wie ein Schwan am Abend
Über den See gleitet. .

Last night she came to me –
My dead love came in.
So softly she came
That her feet made no din,
Then she laid her hand on me
And this did she say,
"It will not be long, love,
Till our wedding day."

Gestern nacht kam sie zu mir –
Meine tote Geliebte kam herein.
Sie kam so leise,
Daß ihre Füße keine Spuren hinterließen,
Dann legte sie ihre Hand auf mich
Und sagte,
„Es wird nicht mehr lang dauern, Lieber,
Bis zu unserem Hochzeitstag."

O Schipmann

langsam

Deutsch aus Ostfriesland

„O Schipmann, o Schipmann, o Schipmann, du vör go-den Dank, la

du dat Schipken rümmegahn un lat dat swartbrun Mä - ke to

Grun - ne gahn, o Schipmann, o Schipmann!" „Ich ha-be noch ei - nen

„O Va - ter, verkauf dein

Va - ter zu Haus, der läßt mich nicht er - trin - ken." „Mein Haus und Hof ver-

Haus und Hof und rett mein jun - ges Le - ben!"

- kauf ich nicht, dein jun - ges Le - ben rett ich nicht! La du dat swartbrun

Mä - ken to Grun - ne gahn, o Schipmann, o Schipmann!"

O Schipmann

Zuruf: „O Schipmann, o Schipmann,
O Schipmann, du vör goden Dank,
La du dat Schipken rümmegahn
Un lat dat swartbrun Mäke to Grunne gahn,
O Schipmann, o Schipmann!"

Mädchen: „Ich habe noch einen Vater zu Haus,
Der läßt mich nicht ertrinken."
O Vater, verkauf dein Haus und Hof
Und rett mein junges Leben!

Vater:	„Mein Haus und Hof verkauf ich nicht,
	Dein junges Leben rett ich nicht!
	Lat du dat swartbrun Mäken to Grunne gahn,
	O Schipmann, o Schipmann!"

Mädchen:	„Ich hab noch einen Bruder zu Haus,
	Der läßt mich nicht ertrinken.
	O Bruder, verkauf dein blankes Schwert
	Und rett mein junges Leben!"

Bruder:	Mein blankes Schwert verkauf ich nicht,
	Dein junges Leben rett ich nicht!"
	„La du dat schwartbrun Mäken to Grunne gahn,
	O Schipmann, o Schipmann!"

Mädchen:	„Ich habe noch einen Liebsten zu Haus,
	Der läßt mich nicht ertrinken.
	O Liebster, verkauf ans Ruder dich,
	Und rett mein junges Leben!"

Liebster:	„Ans Ruder wohl verkauf ich mich,
	Dein junges Leben rette ich."
	La du dat swartbrun Mäken to Lanne gahn,
	O Schipmann, o Schipmann!"

Schwesterlein, Schwesterlein

Wilhelm von Zuccalmaglio (1803–1869)
Satz von Johannes Brahms

Moderato

Schwesterlein, Schwesterlein

„Schwesterlein, Schwesterlein, wann gehn wir nach Haus?"
„Morgen, wenn die Hahnen krähn, wolln wir nach Hause gehn,
Brüderlein, Brüderlein, dann gehn wir nach Haus."

„Schwesterlein, Schwesterlein, wohl ist es Zeit!"
„Mein Liebster tanzt mit mir, geh ich, tanzt er mit ihr,
Brüderlein, Brüderlein, laß du mich heut!"

„Schwesterlein, Schwesterlein, du bist ja so blaß?"
„Das ist der Morgenschein auf meinen Wängelein,
Brüderlein, Brüderlein, die vom Taue naß."

„Schwesterlein, Schwesterlein, du wankest so matt?"
„Suche die Kammertür, suche mein Bettlein mir,
Brüderlein, es wird fein unterm Rasen sein."

Tavaszi szél vizet áraszt
Frühlingswind läßt das Wasser steigen

Ungarisch

Moderato

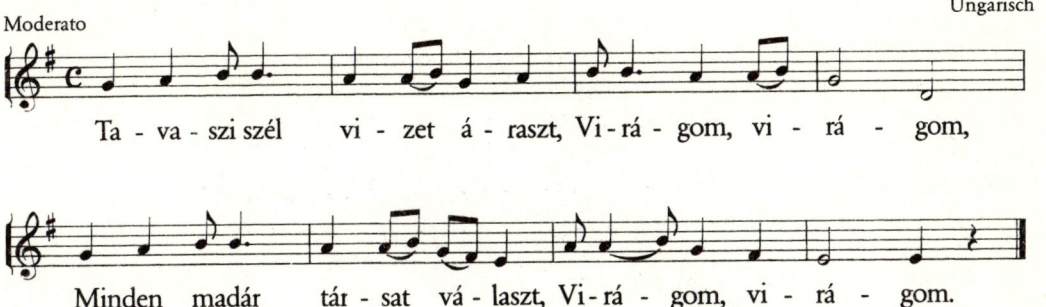

Ta - va - szi szél vi - zet á - raszt, Vi - rá - gom, vi - rá - gom,

Minden madár tár - sat vá - laszt, Vi - rá - gom, vi - rá - gom.

Tavaszi szél vizet áraszt

Tavaszi szél vizet áraszt,
– Virágom, virágom,
Minden madár társat választ,
– Virágom, virágom.

Hát én immár kit válasz-szak,
– Virágom, virágom,
Te engemet, én tégedet,
– Virágom, virágom.

Zöld pántlika könynyü gúnya,
– Virágom, virágom,
Mert azt a szél könynyen fújja,
– Virágom, virágom.

De a fátyol nehéz ruha,
– Virágom, virágom,
Mert azt a bú hajtogatja,
– Virágom, virágom.

Frühlingswind läßt das Wasser steigen

Frühlingswind läßt das Wasser steigen,
– Blume, Blume,
Jeder Vogel sucht sich seinen Gefährten,
– Blume, Blume.

Wen soll ich wählen?
– Blume, Blume,
Bist du mein, bin ich dein,
– Blume, Blume.

Leicht ist dein grünes Seidenband,
– Blume, Blume,
Das der Wind aufweht,
– Blume, Blume.

Aber der Schleier ist schwer,
– Blume, Blume,
Den du trägst, gebeugt von Kummer,
– Blume, Blume.

XVIII. Lodderig Meiske

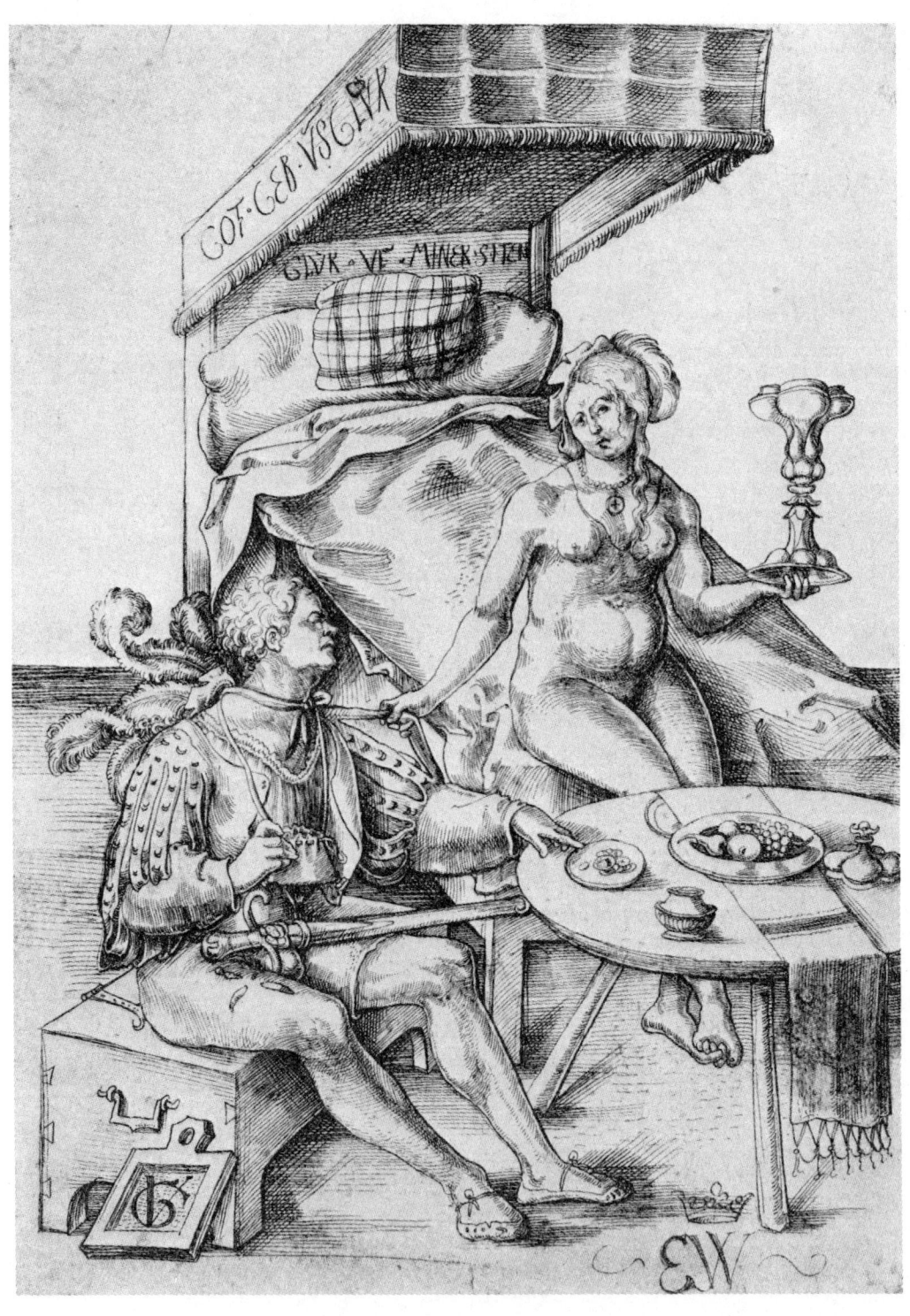

Dat lodderig meiske
Das loddrige Mädchen

Niederländisch

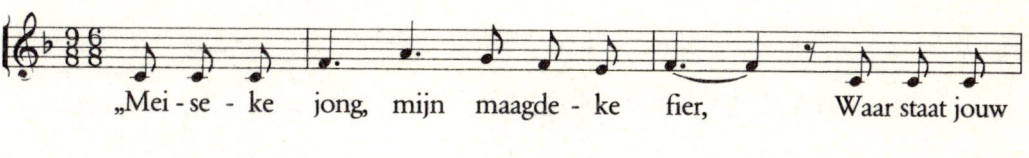

„Mei-se-ke jong, mijn maagde-ke fier, Waar staat jouw

va-ders hui-ze-ke hier?" „Ginder aan geen - re groe-ne

wei, Voor de deu - re staat een mei!" Sprak dat lod-de-rig meis-ke.

Dat lodderig meiske

„Meiseke jong, mijn maagdeke fier,
Waar staat jouw vaders huizeke hier?"
„Ginder aan geenre groene wei,
Voor de deure staat een mei!"
Sprak dat lodderig meiske.

„Meiseke jong, mijn maagdeke fier,
Hoe kom ik in dat huizeke hier?"
„Trekt aan het koordeke van de klink,
Dat er het deurke open springt!"
Sprak dat lodderig meiske.

„Meiseke jong, mijn maagdeke fier,
Hoe kom ik op jouw kemerke hier?"
„Neemt er jouw schoentjes in de hand,
Kousevoeten maakt zoete gank!"
Sprak dat lodderig meiske.

„Meiseke jong, mijn maagdeke teer,
Waar leg ik nu mijn handekens neer?"
„Legt er jouw handekens op mijn hart:
T Zal verdrijven pijn ende smart!"
Sprak dat lodderig meiske.

Das loddrige Mädchen

„Meiseke jung, mein Mädchen fein,
Wo steht deines Vaters Haus?"
„Dort an der Wiese, am grünen Rain
Blüht vor der Türe ein Strauch,"
Sprach das loddrige Mädchen.

„Meiseke jung, mein Mädchen fein,
Wie komm ich hinein in das Haus?"
„Zieht an der Kordel von der Klink',
Damit die Türe leise aufspringt",
Sprach das loddrige Mädchen.

„Meiseke jung, mein Mädchen fein,
Wie komm ich in deine Kammer hinein?"
„Nehmt Éure Schühlein in die Hand,
Die Strümpf' machen einen sachten Gang",
Sprach das loddrige Mädchen.

„Meiseke jung, mein Mädchen zart,
Wo leg ich jetzt meine Hände hin?"
„Legt Eure Hände nur auf mein Herz:
Man sagt, es vertreibe Kummer und Schmerz",
Sprach das loddrige Mädchen.

Een meisje, dat van Scheveningen kwam
Das Mädchen von Scheveningen

Niederländisch

Een meisje, dat van Scheveningen kwam, sange - jo, Een meisje,

dat van Scheve - ningen kwam, sange - jo, die was voor -

- waar mat haar vis - jes be - laân. Met de rikken en de

klikken en de lo - to, sin - ge - san - ge jo - to,

Mie verkoopt de kan - de - laar! Sin - san - ge - jo!

Een meisje, dat van Scheveningen kwam

Een meisje, dat van Scheveningen kwam, sangejo,
Die was voorwaar mat haar visjes belaân.
    Met de rikken en de klikken en de loto,
    Singesange joto,
    Mie verkoopt de kandelaar!
    Sinsangejo!

Zij riep gewis: „Wie koopt er mijn vis?" sangejo,
„K heb rog en vloot, die nog levendig is!"
    Met de rikken etc.

Een heer, die door zijn venster lag, sangejo,
Hij knikte 't meisje den goeden dag.
    Met de rikken etc.

Zo werd zij rijk in korte tijd, sangejo,
Zodat zij nu in een koetske rijdt.
    Met de rikken etc.

Das Mädchen von Scheveningen

Ein Mädchen, das von Scheveningen kam, sangejo,
Die war fürwahr mit ihren Fischen beladen.
    Mit de rikken en de klikken en de loto,
    Singesange joto,
    Mir verkauft den Leuchter!
    Sinsangejo!

Sie rief gewiß: „Wer kauft meinen Fisch?" Sangejo,
„Ich habe Rochen und Flete, die noch lebend sind."
    Mit de rikken etc.

Ein Herr, der in seinem Fenster lag, sangejo,
Er nickte dem Mädchen einen „guten Tag".
    Mit de rikken etc.

So ward sie reich in kurzer Zeit, sangejo,
So daß sie nun in einer Kutsche fährt.
    Mit de rikken etc.

Frau Fischerin

Oberdeutsch, 15. Jahrhundert

Ich weiß ein hüpsche fraw fi-sche-rin, die fur wol ü-ber see, Mit i-rem klei-nen schiffe-lein; nach fi-schen was ir we. Und sie fur hin und wi-der her, nach fi-schen stand al ir be-ger, das frewlein fur ir – re. Was fürt das-sel-big frew-lein fein in i-rem klei-nen schif-fe-lein? gut fisch-ge-schir – re: das frewlein fur ir – re.

Frau Fischerin

Ich weiß ein hüpsche fraw fischerin,
Die für wol über see
Mit irem kleinen schiffelein;
Nach fischen was ir we.
Und sie für hin und wider her,
Nach fischen stand al ir beger,
Das frewelein für irre.
Was fürt dasselbig frewlein fein
In irem kleinen schiffelein?
Gut fischgeschirre:
Das frewlein für irre.

Was bgegnet ir auf der heide?
Ein kneblein, das was geil.
Er sprach: 'got grüß euch, fraw fischerin!
Got gebe euch vil heil!
Daß doch der liebe got wolte,
Daß ich euch helfen solte,
So vil als ich vermag;
Mit einer jungen dieren
Da fischt ich allzeit geren
Die nacht bis an den tag,
Die weil ich fischen mag.'

„Kneblein, woltest du dich fleißen,"
Sprach sich die wolgetan,
„Ich hab ein gut fisch-reuße,
Die mir wol fischen kan.
Sie facht mirs all gemeine,
Die großen und die kleinen,
Der keinen lat sie darvon.
Dört niden in einer lachen
Da facht man gut salmen und aschen
Und andre fischlein vil,
Wie man sie haben wil."

Und do er nun gefischet hat
Und nimmer fischen kunt,
Bis auf das allerbeste,
Sucht er seinen grund.
Sein ruder fiel ihm aus der hand,
Das schifflein gieng im wider zu land,
Zerbrochen was im sein gesper:
„So ruder, so ruder ein wenig baß!
Es get ein finster wölklein darein,
Ich sorg wir werden naß;
So ruder ein wenig baß."

Das liedlein hat sich ein ende,
Das frewlein was zu land,
Es sprach zu im behende:
„Beut mir dein weiße hand!
Got dank dir fast, daß du mir hast
Erfrewt das junge herze mein;
Dein eigen so will ich sein!
Ich will dir schenken ein krenzelein,
Das muß mit seiden umwunden sein!"
'Alde! ich far dahin:
Got behüt mir die fischerin!'

Ein meidlein tet mir klagen

Aus dem Liederbuch des Arnt von Aich (1520)

Ein meid-lein tet mir kla-gen von sei-nen lan-gen ta-gen: „es leidt mir an het ich ein man es kutzelt und krutzelt mich fur und an. Und solt ich len-ger war-ten so wuchs mir in meim gar-ten vil ent-zi-an; hett ich ein man der mir meine Kutzel vertrei-ben kan und schlug mir auf der lau-ten."

Ein meidlein tet mir klagen

Ein meidlein tet mir klagen
Von seinen langen tagen:
Es leidt mir an
Het ich ein man
Es kutzelt und krutzelt mich fur und an.
Und solt ich lenger warten
So wuchs mir in meim garten
Vil entzian;
Hett ich ein man
Der mir meine kutzel vertreiben kan
Und schlug mir auf der lauten.

Ich mag nit lenger beiten
Man geb mir ein'n bei zeiten,
Ein jungen man,
Es leidt mir an
Es kutzelt und krutzelt mir fur und an.
Mein frau die wil mirs leiden
Sagt von dem langen scheiden,
Ir leidt mit dran,
Sie hat ein man
Der kutzelt und krutzelt sie fur und an
Und zwickt ir auf der harpfen.

Ich bin ein arme diren
Man wil mir nit hofieren,
Es leidt nit dran
Het ich ein man
Es kutzelt und krutzelt mir fur und an.
Dem wolt ich treulich kochen
Mit fleiß die gantzen wochen
Denck ich daran,
Het ich ein man
Der mir mein kutzel vertreiben kann
Und geigt mir auf der geigen.

Dolina, Dolina
In dem Tal, in dem Tal

Mährisch

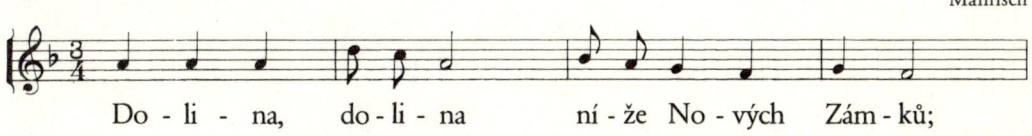

Do - li - na,   do - li - na   ní - že No - vých Zám - ků;

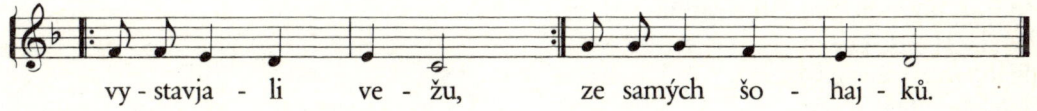

vy - stavja - li   ve - žu,   ze samých šo - haj - ků.

Dolina, Dolina

Dolina, dolina níže Nových Zámků;
Vystavjali vežu,
Ze samých šohajků.

Toho najmladšího až nahore dali,
Pěknú makověnku
Z něho udělali.

Ta naša Anička na kolena padla,
By jí makověnka
Do fěrtúška spadla.

In dem Tal, in dem Tal

In dem Tal, in dem Tal unterhalb von Novych
Bauten sie einen Turm   Zamku
Aus lauter Burschen.

Den Jüngsten stellten sie ganz oben hin
Und machten aus ihm
Ein schönes Mohnköpfchen.

Unsere Anička fiel auf die Knie,
Damit ihr das Mohnköpfchen
Ins Fürtuch falle.

Mama, mi moro
O Mutter, ich sterbe

Italienisch aus Sizilien

«Ma - ma, mi mo - ro, mi mo - ro, mi mo - ro per che la co - se che in l'or - to ci sta». «Fi - glia mi - a, c'è le ci - lie - ge, se le vuoi, te le da - rò». «Ma - ma no, no, no, que - le no' ser - ve col ma - le che g'o!».

Mama, mi moro

«Mama, mi moro, mi moro, mi moro
Per che la cosa che in l'orto ci sta».
«Figlia mia, c'è le ciliege,
Se le vuoi, te le darò».
　　　«Mama no, no, no,
　　　Quele no' serve col male che g'ò!»

«Mama, mi moro, mi moro, mi moro
Per che la cosa che in l'orto ci sta».
«Figlia mia, c'è i peri,
Se li vuoi, te li darò».
　　　«Mama no, no, no,
　　　Queli no' serve col male che g'ò!».

«Mama, mi moro, mi moro, mi moro
Per che la cosa che in l'orto ci sta».
«Filia mia, c'è l'ortolan,
Se lo vuoi, te lo darò».
　　　«Mama sì, sì, sì,
　　　Quelo sì che mi farà guarir!»

O Mutter, ich sterbe

„O Mutter, ich sterbe, ich sterbe, ich sterbe vor Verlangen –
Für das, was im Obstgarten ist!“
„Meine Tochter, das sind die Kirschen,
Wenn du willst, werde ich sie dir geben.“
 „O Mutter, nein, nein, nein –
 Sie helfen mir nicht gegen meinen Schmerz!“

„O Mutter, ich sterbe, ich sterbe, ich sterbe –
Für das, was im Obstgarten ist!“
„Meine Tochter, das sind die Birnen.
Wenn du willst, werde ich sie dir geben.“
 „O Mutter, nein, nein, nein –
 Sie helfen mir nicht gegen meinen Schmerz!“

„O Mutter, ich sterbe, ich sterbe, ich sterbe –
Für das, was im Obstgarten ist!“
„Meine Tochter, das ist der Gärtner.
Wenn du ihn willst, will ich ihn dir geben.“
 „O Mutter, ja, ja, ja –
 Er ist es, der mich heilen wird!“

Kebych já vedela
Wenn ich nur wüßte, wo mein Liebster mäht

Slowakisch

Ke - bych já ve - de - la, kde môj mi - lý ko - sí,

ve - ru bych mu nie - sla, vo fer - tu - ške ro - sy.

Kebych já vedela

Kebych já vedela, kde môj milý kosí,
Veru bych mu niesla, vo fertuške rosy.

Kebych já vedela, kde môj milý pije,
Veru bych mu niesla štyri pivónie.

Štyri pivónie, a piaty tulipán,
Že by mi narástol, do rána velký pán.

Wenn ich nur wüßte, wo mein Liebster mäht

Wenn ich wüßte, wo mein Liebster mäht,
Würde ich ihm in meiner Schürze den Tau hintragen.

Wenn ich wüßte, wo mein Liebster trinkt,
Würde ich ihm vier Pfingstrosen bringen.

Vier Pfingstrosen und eine Tulpe,
Damit er mir bis zum Morgen ein „großer Herr" wird.

Tira o lenço da relva
Lied der Tellerwäscherin

Allegro

Portugiesisch

Ti - ra o len - ço da rel - va Que de - bo - ta cer - ca -

- du - ra. Es - tou far - to de mandar Re - ca - dos à tu - a ru - a.

Tira o lenço da relva

Tira o lenço da relva
Que debota a cercadura.
Estou farto de mandar
Recados à tua rua.
    Os pratos da cantareira
    Estão sempre tlim, tim, tim;
    Assim é o meu amor
    Quando está ao pé de mim.

Menina enrole o cabelo,
Não o traga desenrolado;
Desengane o seu amor,
Não o traga enganado.
    Os pratos da cantareira, etc.

Laranja, laranja azeda,
Oh laranja, oh limão!
O pai quer, a mãe consente,
A filha não diz que não.
    Os pratos da cantareira, etc.

Eu subi ao alto cedro
E dos talos fiz encosto;
Por mais de amores que padeça,
Quero um amor a meu gosto.
    Os pratos da cantareira
    Estão sempre a dar a dar,
    São como o meu amor
    Quando está a namorar.

Lied der Tellerwäscherin

Nimm das Kopftuch weg vom Rasen
Sonst wird der Rand zu bleich.
Ich habe es satt, Liebesbriefe
In deine Straße zu schicken.
    Die Teller auf dem Tellerbord
    Machen immer tlim, tim, tim;
    So macht es auch mein Geliebter,
    Wenn er bei mir ist.

Fräulein, binden Sie die Haare zu,
Tragen Sie sie nicht offen.
Ernüchtern Sie ihren Verehrer,
Machen Sie ihm keine Hoffnungen!
    Die Teller auf dem Tellerbord etc.

Orange, saure Orange,
Orange, o Zitrönlein!
Vater sagt nichts, Mutter erlaubt es,
Und die Tochter sagt nicht nein.
    Die Teller auf dem Tellerbord etc.

Ich kletterte auf eine hohe Zeder,
Aus ihren Ästen machte ich eine Lehne.
Auch wenn ich unter der Liebe leide,
Will ich einen, so wie ich ihn mag.
    Die Teller auf dem Tellerbord
    Rütteln hin und her,
    Das macht auch mein Geliebter,
    Wenn er bei mir ist.

O senhor do meio
Der Herr in der Mitte

Allegretto   Portugiesisch

O senhor do meio Cuida que é alguém,   É um rapazinho Que nem barbas tem.

O senhor do meio   **Der Herr in der Mitte**

O senhor do meio   *Sie denkt sich:*   O, der Herr in der Mitte
Cuida que é alguém,   Nimmt sich so wichtig!
É um rapazinho   Das Bürschchen –
Que nem barbas tem.   Nicht mal 'nen Bart hat er.

Ó senhor do meio   O, der Herr in der Mitte
Ande ligeirinho,   Nur schnell gehn –
Se não quer ficar   Wenn du nicht magst,
No meio sòzinho.   Daß du allein bleibst.

No meio sòzinho   *Er denkt sich:*   Allein in der Mitte?
Não hei-de ficar,   Allein bleibe ich nicht.
Quem na roda anda   Eine aus dem Kreis
Eu hei-de apanhar.   Nehme ich mit.

Roube agora uma,   *Sie denkt sich:*   Entführe jetzt eine,
Se quer roubar,   Wenn du willst
Para não ficar   Damit du nicht
Na roda sem par.   Ungepaart bleibst.

Já cá vai roubada,   *Er denkt sich:*   Ich habe sie entführt,
Já cá vai na mão,   Ich halte ihre Hand –
Já cá vai metida   An meinem Herzen
No meu coração.   Fand sie schon einen Platz.

O senhor do meio   *Sie denkt sich:*   Der Herr in der Mitte
É alto de mais,   Ist aber zu groß!
Já praí lhe chamam   Eine Vogelscheuche,
Enxota pardais.   Denkt man sofort.

O senhor do meio,   Der Herr in der Mitte
Cuida que é alguem,   Nimmt sich so wichtig!
É um rapazinho   Er ist nur ein Bürschchen –
Que nem barbas tem.   Nicht mal 'nen Bart hat er.

O senhor do meio   Der Herr in der Mitte
É bem bonitinho: Sieht allerdings sehr gut aus
Para namorar   Und er ist sehr geschickt
Tem certo jeitinho.   Mädchen zu verführen.

Foaie verde viorea
Grünes Veilchenblatt

Allegretto

Rumänisch

Foa - ie ver - de vi - o - rea tra la la la la la la la
Har - ni - că-i mîn - dru - ţa mea

Di - mi - nea - ţa cînd se scoa - lă tra la la la la la la la la la la

Pîn - la prînz a - bea se spa - lă tra la la la la la la la la la

Foaie verde viorea

Foaie verde viorea, tralala lalala la
Harnică-i mîndruţa mea, tralala…
Dimineaţa cînd se scoala, tralala…
Pînla prînz abea se spală, tralala…

Dar la horă-i jucăuşe, tralala…
Stă gunoiul după uşe.
Pune boii la tînjală
De scoate gunoiuafară.

Foaie verde şi-un dudău, tralala…
Harnic e bădiţa-l meu,
Se scoală de dimineaţă
Pîn la prînz abea se-ncalţă.

Şişi ia coasa la spinare, tralala…
Şi adoarme-n drumul mare,
Dar la horă măi băete
Tot cu ochii după fete.

Foaie verde di trifoi, tralala…
Măi ce harnici suntem noi
Ne iubim ne prăpădim
La lucru ne potrivim.

Grünes Veilchenblatt

Grünes Veilchenblatt –
Meine Liebste ist fleißig,
Steht schon auf vor Tag,
Vor Mittag, aber sie wäscht sich nicht.

Wie schön tanzt sie die „hora",
Aber aufräumen tut sie nicht.
Sie läßt die Ochsen pflügen,
Aber der Mist kümmert sie nicht.

Grünes Schierlingsblatt –
Mein Liebster ist auch fleißig,
Ganz früh schon steht er auf,
Vor Mittag aber ist er noch nicht angezogen.

Zwar nimmt er die Sense auf den Rücken,
Schläft aber bald schon ein.
Doch, wenn die „hora" lockt,
Springt er auf zum Tanz.

Grünes Kleeblatt –
Wir sind doch beide so fleißig!
In der Liebe, ohne Zweifel,
Aber auch in der Arbeit passen wir herrlich
zusammen.

Vengo de moler
Ich komm' vom Mahlen

Spanisch aus Kastilien

rubato

Ven - go de mo - ler, mo - re — na, de los mo - li - nos de ar - ri - ba. Cor - te - jo a la moli - nera, o - lé, o - lé, no me cobra la maqui - la, que ven - go de moler, more - na.

Vengo de moler

Vengo de moler, morena,
De los molinos de arriba.
Cortejo a la molinera, olé, olé,
No me cobra la maquila,
Que vengo de moler, morena.

Vengo de moler, morena,
De los molinos de abajo.
Cortejo a la molinera, olé, olé,
No me cobra su trabajo,
Que vengo de moler, morena.

Vengo de moler, morena,
De los molinas de enmedio.
Duermo con la molinera, olé, olé,
No lo sabe el molinero,
Que vengo de moler, morena.

Ich komm' vom Mahlen

Ich komm' vom Mahlen, dunkle Schöne,
Von den oberen Mühlen.
Ich mach' der Müllerin den Hof, olé, olé,
Sie verlangt dafür kein Mahlgeld.
Ich komm' vom Mahlen, dunkle Schöne.

Ich komm' vom Mahlen, dunkle Schöne,
Von den unteren Mühlen.
Ich mach' der Müllerin den Hof, olé, olé,
Sie macht die Arbeit mir umsonst.
Ich komm' vom Mahlen, dunkle Schöne.

Ich komm' vom Mahlen, dunkle Schöne,
Von den Mühlen in der Mitte.
Ich schlafe mit der Müllerin, olé, olé,
Und der Müller weiß es nicht.
Ich komm' vom Mahlen, dunkle Schöne.

Když jsem já šel tou Putimskou branou
Als ich durch das Tor von Putim ging

Minuetto

Tschechisch

Když jsem já šel tou putimskou branou, dí-va-ly se dvě pa-nenky za mnou

a vo-la-ly: štu-den-te, ty ma-lý pre-mi-an-te.

Když jsem já šel tou Putimskou branou

Když jsem já šel tou Putimskou branou,
Dívaly se dvě panenky za mnou
A volaly: študente,
Ty malý premiante.

Proč panenky, proč na mě koukáte,
Proč vy na mě, študenta, voláte,
Já vás nesmím milovat,
Já musím študýrovat.

Sedum let jsem v Písku študýroval,
Ani jednu pannu nemiloval,
Jenom jednu měl jsem rád,
Tu mně přebral kamarád.

Počkej, holka, však ty budeš plakat,
Až já budu kázáníčko kázat,
Kázáníčko, kázání,
O věrném milování.

Počkej, holka, ty se budeš soužit,
Až já budu tu mši svatou sloužit,
V tom píseckým kostele,
První bude za tebe.

Als ich durch das Tor von Putim ging

Als ich durch das Tor von Putim ging,
Sahen mir zwei Püppchen nach
Und riefen: ei Student,
Du kleiner Primaner!

Warum, Püppchen, ruft ihr mich,
Ruft mich „Student",
Ihr wißt, ich darf euch nicht lieben,
Ich muß studieren!

Sieben Jahre studierte ich in Písek,
Keine einzige Jungfrau durfte ich lieben,
Die einzige, die ich bekommen hätte,
Nahm mir mein Freund weg.

Warte, Mädchen, du wirst noch weinen,
Wenn ich erst predigen werde;
Predigen, predigen werde ich
Von der treuen Liebe.

Warte, Mädchen, du wirst dich noch grämen,
Wenn ich erst die heilige Messe lesen werde
In der Kirche zu Písek.
Die erste wird für dich sein.

Kare Kare lolo

Lappisch

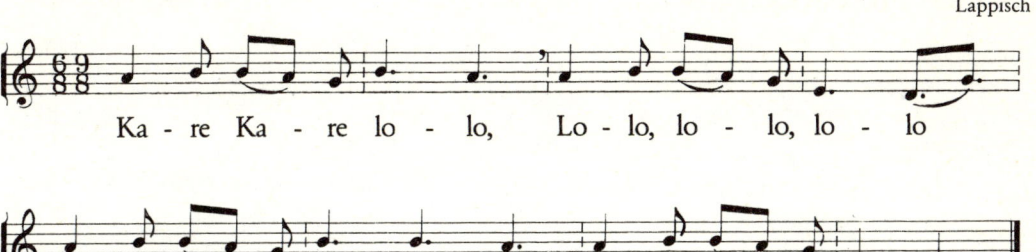

Ka - re Ka - re lo - lo, Lo - lo, lo - lo, lo - lo

Lo - lo, lo - lo, lo - lo, lo Lo - lo, lo - lo, lo - lo.

Kare Kare lolo

Kare Kare lolo,
Lolo, lolo, lolo
Lolo, lolo, lolo, lo
Lolo, lolo, lolo.

Go mun dal de buogno
Lamma lolo, lolo,
Soamis ganda vela
Sloančita de lolo.

Kare Kare lolo

Kare Kare lolo
Lolo, lolo, lolo
Lolo, lolo, lolo, lo
Lolo, lolo, lolo.

Hat als junges Mädchen gesagt,
Wenn sie erst größer sei,
Werde sich ein Bursche in sie verlieben und traurig sein,
Wenn er sie nicht bekomme.

Cielo incantato
Bezaubernder Himmel

Andante

Italienisch

Cie - lo in - can - ta - to ter - ra d'a - mo - re con - to le

allegro deciso

o - re per bengo 'der per ben man - giar. Io voglio anda - re in

masche - ra ve - sti - ta da «be - bé», vo - glio mostrar le gam - be a

chi mi pia - ce a me. Cu - cú, le - rú l'a - mo - re non c'è

piú, a gò le gambe se - che le cal - ze mi van giú. Cu - giú.

Cielo incantato

Cielo incantato
Terra d'amore
Conto le ore
Per bengo 'der
Per ben mangiar.
Io voglio andare in maschera
Vestita da «bebé»,
Voglio mostrar le gambe
A chi mi piace a me.

Cucú, lerú
L'amore non c'è piú,
A gò le gambe seche
Le calze mi van giú.

Bezaubernder Himmel

Bezaubernder Himmel,
Welt der Liebe,
Ich zähle die Stunden,
Um in das Schlaraffenland zu kommen
Und dort gut zu essen.
Ich möchte gern maskiert geh'n
Verkleidet als Baby.
Ich möchte die Beine zeigen
Dem, der mir gefällt.

Cucú, lerú
Die Liebe ist dahin.
Die Beine sind so mager,
Daß ich die Strümpfe verliere.

Cucú, lerà
L'amore l'ò imparà
E adesso che son vecia
Me vojo maridar.

Cucú, lerà
Ich habe die Liebe gekannt.
Und jetzt, so alt wie ich bin,
Möchte ich endlich heiraten.

Prinsessen sad i højenloft
Um Liebe würfeln

Dänisch

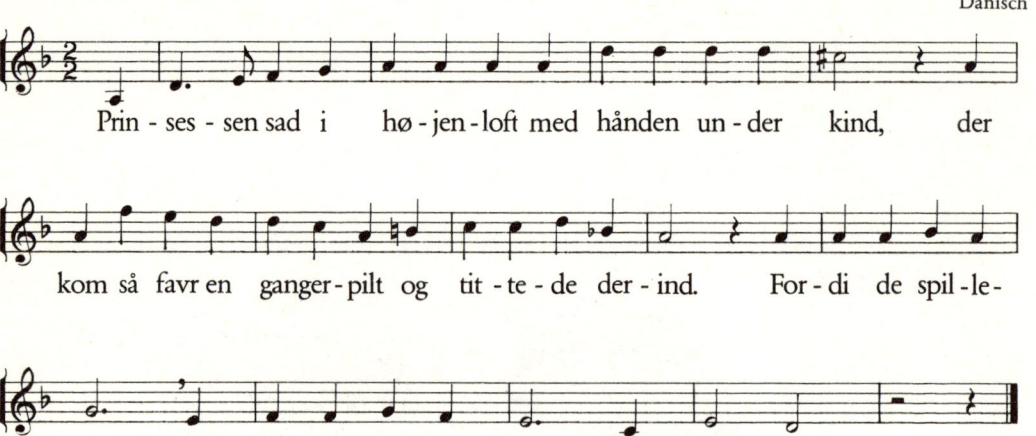

Prin - ses - sen sad i hø - jen - loft med hånden un - der kind, der kom så favr en ganger - pilt og tit - te - de der - ind. For - di de spil - le - de, for - di de spil - le - de guld - ter - ning.

Prinsessen sad i højenloft

Prinsessen sad i højenloft
Med hånden under kind,
Der kom så favr en gangerpilt
Og tittede derind.
    Fordi de spillede,
    Fordi de spillede guldterning.

«Og hør, du favre gangerpilt,
Leg tavlebord med mig!»
«Men jeg har intet røden guld
At sætte ind mod dig.»
    Fordi de spillede etc.

«Så sæt du ind din gode hat,
Om også den er grå,
Så sætter jeg min perlesnor,
Tag den, om du kan få!»
    Fordi de spillede etc.

Den første gang, guldterningen
På tavlebordet randt,
Den gangerpilt, han tabte glat,
Og jomfruen, hun vandt.
    Fordi de spillede etc.

Um Liebe würfeln

Die Prinzessin saß auf dem hohen Boden
Mit der Hand unter dem Kinn,
Da kam ein schöner Page
Und schaute herein.
    Und sie spielten,
    Und sie spielten Goldwürfel.

„Und hör, du schöner Page,
Spiel am Würfeltisch mit mir!"
„Aber ich habe kein rotes Gold,
Das ich gegen dich setzen kann!"
    Denn sie spielten, etc.

„So setz denn ein deinen guten Hut,
Auch wenn er grau ist;
Ich setze meine Perlenschnüre,
Nimm sie, wenn du sie bekommen kannst."
    Denn sie spielten, etc.

Als der Goldwürfel ausgespielt wurde
Zum ersten Mal,
Verlor der Page glatt,
Die Jungfrau, sie gewann.
    Denn sie spielten, etc.

«Så sæt du ind din kjortel god,
Og fast om den er grå.
Jeg sætter op min kron' af guld,
Tag det, om du kan få.»
        Fordi de spillede etc.

Den anden gang guldtærningen
På tavlebordet randt,
Den gangerpilt han tabte glad,
Og jomfruen, hun vandt.
        Fordi de spillede etc.

«Så sæt du dine hoser ind
Og dine vandresko!
Sa sætter ind jeg derimod
Min ære og min tro!»
        Fordi de spillede etc.

Den tredje gang, guldterningen
På tavlebordet randt,
Da jomfruen hun tabte glat,
Den gangerpilt han vandt.
        Fordi de spillede etc.

Prinsessen stander i sit bur
Og fletter sine hår;
«Gud bedre mig, guldlokket mø,
For fæstemand jeg får!»
        Fordi de spillede etc.

Den gangerpilt i gården står
Med hjælm og skjold og sværd:
«Alt får du bedre fæstemand,
End du var nogen tid værd.
        Fordi de spillede etc.

For jeg er ingen gangerpilt,
Om end jeg synes så,
Jeg er den beste kongeson,
Som solen skinned' på.»
        Fordi de spillede etc.

Prinsessen ser for gangerpilt
Den kongeson i gård,
Med røde roser fletter nu
Hun sine gule hår.
        Fordi de spillede etc.

„So setze du deinen guten Kittel,
Auch wenn er grau ist,
Ich setze das Gold auf meinem Haupt,
Nimm es, wenn du es bekommen kannst!"
        Denn sie spielten, etc.

Als der Goldwürfel ausgespielt wurde
Zum zweiten Mal,
Verlor der Page glatt,
Die Jungfrau, sie gewann.
        Denn sie spielten, etc.

„So setze du deine Hosen ein
Und deine Wanderschuhe,
Ich setze dagegen ein
Meine Ehre und meinen Glauben."
        Denn sie spielten, etc.

Als der Goldwürfel ausgespielt wurde
Zum dritten Mal,
Verlor die Jungfrau glatt,
Der Page, der gewann.
        Denn sie spielten, etc.

Die Prinzessin steht in ihrem Käfig
Und flicht ihr Haar:
„Gott bessere mich, goldgelockte Jungfrau,
Damit ich einen Verlobten bekomme."
        Denn sie spielten, etc.

Der Page steht im Hof
Mit Helm und Schild und Schwert:
„Du bekommst leicht einen besseren Verlobten,
Als du es jemals wert warst.
        Denn sie spielten, etc.

Denn ich bin kein Page,
Auch wenn es so scheint –
Ich bin der beste Königssohn,
Auf den jemals die Sonne schien!"
        Denn sie spielten, etc.

Die Prinzessin sieht statt des Pagen
Den Königssohn im Hof,
Mit Rosen flicht sie jetzt
Ihr goldenes Haar.
        Denn sie spielten, etc.

Eg ser deg utfor gluggen
Vor dem Guckloch

Norwegisch

Eg ser deg ut - for gluggen, kjær sø - te ve - nen
Eg kjen - ner deg på skuggen, du kan - 'kje slep - pa

min! I kveld eg gløymde no kubben å rei - sa, som
inn! eg meiner den gu - ten er bindan - de ga - len,

ik - kje kan høy - re at far han er heime, kjaer sø - te

ve - nen min. Su - ril, su - ril, su - ril, su - ril lei.

Eg ser deg utfor gluggen

Gjenta voggar vesle bror sin og syng:

Eg ser deg utfor gluggen,
Kjær søte venen min!
Eg kjenner deg på skuggen,
Du kan'kje sleppa inn!
I kveld eg gløymde no kubben å reisa,
Eg meiner den guten er bindande galen,
Som ikkje kan høyre at far han er heime,
Kjær søte venen min.
Suril, suril, suril, suril lei.

Å ljåen ligg i engi,
Kjær søte venen min!
Og far han ligg i sengi,
Du kan'kje sleppa inn!

Å riva ligg på taket,
Kjær søte venen min!
Og far han ligg og vaket,
Du kan'kje sleppa inn!

Vor dem Guckloch

Das Mädchen wiegt sein Brüderchen und singt:

Ich seh dich draußen vor dem Guckloch,
Mein lieber süßer Freund!
Ich erkenn dich im Schatten,
Du kannst nicht hereinschlüpfen!
Am Abend vergaß ich, den Pflock vorzulegen,
Ich glaube, der Bursche ist völlig verrückt,
Da er nicht hören kann, daß der Vater daheim ist,
Mein lieber süßer Freund.
Suril, suril, suril, suril lei.

Die Sense liegt in der Wiese,
Mein lieber süßer Freund!
Und Vater liegt in seiner Bettstatt,
Du kannst nicht hereinschlüpfen!

Der Rechen liegt auf dem Dach,
Mein lieber süßer Freund!
Und Vater liegt da und wacht,
Du kannst nicht hereinschlüpfen!

Å akte deg for Skjegge,
Kjær søte venen min!
Og øksi heng på veggje,
Du kan'kje sleppa inn!

Å fryse du på fotom,
Kjær søte venen min!
So gakk då burt til fjoset,
Der kan du sleppa inn!

Faren reiser seg i sengi og spør:
«*Kva segjer du?*»

Eg må så mykje låta,
Kjær søte venen min!
For barnet skal'kje gråta.
Du kan'kje sleppa inn!

I morgon fyrr hanen gjel'e,
Kjær søte venen min!
Ligg far ved kverni og mel'e,
Då kan du sleppa inn!

Nimm dich in Acht vor Skjegge (dem Troll),
Mein lieber süßer Freund!
Und die Axt hängt an der Wand,
Du kannst nicht hereinschlüpfen!

Und frierst du an den Füßen,
Lieber süßer Freund!
So geh doch hin zum Stall,
Dort kannst du hereinschlüpfen!

Der Vater erhebt sich vom Lager und fragt:
„*Was sagst du?*“

Ich muß so laut singen,
Mein lieber süßer Freund!
Damit das Kind nicht weint.
Du kannst nicht hereinschlüpfen!

Morgen früh, eh der Hahn kräht,
Mein lieber süßer Freund!
Dann weilt Vater in der Mühle,
Da kannst du hereinschlüpfen!

XIX. Hüte dich, Kuckuck

Ai de grijă cucule
Hüte dich, Kuckuck

Rumänisch

Andantino

Ai de gri - jă   cucu - le   Ai de gri ³- jă   cu - cu - le

Că te-or prin - de   fe - ti - le   m   Şi ţ-or smulge   pe - ni - le.

Ai de grijă cucule

Ai de grijă cucule
Că te-or prinde fetile
M-Şi ţ-or smulge penile.

Le-or duce-n cănţălărie,
C-acolo-i badea şi scrie.
Scrie tare mănînţel,
Pe frunză de petrinjel,
Să mă duc pînă la el.

Hüte dich, Kuckuck

Hüte dich, Kuckuck,
Daß dich die Mädchen nicht einfangen
M – Und dir die Federn ausreißen.

Diese werden sie dann in die Kanzlei bringen,
Denn dort ist der Liebste und schreibt.
Er schreibt winzig klein,
Auf Petersilienblätter,
Ich will zu ihm gehen.

Πέρα στούς πέρα κάμπους
Pera stus pera kambus
Drüben, auf der weiten Ebene

Griechisch

Pé - ra stus pé - ra kám - bus Pé - ra stus pé - ra kám - bus Pé -
Ín é - na mo - na - stí - ri Ín é - na mo - na - stí - ri Ín

-ra stus pé - ra kám - bus Pu í - ne i e - liés. La la
é - na mo - na - stí - ri Je - má - to ka - lo - griés.

la la la la la la la la la la la la la la la la la la la la la.

Πέρα στούς πέρα κάμπους	Pera stus pera kambus	Drüben, auf der weiten Ebene
Πέρα στούς πέρα κάμπους Πού εἶναι οἱ ἐλιές. Εἶν ᾿ἕνα μοναστήρι Γεμάτο καλογριές.	Péra stus péra kámbus Pu íne i eliés. Ín éna monastíri Jemáto kalogriés.	Drüben, auf der weiten Ebene, Wo die Olivenbäume sind, Liegt ein Klösterchen, Voll mit Nonnen.
Καί πάω κ᾿ ἐγώ ὁ καημένος Νά καλογερευτῶ, Νά κάνω τό σταυρό μου Καί νά προσευχηθῶ.	Ke páo k'egó o kaiménos Na kalogreftó, Na káno to stavró mu Ke na prosefchithó.	Und ich gehe dorthin, ich Armer, Um ein Mönch zu werden; Bekreuzigen will ich mich Und mein Gebet verrichten.
Στό περιβόλι μπαίνω Καί βλέπω μιά μηλιά, Μέ μῆλα φορτωμένη, Κι ᾿ἀπάνω καλογριά.	Sto perivóli béno Ke vlépo miá miliá, Me míla fortoméni, Ki'apáno kalogriá.	Ich trete in den Garten ein, Erblicke einen Apfelbaum, Mit Äpfeln vollbeladen, Und darauf sitzt eine Nonne.
Τῆς λέω: Ἔλα κάτω Νά χτίσουμε φωλιά, Κι ᾿ἐκείνη κόβει μῆλα Καί μέ πετροβολᾶ.	Tis léo: Éla káto Na chtísume foliá, Ki'ekíni kóvi míla Ke me petrovolá.	Ich sag' zu ihr: Komm' runter, Damit wir ein Nest uns bauen; Sie aber reißet Äpfel, Womit sie mich bewirft.

Тай гуцулка
Taj Huculka
Es war eine Huzulin

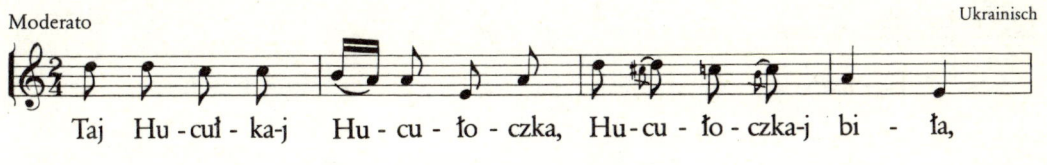

Taj Hu - cuł - ka-j Hu - cu - ło - czka, Hu - cu - ło - czka-j bi - ła,

taj Hu - cuł - ka cze - rez li - to w cho-ło - di sé - di - ła.

Тай гуцулка

Тай гуцулка-й гуцулоъка,
Гуцулоъка-й била,
Таи гуцулка ъерез літо
В холоді сиділа.

Та як она бай сиділа,
Та бога згадала:
Тай господи милосерний,
Абим се віддала.

Гудулія баранія,
Над берегом хата,
Ътери шульки, два кошульки,
Дівъина ъубата.

Taj Hucułka-j

Taj Hucúlka-j Hucúločka,
Hucúločka-j býla,
Taj Hucúlka čérez líto
V chólodi sydíla.

Taj jak oná baj sydíla,
Ta bóha zhdála:
Taj hóspody mylosérnyj,
Abým se viddalá.

Hucúlija baránija,
Nad bérehom cháta,
Čtéry šúľky, dva košúľky,
dívčyna čubáta.

Es war eine Huzulin

Es war eine Huzulin
Eine Huzulin,
Eine Huzulin saß das ganze Jahr über
In der Kälte.

Wie sie so dasaß,
Bat sie Gott:
Herrgott, Barmherziger,
Gib mir bald einen Ehemann.

Huzulenland, Hammelland,
Am Ufer eine Hütte,
Vier Maiskolben, zwei Hemden,
Ein reiches Mädchen!

Tämän kylän
Die Mädchen aus unserem Dorfe

Finnisch

Tä - män ky - län ty - töt o - vat, ti - lu - li - lu - lei,

Pu - na - si - a pot - ria, hu - ha - hei!

Tämän kylän

Tämän kylän tytöt ovat, tilulilulei,
Punasia potria, hu-ha-hei!

Toisen kylän tytöt ovat, tilulilulei,
Kuivaneita otria, hu-ha-hei!

Pikkutytön tahukaste, tilulilulei,
Kasvatan mie heilan, hu-ha-hei!

Sit et saata sanoa, ett', tilulilulei,
Se oli ennen sulla, hu-ha-hei!

Die Mädchen aus unserem Dorfe

Die Mädchen aus unserem Dorfe, die sind, tilulilulei,
Drall und rot und kräftig, huhahei!

Die Mädchen aus dem Nachbardorfe, die sind, tilulilulei,
Dürre, trockne Gerste, huhahei!

Und mein kleines Liebchen, das muß, tilulilulei,
Das muß dick und rund sein, huhahei!

Und du sollst nicht sagen, daß du, tilulilulei,
Daß du's schon gehabt hast, huhahei!

Minun kultani
Meine Liebste, die ist so schön

Allegretto   Finnisch

Mi - nun kul ta - ni kau - nis on, vaikk' on kai - ta - lui - nen.

Hei, luu - li - a, il - la - la, vaikk' on kai - ta lui - nen. lui - nen.

Minun kultani

Minun kultani kaunis on,
Vaikk' on kaitaluinen.
   Hei, luulia, illala,
    Vaikk' on kaitaluinen.

Silmät sill' on siniset,
Vaikk' on kierolaiset.
   Hei, luulia, illala, etc.

Suu on sillä supukka,
Vaik' on toista syytá.
   Hei, luulia, illala, etc.

Kun minä vien sen markkinoille, niin
Hevosetkin nauraa.
   Hei, luulia, illala, etc.

Meine Liebste, die ist so schön

Meine Liebste die ist so schön,
Wenn auch etwas mager.
   Hei, lulia, illala,
    Wenn auch etwas mager.

Blaue Augen hat sie schon,
Wenn sie auch mal schielen.
   Hei, lulia, illala, etc.

Hat auch einen spitzen Mund,
doch aus anderem Grunde.
   Hei, lulia, illala, etc.

Wenn ich sie zu Markte bring,
Lachen selbst die Pferde.
   Hei, lulia, illala, etc.

Ὁ Χαραλάμπη
O Charalámbi
Charalambis soll heiraten

Griechisch

É - la, vré Cha - ra - lám - bi Na se pan - dré - psu -

-me, Na fá - me ke - na piú - me, Ke na cho - ré - psu -

-me. Na -me, Dén tin thé - lo! Tha tin pá - ris!
Ti ka - mó - ma ta 'ne tu - ta,

Ál - la ló - jia lé - te, vré - pediá.
Me to zó - ri pandri - á!

Me to zó - ri pandri - á! Ti ka - mó - ma

ta 'ne tu - ta, Me to zó - ri pandri - á!

Ὁ Χαραλάμπη

Ἔλα, βρέ Χαραλάμπη,
Νά σέ παντρέψουμε
Νά φᾶμε καί νά πιοῦμε
Καί νά χορέψουμε.
    Δέν τήν θέλω!
    Θά τήν πάρῃς!
    Ἄλλα λόγια λέτε, βρέ παιδιά.
    Τί καψώματα 'ναι τοῦτα
    Μέ τό ζόρι παντρειά!

Ἀφήσατε τά λόγια
Καί τά μοιρολόγια
Κι 'ὁ γέρο Χαραλάμπης
Δέν θέλει παντρειά.
    Δέν τήν θέλω....

Τό νοῦ σου, Χαραλάμπη,
Μίλα πιό λογικά
Καί θά σέ καταφέρω
Νά βάλεις τό χαλκά.
    Δέν τήν θέλω....

O Charalámbi

Éla, vré Charalámbi
Na se pandrépsume,
Na fáme ke na piúme,
Ke na chorépsume.
    Dén tin thélo!
    Tha tin páris!
    Álla lójia léte, vré pediá.
    Ti kamómata'ne túta,
    Me to zóri pandriá!

Afísate ta lójia,
Ke ta mirolójia,
Kio jero Charalambis
Dén théli pandriá.
    Dén tin thélo…

To nú su, Charalámbi,
Míla pió lojiká,
Ke tha se kataféro
Na válís to chalká.
    Dén tin thélo…

Charalambis soll heiraten

„Komm, du Charalambis,
Wir wollen dich verheiraten!
Wir wollen essen und trinken,
Und tanzen wollen wir."
    „Ich mag sie doch nicht!"
    „Aber du mußt sie nehmen!"
    „Redet doch über etwas andres, Jungs;
    Was ist das für ein Getue,
    Eine Heirat wider Willen!"

„Laßt die Worte
Und das Gejammer,
Denn der alte Charalambis
Will keine Heirat."
    „Ich mag sie doch nicht!" etc.

„Paß auf, Charalambis,
Rede vernünftiger,
Und ich werde dich dazu bringen,
Den Ehebund zu schließen."
    „Ich mag sie doch nicht!" etc.

Mañana por la mañana
Morgen in der Früh

Lento   Spanisch aus Extremadura

Ma - ña - na por la ma - ña - na, Se embar - ca el bien

de mi vi - da.   Malha - ya la em - bar - ca -

- ción   Y el bar - que - ro que la en - ví - a.

Mañana por la mañana

Mañana por la mañana,
Se embarca el bien de mi vida.
Malhaya la embarcación
Y el barquero que la envía.

Tiene la prenda que adoro,
En la boca un diente menos.
Y por aquella mellita
Los dos ya nos entendemos.

Si me quisieras a mí,
Como dices que me quieres,
No perdieras la ocasión,
Como veo que la pierdes.

Morgen in der Früh

Morgen in der Früh
Schifft meine Liebste sich ein.
Verflucht sei das Schiff
Und der Schiffer, der es steuert!

Es hat der Schatz, den ich verehre,
Einen Zahn zu wenig im Mund.
Und über diese kleine Zahnlücke
Wissen wir schon Bescheid, wir beide.

Wenn du mich so liebtest,
Wie du behauptest
Würdest du den Augenblick nutzen,
Statt ihn, wie ich sehe, zu vertun.

Le mari débarrassé de sa femme
Der befreite Mann

Französisch, 17. Jahrhundert

Le mari débarrassé de sa femme

Je ne mettrai plus d'eau dans mon vin,
Celle qui me battait est morte.

Je me levai par un matin,
Je m'en allai chez mon voisin:
«Voisin!» – «Qu'y a-t-il?»
– «Ma femme est morte!
Plût-il à Dieu de Paradis
Que la tienne fût en la sorte!»

Je ne mettrai plus etc.

Je m'en allai au Paradis
Dire au portier qu'il fermât la porte:
«Portier!» – «Qu'y a-t-il?»
– «Ferme la porte!
Car si ma femme revenait
Elle me battrait encore!»

Der befreite Mann

Ich werde nie mehr meinen Wein mit Wasser verdünnen müssen,
Denn jene, die mich schlug, ist tot.

Eines Morgens stand ich auf
Und ging zu meinem Nachbarn:
„Nachbar!" – „Was gibt's?"
„Meine Frau ist gestorben!
Möge es Gott im Himmel gefallen
Die Deine auch heimzuholen!"

Ich werde nie mehr meinen Wein etc.

Ich machte mich auf ins Paradies
Um dem Pförtner zu sagen, daß er die Türe fest verschlösse:
„Pförtner!" – „Was gibt's?"
„Verschließ die Tür!
Denn wenn meine Frau zurückkäme,
Würde sie mich wieder schlagen."

Cântă cucoşel cu creastă
Es singt der Hahn mit dem Kamm

Rumänisch

Lento rubato

Cân - tă cu - co - şel cu cre - a - stă,

Mă por - neam cu plu - gu'n co - a - stă,
Scoa - te dra - cu o ne - - va - stă.

Cântă cucoşel cu creastă

Cântă cucoşel cu creastă,
Mă porneam cu plugu'n coastă,
Scoate dracu o nevastă.

Ieu cu ochii după dânsa,
S'o rupt cucura şi bârsa;
Ieu tocmesc, pun alte nouă,
Şi s'o rupt grindeiu'n două.

Sora-sa când o venit,
Oticu l-am prăpădit,
Ardă-v'ar focu, femei,
pentru voi am dat cinci lei!

Es singt der Hahn mit dem Kamm

Es singt der Hahn mit dem Kamm,
Ich ging los mit dem Pflug zum Hang,
Da schickt der Teufel eine Frau vor mich!

Ich verfolge sie mit den Augen,
Da bricht der Pflugbaum und die Pflugschar.
Ich repariere, setze neue ein,
Da bricht die Grindel entzwei.

Als die Schwester des Teufels kam
Ist mir die Pflugschar gebrochen.
Das Feuer soll euch verbrennen, Frauen,
Für euch habe ich 50 Lei ausgegeben.

Zîs-am zău că n-oi mai be
Die Liebe des Trinkers

Rumänisch

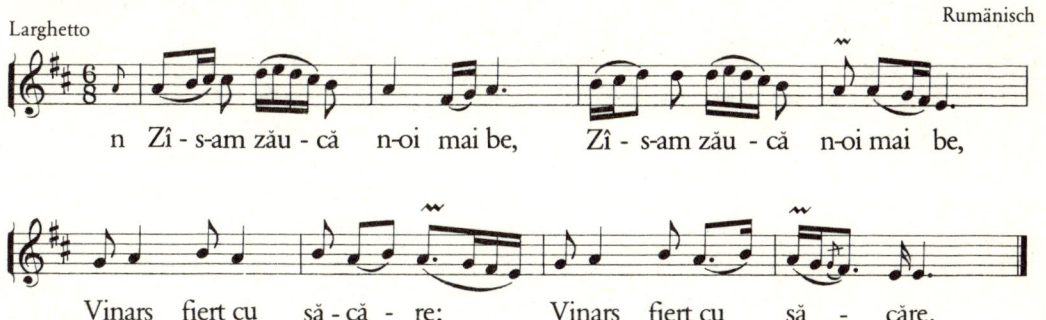

Larghetto

n Zî-s-am zău-că n-oi mai be, Zî-s-am zău-că n-oi mai be,

Vinars fiert cu să-că-re; Vinars fiert cu să-căre.

Zîs-am zău că n-oi mai be

N Zîs-am zău că n-oi mai be,
Zîs-am zău că n-oi mai be,
Vinars fiert cu săcăre;

Zîs-am zău că n-oi be bere
Şi la mîndra n-oi mai mere,
Cine să poate răbda
Să nu bee bere neagră.
Şi la mîndra să nu margă,
Bere neagră-i de băut
Pe la mîndra-i de trecut.

Tropa, tropa, c-o zîs popa,
Că de n-ar hi zîs popa,
N-ar hi făcut tropota.
La pămînt cu picioru,
Să răsară bojoru,
Să-l mănînce birău,
Birău şi cu popa,
Că ei o făcut legea.

Die Liebe des Trinkers

N – Ich habe versprochen nicht mehr zu trinken,
Ich habe versprochen nicht mehr zu trinken,
Branntwein aus Roggen gebrannt.

Ich habe versprochen, kein Bier mehr zu trinken
Und nicht mehr zur Liebsten zu gehen,
Aber wer kann das aushalten
Kein dunkles Bier mehr zu trinken
Und nicht mehr zur Liebsten zu gehen.
Das dunkle Bier ist zum Trinken da,
Und zur Liebsten soll man gehen.

Trapp, trapp, das hat der Pope befohlen,
Denn hätte er das nicht angeordnet,
Wäre das Getrampel nicht gewesen.
Mit dem Fuß auf dem Boden,
Daß die Nelke sprießt,
Zum Teufel mit dem Bürgermeister,
Dem Bürgermeister und dem Popen,
Denn sie haben das Gesetz gemacht.

Što e ludo son sonilo
Der Traum

Makedonisch

(Auch im Kanon zu singen)

Što e lu-do son so - ni - lo: Na ra-ka mu mo - me

do Na ra-ka mu mo - me doj - de.

Što e ludo son sonilo

Što e ludo son sonilo:
Na raka mu mome do
Na raka mu mome dojde.

Pa mu voda podavaše,
Koga se e razbudi,
Koga se e razbudilo,

Nima mome nima vraga!
Zema ludo ruško no,
Zema ludo ruško nošče,

Da se bode da se gode,
Pernica mu odgova
Pernica mu odgovara:

«A bre ludo, ludo mlado,
Ne se bodi ne se go,
Ne se bodi ne se godi,

Ako ti e rečenisa,
Sama doma će ti do,
Sama doma će ti dojde.

Će ti mete nizdvorove,
Kako letna jarebi,
Kako letna jarebica.

Kako letna jarebica,
Kako zimna guguvi,
Kako zimna guguvica.»

Der Traum

Was für einen seltsamen Traum hat er geträumt:
Auf einem Platz kam ein Mädchen zu ihm.

Sie bot ihm Wasser an.
Als er aufwachte,

War weder das Mädchen noch der Teufel da.
Der Bursche nahm einen russischen Dolch,

Um sich zu erstechen.
Da sprach sein Kissen zu ihm:

„Dummer Kerl, erstich dich nicht,
Triff dich nicht.

Wenn es dir bestimmt ist,
Wird sie selbst in dein Haus kommen.

Sie wird den Hof fegen
Wie ein Sommerrebhuhn,

Wie ein Sommerrebhuhn,
Wie eine Wintertaube."

Bruder Conrad

Aus dem „Glogauer Liederbuch" (1480)

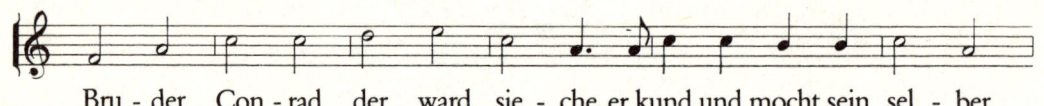

Bru - der Con - rad der ward sie - che, er kund und mocht sein sel - ber

nicht ge - nie - ßen. er lag und wolt ver - schei - den. bru - der

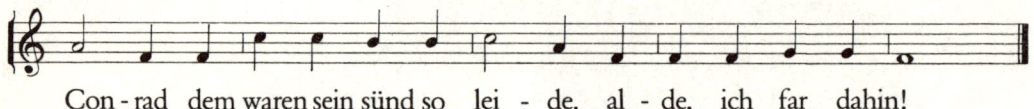

Con - rad dem waren sein sünd so lei - de. al - de, ich far dahin!

Ein schön lied von bruder Conrad, wie er nimmer in dem kloster hat wöllen bleiben.

Bruder Conrad

Bruder Conrad der ward sieche,
Er kund und mocht sein selber nicht genießen.
Er lag und wolt verscheiden.
Bruder Conrad dem waren sein sünd so leide.
Alde, ich far dahin!

Alle seine brüder zu im kamen,
Ein seltsame beicht sie von im vernamen
Ganz heimlich und gar stille.
„Bruder Conrad, was wer deines herzen ein wille?"
Alde, ich far dahin!

„Und das meines herzen ein guter will da were
Und der mich in ein kloster gebe
Zu andern schönen frauen,
Das wer meines herzen ein küler morgen taue."
Alde, ich far dahin!

Man tets gar bald und nicht nach seinem begeren,
Man tet in in ein kloster zu andern frummen herren.
Darinn solt er beleiben
Und mit seinen brüdern zeit und weil vertreiben.
Alde, ich far dahin!

Und bald er in ein kloster kame,
Ein schön frau sach er vor im stane,
Was tet er im gedenken?
„Hat denn mir der teufel die kutten an hals gehenken?
Alde, ich far dahin!

So will ich mein kutten werfen in ein hecke
Und will mein platten mit liechten rosen decken
Den abend als den morgen
Und will bruder Florion um kutten lassen sorgen.
Alde, ich far dahin!"

Bruder Conrad der was stolze,
Er nam das selb braun mägetlein und fürets durch das holze.
Was hette er in seim sinne?
Er wolt das selb braun mägetlein gar höflich lernen singen.
Alde, ich far dahin!

Und bald da ers gar höflich lernet singen:
„Wol auf, brauns mägetlein, mit mir von hinnen,
Von hinnen wöll wir faren
Und wollen dem bruder Bartholomen sein gersten im kloster sparen."
Alde, ich far dahin!

Bruder Conrad der was weise,
Der baut im ein klösterlein auf das helle eise,
Darein do scheint frau sunnen,
Darein do will er füren die allerschönsten nunnen.
Alde, ich far dahin!

Der uns das lied von neuem sange,
Bruder Conrad also junge,
Er hats gar wol gesungen,
Er ist zu Degersee zwei mal aus dem kloster gesprungen.
Alde, ich far dahin!

Der singt uns das und noch vil mere,
In kein kloster kumbt er nimmer mere.
Er will halt nimmer bleiben,
Er wolt ehe zu neun maln über die maur aussteigen.
Alde, ich far dahin!

Fujarôčka moja
Meine Fujarôčka-Flöte

rubato

Slowakisch

Fu - ja - rô - čka mo - ja, o de-, o de-, o de - via - tich
dierkach, Fu - ja - rô - čka moja, o de-, o de-, o de - via - tich
dier - kach, nechce - la mi pí - skať pri bo - ha - tých diev - kach.
ne - chce - la mi pí - skať pri bo - ha - tých diev - kach.

Fujarôčka moja

Fujarôčka moja, o deviatich dierkach,
Nechcela mi pískať pri bohatých dievkach.

Keďk chudobným prišla, tam mi zapískala,
Fujarôčka moja, bodaj zkazu vzala!

Valaštička moja, z tvrdého železa,
Čo mi darovala Mária Tereza.

Meine Fujarôčka-Flöte

Meine Fujarôčka-Flöte mit neun Löchern
Wollte mir nicht blasen bei reichen Mädchen.

Kam sie zu den Armen, hat sie mir sofort geblasen,
Meine Fujarôčka, der Fluch soll sie treffen!

Mein Beilchen ist aus hartem Eisen.
Maria Theresia hat es mir geschenkt.

Delba delila
Bei der Heiratsvermittlung

Makedonisch

Del - ba - de - li - la taj be - la Ra - da, iha

Na - se - ka mo - ma po ed - no momče, iha, iha.
Na be - la Ra - da cr - ne a rap če,

Delba delila

Delba delila taj bela Rada,
Delba delila taj bela Rada, iha
Na seka moma po edno momče,
Na bela Rada crne arapče, iha, iha.

Pa se čudila što da mu pravi,
Pa se čudila što da mu pravi, iha.
Pa mu kupila tri okki sapun,
Pa go odvela Debarski banji, iha, iha.

Debarski banji na topla voda,
Tri dni go mila, dva dni go trila, iha.
Pa mu pretrila desnoto uvo,
Desnoto uvo, levoto ramo, iha, iha.

Pa go kačila na bela konja,
Pa go kačila na bela konja, iha.
Konj se belee on se crnee,
Konj se belee on se crnee, iha, iha.

Bei der Heiratsvermittlung

Bei der Heiratsvermittlung wurde auch die schöne Rada versprochen.
Bei der Heiratsvermittlung wurde auch die schöne Rada versprochen.
Für alle jungen Mädchen gab es einen Mann.
Aber für die schöne Rada nur einen schwarzen Araber.

Sie überlegte, was sie mit ihm tun könnte;
Sie überlegte, was sie mit ihm tun könnte;
Sie kaufte drei Pfund Seife.
Sie brachte ihn nach Debar zum Baden.

Die Bäder von Debar haben heißes Wasser.
Drei Tage wusch sie ihn, und zwei Tage schrubbte sie ihn.
Sie schrubbte sein rechtes Ohr,
Sein rechtes Ohr und seine linke Schulter.

Dann setzte sie ihn auf ein weißes Pferd,
Dann setzte sie hin auf ein weißes Pferd.
Das Pferd wurde weißer, und er wurde schwärzer.
Das Pferd wurde weißer, und er wurde schwärzer.

Mon pèr' m'a donné un mari
Mein Vater hat mir einen Mann gegeben

Französisch

Mon pèr' m'a don - né un ma - ri, Mon Dieu! quel homm', quel pe - tit

homme! Mon pèr' m'a donné un ma-ri, Mon Dieu' quel homm',qu'il est pe - tit!

Mon pèr' m'a donné un mari

Mon pèr' m'a donné un mari,
    Mon Dieu! quel homm', quel petit homme!
    Mon pèr' m'a donné un mari,
    Mon Dieu' quel homm', qu'il est petit!

D'une feuille on fit son habit,
    Mon Dieu, etc.

Il n'est pas plus gros qu'une fourmi.
    Mon Dieu, etc.

Le chat l'a pris pour une souris.
    Mon Dieu, etc.

Au chat, au chat! C'est mon mari!
    Mon Dieu, etc.

Le feu à sa paillasse a pris.
    Mon Dieu, etc.

Mon petit mari fut roti.
    Mon Dieu, etc.

Pour me consoler, je me dis:
    Mon Dieu, etc.

Mein Vater hat mir einen Mann gegeben

Mein Vater hat mir einen Mann gegeben.
    Ach Gott, was für ein Mann, was für ein kleiner Mann!
    Mein Vater hat mir einen Mann gegeben.
    Ach Gott, was für ein Mann, wie ist der klein.

Aus einem Blatt war sein Gewand.
    Ach Gott, etc.

Er ist nicht dicker als eine Ameise.
    Ach Gott, etc.

Die Katze hielt ihn für 'ne Maus.
    Ach Gott, etc.

O Katze, Katz! Das ist mein Mann!
    Ach Gott, etc.

Und als der Strohsack Feuer fing,
    Ach Gott, etc.

Ist er verbraten drin, mein Mann.
    Ach Gott, etc.

Zu meinem Trost, so sag ich mir:
    Ach Gott, etc.

Kas berné lu pamislyta?
Was der Bursche sich nur ausdenkt?

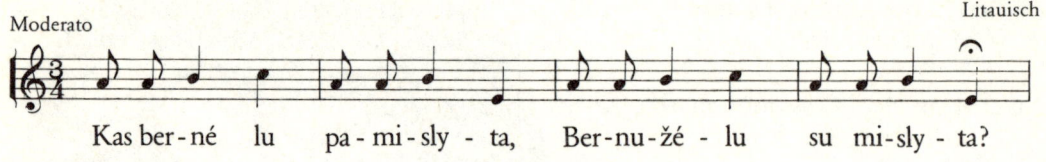

Kas berné lu pamislyta?

Kas berné lu pamislyta,
Bernužélu sumislyta?
Auksuziedélį nukaldinti
Ir manu verdélį imušdinti.

N'éjsiu už tàvę, ne tekésiu,
Ni távu žiedélu ne devésiu;
Kas dienùzę gérej, ulavójej,
Karčemó už stáľu parnakvójej

Kas bernélu pamìslyta,
Bernužélu sumìslyta:
Šiľkú kuskélę nupìrkdinti
Ir mánu vardéli imùšdinti.

N'éjsiu už tàvę, ne tekésiu,
Ni távu kuskùžes ne devésiu;
Tu pragérej jautélus
Ir nŭ ľaúku rugélus.

Kas bernélu pamíslyta,
Bernužélu sumìslyta:
Šiľkú kasnínka nupìrkdinti
Ir mánu vardéli imùšdinti.

N'éjsiu už tąve, ne tekésiu,
Ni távu kasninku·ne devésiu;
Tu pragérej jautélus
Ir margúsius dvarélus,

Was der Bursche sich nur ausdenkt?

Was der Bursche sich nur ausdenkt,
Was denkt sich das Bürschchen eigentlich?
Läßt sich einen goldenen Ring schmieden,
Meinen Namen läßt er sich hineinschlagen.

Du taugst mir nicht zur Ehe,
Deinen Ring will ich nicht tragen:
Alle Tage trinkst du, schlemmst du,
Du nächtigst noch am Tisch der Schenke!

Was der Bursche sich nur ausdenkt,
Was denkt sich der Kerl eigentlich?
Kauft mir ein feines Seidentuch,
Läßt meinen Namen hineinweben!

Trotzdem werde ich dir nicht folgen,
Werd' dein Seidentuch nicht tragen;
Du hast beide Ochsen vertrunken,
Hast vertrunken den Roggen vom Feld!

Was das Bürschchen sich nur ausdenkt,
Was hat er sich dabei gedacht:
Kauft mir ein Seidenband,
Und läßt meinen Namen hineinsticken!

Nein, dir werde ich nicht folgen,
Werd' das Seidenband nicht tragen;
Du hast vertrunken die beiden Ochsen,
Hast vertrunken Haus und Hof, den schönen!

Tu pragérej bérus żirgélus
Ir margúsıus dvarélus,
Tu pragérsi mànę jáuną
Ir nũ rąnku żiedùżius.

Hast vertrunken die braunen Rosse,
Hast vertrunken den Hof, den schönen;
Mich, Junge, wirst du auch vertrinken
Und am Ende noch den Ring am Finger!

Hændaraga Elli

Lappisch

Hæn-da-ra - ga El - li, Lu-lu, lu - lu, lu - lu, lu - lu.

Hændaraga Elli

Hændaraga Elli, Hændaraga Elli,
Lulu, lulu, lulu, lulu, lulu, lulu.

Pappa maidai riemači, pappa maidai riemači,
Lulu, lulu, lulu, lulu, lulu, lulu.

Mutto i ja dastge, mutto i ja dastge,
Fuola, lulu, lulu, lulu, lulu, lulu.

Hændaraga Elli

Hændaraga Elli, Hændaraga Elli,
Lulu, lulu, lulu, lulu, lulu, lulu.

Sogar der Pfarrer möchte ihr Bräutigam sein,
Lulu, lulu, lulu, lulu, lulu, lulu.

Aber sie macht sich auch aus ihm nichts.
Fuola, lulu, lulu, lulu, lulu, lulu.

Nachwort

Aus dem großen Schatz europäischer Liebespoesie sind in diesem Band Lieder aus acht Jahrhunderten und aus allen Ländern Europas gesammelt.

Entscheidend für die Aufnahme eines Liedes war die Ursprünglichkeit der Melodie und die poetische Kraft des Textes.

Die Gliederung des Stoffes ist nicht nach musikalischen, historischen oder ethnischen Gesichtspunkten angelegt, sondern nach den Motiven und Situationen, die das Thema des Liedes bilden. Innerhalb dieser Anordnung verbirgt sich eine Anthologie des deutschen Liebesliedes von den Quellen bis in das 19. Jahrhundert.

Natürlich können die 19 Kapitel dieses Buches nicht als geschlossene Motivkreise gelten, da kaum ein Liebeslied in Thema und Stimmung einem reinen Typus klar zuzuordnen ist.

Jede singbare Übertragung eines Liedes muß dem Rhythmus der Weise folgen und nicht ausschließlich dem Metrum der Sprache. Da den meisten fremdländischen Liedern Rhythmen zugrunde liegen, über die die deutsche Sprache nicht verfügt, wurde im allgemeinen dem Originaltext eine Prosaübersetzung gegenübergestellt. Diese Übertragungen sollen vor allem dem Verständnis des Textes dienen; das Verständnis des Liedes als eine Einheit aus Sprache und Musik aber erschließt sich ganz nur dem, der es in der Originalsprache singt. Die griechischen und kyrillischen Texte erscheinen deshalb auch in transliterierter Form.

Die Musik wird in ihrer ursprünglichen Gestalt wiedergegeben. Neben einfachen volkstümlichen Melodien stehen mehrstimmige Sätze alter Meister, neben einprägsamen Tanzweisen findet man komplizierte sich überlagernde Rhythmen.

Im knappen Kommentar wird Auskunft gegeben über Herkunft von Text und Melodie eines jeden Liedes, über seine harmonische und rhythmische Eigenart, über die Bedeutung einzelner Motive und über volkstümliche Zusammenhänge.

Danksagung

Für persönliche Gespräche, Beratung und Anregung bin ich den Kollegen Felix Karlinger, Ulrich Müller und Marius Schneider herzlich dankbar.

Weiterer Dank gilt den Übersetzern, welche die für dieses Buch geschaffenen Übertragungen verfaßten:
H. C. Artmann · Gisela Balk · Hermann Bieder · Johanna Blum · Bernhard Bultmann · Martin Camaj · Kina Caraça · René Clemencic · Hanne Dészy · Nadja Egger · Maria Antonia Espadinha · Kirsten Fast · Adelaide Fiocchi · Živko Firfov · Eleonora Halldén · Ida Hochleitner · Paul Kamer · Barna Kovàts · Reinhold Kudielka · Jan Kühmeier · Irmgard Lackner · Ulrich Müller · Gunnel Ohlson · P. Reinhard Peter · Maria Petrova · Truda Reich · Ursula Reinhard · Gad Röthler · Susanne Schaup · Elisabeth Schreiner · Alexej Stachowitsch · Stjepan Stepanow · Alfred Stern · Ilmar Tammelo · Wiplinger de Torra · Hermine Uÿterlinde · Viorica Ursuleac · Georg Veloudis · Werner Vordtriede.

Übersetzungen wurden ferner übernommen von:
Werner Danckert · Gerhard Gesemann · Michael Korth · Armas Launis · Heinrich Möller · Elvira del Ombre · Franz v. Spechtler · Franz Wellner.

Cesar Bresgen, Großgmain 1978

Anmerkungen zu den Liedern

Abkürzungen der am häufigsten zitierten Liednachweise

Alevizos = Susan and Ted Alevizos, Folksongs of Greece, Oak Publications, 1968.

Böhme = Franz Magnus Böhme, Altdeutsches Liederbuch 1876, Neudruck: Hildesheim 1967.

Cornoldi = A. Cornoldi, Ande, Bali e Cante del Veneto, Padua 1968.

Danckert = Werner Danckert, Das Europäische Volkslied, Berlin 1939.

Davenson = Henri Davenson, Le Livre des Chansons, Club des Libraires de France, 1957.

Erk-Böhme = Ludwig Erk/Franz Magnus Böhme, Deutscher Liederhort I-III, Leipzig 1893–94.

Europ.U. = Europäische Lieder in den Ursprachen I/II, Merseburger, Berlin ^{2}1968.

Gennrich = F. Gennrich, Troubadours, Trouvères, Minne- und Meistersang, Köln 1951.

Kolberg = Oskar Kolberg, Dzieła Wszystkie, II (Góry i Podgórze).

Liliencron = Rochus Frhr. von Liliencron, Deutsches Leben im Volkslied um 1530, Stuttgart 1884.

Möller = Heinrich Möller, Lieder der Völker, Mainz o. D.

Moser-Mbl. = Hugo Moser/Josef Müller-Blattau, Deutsche Lieder des Mittelalters von Walther von der Vogelweide bis zum Lochhamer Liederbuch, Stuttgart 1968.

Rimskij = Rimskij-Korsakov, 100 chants populaires russes, Paris 1877.

Abkürzungen innerhalb der Kommentarteile

QU = Quelle

Ü = Übertragung

M = Melodiefassung

WE = Worterklärungen

Seite 6 Du bist min, ich bin din

Diese Worte finden sich am Schluß eines lateinischen Liebesbriefes, den ein Mädchen schreibt; es ist ziemlich sicher, daß es sich nicht um einen echten Brief, sondern um eine rhetorische Übung handelt. Der Text ist um 1150 entstanden und ist in einer lateinischen Sammelhandschrift aus dem Kloster Tegernsee überliefert. Die deutschen Worte wurden oft als Liedstrophe aufgefaßt und als »ältestes deutsches Liebesgedicht« bezeichnet. Nach neuesten Erkenntnissen handelt es sich aber weder um ein Lied noch um ein Gedicht im engeren Sinne, sondern um gereimte Prosa. Die Anfangsworte stammen aus der damaligen Verlobungsformel – sie sind in mancherlei Variationen in vielen mittelalterlichen Gedichten zu finden (vgl. S. 125).
Qu: Des Minnesangs Frühling, nach Karl Lach-mann, Moriz Haupt und Friedrich Vogt, neu bearbeitet Carl von Kraus, 35. Auflage, Stuttgart 1970, S. 1. Aus der ehemals Tegernseer Handschrift 1008, jetzt Cod. Lat. 19 411 der Staatsbibliothek München.

Seite 8 Haute chose a en amor

Dieses Lied des Trouvère Gillebert de Berneville aus Utrecht taucht in keiner älteren Ausgabe auf. Die überraschend einfache Melodie (hier die Fassung 0) wirkt durch ihre große Ruhe und Ausgeglichenheit.
Qu: In: Hendrik van der Werf, The chansons of the troubadours and trouvères, Utrecht 1972, S. 140.
Ü: Hanne Dészy
M: Cesar Bresgen

Seite 10   L'amur es üna düra châssa

Die in den »Chanzunettas« angeführte, recht banale Melodie wurde hier durch eine andere rätoromanische Originalweise ersetzt, die rhythmisch wie melodisch dem bemerkenswerten Texte adäquat erscheint. Es ist die Weise zu »Sogn apostels« aus Lumbrein (Engadin) aus »La Consoziun«, 1941.

Qu: Chanzunettas populeras rumauntschas, S. 111, Basel 1958.
Ü: Paul Kamer/Cesar Bresgen
M: Cesar Bresgen

Seite 11   Quel granellin di riso

Südliche Spontaneität zeigt sich in den drei ersten Strophen: Gegenwart ist schöner als zukünftiges Paradies. Das ist schon angedeutet mit dem Reis- und Weizenkorn, dessen Besitz wertvoller ist als die zu erwartenden Gewächse daraus.

Qu: Anonymus, Text in: Europäische Lieder (Schallplatte), Christian Wegener Verlag, Hamburg 1961.
Ü: Alfred Stern
M: Aufzeichnung durch Cesar Bresgen in Astano (Tessin) 1972.

Seite 12   Pues amas, triste amador

Der Melodiebau zeigt typisch spanisches Gepräge in melodischer wie vor allem rhythmischer Hinsicht. Man muß hier mit Marius Schneider vom »rhythmischen Wachstum« sprechen; gliedert man nämlich die Zeitwerte vom Wort her, so fällt die Gliederung 3+4+5 Viertel (mit abschließendem ¾), gefolgt von 3+4+5 Viertel, auf. Rhythmische Beweglichkeit zeichnet die spanische Musik seit Jahrhunderten aus.

Qu: Anonymus; In: Cancionero Musical de Palacio (Siglos XV–XVI) II, Higinio Angles, La Musica en la Corte de los Reyes Católicos, Nr. 379, Barcelona 1951.
Ü: Wiplinger de Torra

Seite 14   Frunză verde solz de peşte

Vgl. dazu das bei Lied S. 295 über die Blatt-Initialworte Gesagte. Die klagende Melodie folgt einem Modus, der uns vor allem aus der dalmatinisch-istrischen Volksmusik her vertraut ist.

Qu: Aufz. 1909 in Câmpulung, Rumänien, in: M. Friedwagner, Rumänische Liebeslieder aus der Bukowina, 1941, Nr. II/26.
Ü: Irmgard Lackner

Seite 15   Láska, bože, láska!

Qu: Slovenské spevy, Sv. Martin 1880.
Ü: Reinhold Kudielka

Seite 16   L'amore è na catèna

Qu: Alfredo Giovine, Li »Senètte« de amore de lo popolo de Baro, Bari 1964, S. 66.
Ü: Adelaide Fiócchi
WE: Ricce all'ariula ist ein unübersetzbares Wortspiel.

Seite 17   Ej, lásko, lásko

Die Melodie wurde u. a. von Leoš Janáček, dem b

rühmten, aus Mähren stammenden Komponisten aufgezeichnet und bearbeitet.

Qu: Poklad lidových písní, Prag 1965.
Ü: Cesar Bresgen

Seite 18   Pentozalis

Die Melodie aus Kreta folgt dem »Pentozalis«-Modell, einem lebhaften Männertanz, der aus 5 (pento) Schritten (zalis) gebildet wird. Während des Tanzes werden gerne pantomimische Darstellungen bzw. kunstreiche Figuren eingefügt. Die Texte gehen nach Art der Gstanzln bzw. Schnaderhüpfeln bzw. verwandter Formen in romanischen Ländern zumeist aus spontaner Erfindung hervor.

Qu: Susan and Ted Alevizos, Folksongs of Greece, Oak Publications 1968.
Ü: Georg Veloudis

Seite 20   Willst du dein Herz mir schenken

Dieses berühmte Lied trägt die Original-Überschrift »Aria di Giovannini«; obwohl Spitta diese dem italienischen Komponisten Giovannini zuschrieb, sprechen doch viele Anzeichen für die Autorenschaft J. S. Bachs. In »Giovannini« läßt sich Bachs italianisierter Vorname Johann vermuten, andererseits aber die Autorenschaft des Grafen von Saint-Germain, genannt »de Giovannini«. Die Forschung über die wirkliche Autorenschaft ist noch nicht zum Abschluß gelangt.

Qu: J. S. Bachs Notenbüchlein für Anna Magdalena Bach (1725).

Seite 22   Eileen O'Roone

Qu: Aufzeichnung: Verena Gillard in Kilkanny (Südirland) April 1967.
Ü: Gisela Balk

Seite 24   Apsegloju melnu kvili

Qu: Der Turm, Bad Godesberg 1966, Nr. 538
Ü: C. Bresgen nach der Ü. im »Turm«

Seite 25   Haidi, hai, murgule hai!

Qu: Aufz. 1911 in Boian. In: M. Friedwagner, Rumänische Liebeslieder aus der Bukowina, XII, Nr. 59.
Ü: Irmgard Lackner

Seite 26   Geh i-s her üba d'Alm

Dieses Salzburger Tagelied muß sehr langsam und verhalten gesungen werden. Die Unterstimme singt die Hauptmelodie, die Überstimme wird gerne von einer falsettierenden Männerstimme gesungen.

Zum Inhalt: Der Bursche singt von seinem weiten Weg, der ihn »über die Alm«, ja über die »Schneid« (Bergkamm oder Berggrat) zu seiner Liebsten führt. Er hat eine »saggrische« (sakrische = unbändige) Freude, denn seine Liebste ist »sauber« (hübsch bzw. anständig), und – wie in den meisten Liedern des Alpenlandes – schwarzäugig.

Qu: Aufz. durch Otto Dengg um 1900 im Pinzgau. Aus: Fein sein, beinander bleibn, Salzburg 1947.
WE: Guggu = Kuckuck; aft = dann, nachher.

Seite 27 Übers Loaterl
Qu: Salzburger Volksliederarchiv; Aufzeichnung
durch E. Hamza, 1925 in Oberalm.
WE: Woigale = lebenslustiges Mädchen,
als a Broata = breitspurig.

Seite 30 Belle, bonne, sage
Baude Cordier lebte in Reims, sein Schaffen fällt in
den Beginn des XV. Jahrhunderts. Außer Rondeaus
schrieb er vor allem Chansons und Balladen. Seine
Chansons stellen ein Bindeglied zwischen Machaut
und Dufay dar.
Qu: Eröffnungs-Doppelseite des Kodex Chantilly
1047 mit dem dreistimmigen Rondeau »Belle,
bonne« und dem dreistimmigen Kanon »Tout
par compas suy composes«, Anfang des 15.
Jahrhunderts. Chantilly, Musée Condé.
M: Johannes Heimrath
Ü: Elisabeth Schreiner

Seite 33 Girometta
Laut Überlieferung wird die anmutige Melodie so-
wohl in Dur wie in Moll gesungen. Der Text mutet
wie eine Improvisation an und läßt weitere Erfin-
dungen offen.
Qu: Willy Gohl, Musik auf der Oberstufe, Amris-
wil 1975 (»aus mündlicher Überlieferung«).
Ü: P. Reinhard Peter
WE: vegni giù chi lo = (ital.) vieni quaggiù =
komm herab.

Seite 34 Rossignolet du bois
Das originelle Lied wurde durch Tiersot in Champ-
saur (Hautes-Alpes) aufgezeichnet, ferner auch im
französischen Jura; es geht auf Quellen zu Ende des
17. Jhs. zurück. Die Nachtigall als Ratgeberin in Lie-
besdingen (in anderen Fällen auch als Botin) wird
besonders in Liedern romanischer Völker häufig an-
gesprochen.
Qu: Henri Davenson, Le Livre des Chansons, Club
des Libraires de France, 1957.
Ü: Hanne Dészy

Seite 35 Oskal Ingača
Es gibt bei den Lappen keine eigentlichen Liebeslie-
der; der jetzt im Aussterben begriffene Gesang der
Lappen heißt bei diesen »Juoigos«, eine uralte Sing-
manier, die von den Gesangsarten anderer Völker
sehr abweicht. Als Text genügt in den meisten Fällen
der Name einer Person, eines Tieres oder einer Ge-
gend, der gedacht wird, vielleicht noch umgeben von
einem improvisierten beschreibenden Satz. Wird die
Liebste besungen, so genügen Andeutungen, An-
spielungen, oft nur ein Hauch einer Darstellung:
»Ande Maret – die Tuchsäume schwenkt sie hin und
her« (das kokette Mädchen), – oder: »Klein Valbu,
schön bist du . . . «, was einfach mehrmals wieder-
holt wird. Gerne besingt man sein Mädchen als Fo-
relle oder als Goldfisch, es gibt auch die Trauerente,
den Flötenvogel und die schöne, graue Gans. Ein
Juoigos lautet: »Maja, – du kleine Maja, du kleine
weiße Rentierkuh . . . « Unser Beispiel gehört schon
zu den »größeren Liedern«.

Qu: Armas Launis, Lappische Juoigos-Melodien,
Helsingfors 1908.
Ü: Armas Launis

Seite 36 C'erano tre zitelle
Wir wählten dieses Lied wegen seiner hervorragen-
den Melodie, die sich durch besondere metrische
Qualitäten auszeichnet. Teil A (bis zur Fermate)
wird von dreimal $6/2$ gebildet, Teil B (bis zum
Schluß) dagegen aus viermal $5/2$. Derartige Asymme-
trien sind in älteren Volksweisen nicht selten; der
zweite Teil des Liedes erinnert metrisch wie auch
melodisch an den zweiten Melodieteil des Prinz-
Eugen-Liedes.
Qu: A. P. Berggreen, Italienske, Spanske og Portu-
giske Folke-Sange og Melodier, Kopenhagen
1866.
Ü: Johanna Blum

Seite 38 Tule koju, armuke
Qu: (Originalaufzeichnung). Vorgesungen von Dr.
Ilmar Tammelo, aufgez. durch C. Bresgen
1976.
Ü: Ilmar Tammelo
M: Die Melodiefassung stammt von M. Härma
und A. Vedro.

Seite 39 Dat du min Leevsten büst
Obwohl bereits echtes Liebeslied, bezieht es sich ur-
sprünglich auf das sog. »Gassaten«. Dieses Wort, wie
auch das deutsch-lateinische »gassatim«, kannte
noch Mozart; »gassaten gan« heißt eigentlich das
abendliche Umherschlendern verliebter Burschen
auf der Straße, im besonderen aber bedeutet es, vor
das Fenster der Liebsten zu gehen und dort allein
oder in Gruppen bestimmte Lieder zu singen. In der
Schweiz kennt man den »Kiltgang«, d. h. die der
Verlobung und Heirat vorausgehenden nächtlichen
Besuche der Jünglinge bei Mädchen. Hierher gehö-
ren auch die »Gasselreime«, die beim »Fensterln«
früher in ganz Deutschland, später nur noch im
deutschen Süden (Schweiz, Österreich und Ober-
bayern bis in die jüngste Zeit) zumeist improvisiert
wurden.
Qu: Ludwig Erk/Franz M. Böhme, Deutscher Lie-
derhort I–III, Leipzig 1893–94, Nr. 824.

Seite 40 Sweet Nymph
Thomas Morley wirkte in London als Komponist,
Organist und Notendrucker; er gilt als der Begrün-
der der englischen Madrigalschule. Seine »Canzo-
nets« sind stilistisch recht volkstümlich orientiert
und schließen sich zumeist italienischen Vorbildern
an.
Qu: Thomas Morley (1557–1602?), The first book
of Canzonets, 1595; in »ars musica«, hrsg. von
Gottfried Wolters, Wolfenbüttel und Zürich
1971.
Ü: Gisela Balk

Seite 42 Du mein einzig Licht
Heinrich Albert, gest. zu Königsberg in Ostpreußen,
wo er als Domorganist wirkte, war Vetter von Hein-

rich Schütz, bei dem er in Dresden studierte.
Qu: Heinrich Albert (1604–1651), Arien, VII, Königsberg 1648. Text von Simon Dach (1605–1659).

Seite 44   Vdol' po ulice metelica metjot
Qu: L. Sochin, Russkije narodnyje pesni, Moskau 1963.
Ü: Hermann Bieder

Seite 46   Az árgyélus kis madár
Qu: Aufz. durch Bárdos Lajos, Komitat Komárom 1931, in: Adam Jenö, Virágim, virágim . . . , Budapest 1956.
Ü: Barna Kováts

Seite 48   Blauer Storch
Dieses Lied war schon im 16. Jh. am Oberrhein, aber auch in Schwaben verbreitet; nach Mitteilung von H. J. Moser soll es 1509 in Basel verboten worden sein, wohl wegen des zweideutigen Textes: der blaue Storch ist das noch zu junge Mädchen, nicht aber, wie Böhme annimmt, ein Mädchen von langer Gestalt und mit langen Füßen. Die Melodie überrascht durch ihren zweimaligen hornartigen Ruf; der Rhythmus ist nach Art der »Zwiefachen« gelagert.
Qu: F. M. Böhme (Baseler Tenor), Altdeutsches Liederbuch 1876, Neudruck: Hildesheim 1967, dort nur die ersten 6 Worte; hier mitgeteilter Text bei C. Clewing, Hundert Jägerlieder, Kassel 1937, wo er nach Birlinger, Schwäb. Volkslieder, Nr. 12 zitiert wird.

Seite 49   An cluinn thu mi
In dieser typisch gälischen Melodie überschneiden sich pentatonische und mixolydische Elemente. Auffallend auch hier der bei gälischen Melodien zumeist große Tonumfang.
Qu: Margaret Fay Shaw, Gaelic Folksongs from South Uist, in: Studia Memoria Bela Bartok Sacra, Budapest 1957, dort englisch.
Ü: Cesar Bresgen

Seite 50   Codrule frunză rotundă
Qu: Aufz. durch Const. Zamfir 1955 in Comuna Leşu; in: Const. Zamfir-V. Dosios, 132 Cîntece şi jocuri din Năsăud, Nr. 80.
Ü: Irmgard Lackner

Seite 52   Je suis trop jeunette
Die beliebte Melodie ist schon in Attaignants Sammlung von 1529 enthalten. Pierre Attaignant († 1553) gilt als erster namhafter Pariser Notendrucker; berühmt wurden seine umfangreichen Sammlungen polyphoner Musik, in denen neben berühmten auch weniger bekannte Meister der damaligen Zeit vertreten sind.
Qu: Attaignant 1529.
Ü: Hanne Dészy

Seite 54   Uciekła mi przepióreczka
Ein Beispiel für die immer wieder betonte Biegsamkeit und Gelöstheit der polnischen Sprachmelodik.

Danckert spricht von einem »altmittelländischen Substrat« im polnischen Volkstum.
Qu: Heinrich Möller, Lieder der Völker III, Mainz.
Ü: Hermann Bieder

Seite 56   Ich han in ainem garten gesehen
Der »Mönch von Salzburg«, dessen genauen Namen man nicht kennt, war im 14. Jahrhundert Hofdichter und -komponist am Hof des Salzburger Erzbischofs Pilgrim II. (1365–1396); sein umfangreiches Werk, geistliche und weltliche Lieder, ist in sehr vielen Handschriften überliefert, u. a. in der »Mondsee-Wiener Liederhandschrift« (1. Hälfte 15. Jahrhundert), auf der die hier abgedruckten Texte und Melodien beruhen.
Das sog. »Rosenlied« des Mönchs, stilistisch auf der Grenze zwischen höfischem Liebeslied und Volkslied, verwendet das häufige Symbol der Rose als Bezeichnung für die Geliebte.
Qu: Mayr-Rietsch, a. a. O.
Ü: Michael Korth/Franz V. Spechtler
M: Cesar Bresgen
WE: prehen = leuchten; ein a = ein Ach; gro = grau; in guet gepär . . . = ich sehe gut, wie vorbildlich sie sich benimmt; swarz = (hier nicht als Unglücksfarbe gemeint);

Seite 57   Aba Suserl, du ghörst mein
Jodler dieser Art wurden, dem Sinn entsprechend, früher nur von Männerstimmen gesungen.
Qu: Aufz. durch Joseph Pommer 1904 in Mosern am Grundlsee, Steiermark. Österr. Volksliedarchiv.

Seite 58   Bei meines bulen haupté
In vielen Varianten des 16. Jahrhunderts in ganz Deutschland verbreitet. Die hier zusammengestellten Strophen hatte im wesentlichen bereits L. Uhland als den alten und ursprünglichen Liedkern bezeichnet. Vor allem das Brunnenmotiv der 2. Strophe ist auch aus anderen Liedern der Zeit bekannt.
Qu: Franz Magnus Böhme, Altdeutsches Liederbuch 1876, Neudruck Hildesheim 1967.
WE: baz = besser; warten = pflegen; negelein = Gewürznelken; reß = scharf, beißend (»räß«);

Seite 59   Die nachtegaal die zong een lied
Qu: Jop Pollmann/Piet Tiggers, Nederlands Volkslied, Amsterdam 1962.
Ü: Hermine Uÿterlinde

Seite 60   Kära lind så grön
Qu: Geijer-Afzelius-Höijer, Svenska Folkvisor, 1880. Hier nach Werner Danckert, Das Europäische Volkslied, Berlin 1939.
Ü: Eleonora Halldén

Seite 62   Czerwone jabłuszko
»Masurek«, »Oberek« und »Kujawiak« sind polnische Tänze. Der Mazurka-(Masurek-)Rhythmus verbreitet sich seit dem 17. Jh. in ganz Europa; Mattheson beschreibt ihn 1739 im »Vollkommenen Kapellmeister« noch als Polonaise. Der Name »Mazurka« deutet auf masurische Herkunft hin; er ist mit

dem Sarabandenrhythmus verwandt. Auch der »Oberek«, spritziger noch als die Mazurka, folgt einem ähnlichen Rhythmus, während der »Kujawiak« schwermütiger erscheint.
Qu: Adolf Chybisinski, Od Tatr do Baltyku, Krakow 1958.
Ü: Hermann Bieder

Seite 64   Ljubičice, ljubičice
Qu: Ludvik Kuba, Das Slawentum in seinem Lied, V, Prag 1927 (Heft VI, Nr. 28).
Ü: C. Bresgen/Nadja Egger

Seite 65   Ei saa mitte vaiki olla
Die erste Strophe wird zart, die zweite leise und die dritte kräftig gesungen.
Qu: Vorgesungen von Dr. Ilmar Tammelo 1976, aufgez. v. C. Bresgen.
Ü: Ilmar Tammelo
M: Fassung von M. Härma

Seite 66   's Bussln
Dieses im ganzen Alpengebiet in verschiedenen Fassungen bekannte Gstanzl bzw. Schnaderhüpfl läßt auf oberbayrischen Ursprung schließen; sein »Nachgsangl« (auch als selbständiges Lied bekannt) findet sich in Kobells »Oberbayrischen Volksliedern«.
Qu: W. Schmidkunz, Das leibhaftige Liederbuch, Erfurt 1938.
WE: Kaser = Almhütte; dahitzt = erhitzt (von der Abwehr); söllas Gscher = solche Schererei (Plage).

Seite 67   Pod borem sosna gorzała
Das Motiv des brennenden Baumes, unter dem das Mädchen (die Braut) auf den Jüngling (den Auserwählten) wartet, ist in westslawischen Liedern verbreitet (vgl. Lied S.   aus dem Burgenland, dort als Brautlied).
Qu: Heinrich Möller, Das Lied der Völker, III, S. 80; mit ähnlicher Weise, textlich unvollständig bei Kolberg.
Ü: Hermann Bieder

Seite 68   Karajfil në kodër
Die dorische Melodie zeigt sowohl melodisch wie rhythmisch griechisches Gepräge: Es ist der Tanzrhythmus des Syrtos Kalamatianos.
Qu: Aufz. in Prižren 1943; in: Lorenc Antoni, Folklori Muzikuer Shquiptar, Prishtine 1956, Nr. 52.
Ü: Martin Camaj

Seite 70   Nji dit' shkova nga Drenova
Die im phrygischen Modus stehende Melodie verweist rhythmisch ebenfalls auf den Syrtos Kalamatianos.
Qu: Aufz. in Shkup 1926, in: Lorenc Antoni, a. a. O. Nr. 71.
Ü: Martin Camaj

Seite 71   Las morillas de Jaén
Dieses Lied weist zurück ins 15. Jahrhundert.

Qu: Cancionero Musical, III, Madrid 1928.
Ü: Wiplinger de Torra

Seite 72   La hierbabuena
»Eres aquel mediquillo«, meint in zärtlichem Umschreiben den Arzt, den Cupido, der durch Liebe heilen kann, so wie dieser schon die Mutter durch Liebe geheilt hat. – Das aus Kastilien stammende Lied bietet ein treffliches Beispiel für die in Spanien häufige Wechselbeziehung von $^6/_4$ und $^3/_2$-Takt. Während nämlich der Text eine Interpretation im $^3/_2$-Takt nahelegt, folgt die Melodie dem Tanzrhythmus im $^6/_4$-Takt (der am besten vom Gitarristen unterstützt wird), so daß es zu einer andauernden Konfliktstellung kommt, die häufig den besonderen Reiz spanischer Volks(und Kunst)musik ausmacht.
Qu: Anibal Sanchez Fraile, Nuevo Canconiero Salmatino, Madrid 1941.
Ü: Wiplinger de Torra

Seite 74   Petenera
Petenera, eine andalusische Volksliedart, deren Name angeblich auf die Paternera, ein Mädchen aus dem Dorf Paterno zurückgeht. »Petenera« heißt nach anderer Deutung »Mädchen aus Peten (Guatemala)« und deutet auf die jahrhundertelangen, wechselseitigen Beziehungen zwischen Hispano-Amerika und Andalusien hin.
Qu: Cancionero Musical, III, Madrid 1928.
Ü: Wiplinger de Torra

Seite 73   Le pure romeski
Lied eines ungarischen Zeltzigeuners; hier in Zigeunersprache und ungarischer Fassung.
Qu: Vorgesungen vom 24jährigen Rafael József in Mezötur 1940. Csenki Imre/Csenki Sándor, Baszrózsa, 99 Cigány népdal, Budapest 1959, Nr. 6.
Ü: Barna Kováts

Seite 75   La Pandomè
Baresischer Originaltext, der als Stegreifdichtung aufzufassen ist: Eine Spröde wird von einem ihrer Verehrer besungen. Die Vorschrift in der Originalausgabe »adagio grottesco« spricht für sich selbst. Überraschend die alte phrygische Melodie.
Qu: Vitantonio di Gagno, Figure-Episodi-Colore Locale, Bari 1962.
Ü: Adelaide Fiocchi

Seite 76   Oh che fresca funtanelle
Der Reiz des Liedes liegt in der engen Verknüpfung von Weise und Text, der in seinem rhythmischen Bau die Melodie geradezu herausfordert. Es ist die Dichtung eines ländlichen Sängers, der dieses Lied mit seinen feinen Anspielungen seiner Geliebten widmet. Lieder dieser Art haben sicher schon sehr früh auf das mehrstimmige Chorlied Italiens (Villanella, Frottola) eingewirkt.
Qu: Mitgeteilt durch Annemarie Malini; in: Leopold Katt, Arirang, Mauterndorf 1957.
Ü: Johanna Blum

Seite 78 **La dama d'Aragó**
Ein weit verbreitetes katalanisches Lied.
Qu: und Ü: Wiplinger de Torra

Seite 79 **Sande Salvatòre**
Baresischer Originaltext. Die Melodie parodiert zwar den geistlichen Gesang, unterstützt aber dadurch unwillkürlich den Liedtext, der ernst genommen sein will.
Qu: Alfredo Giovine, Li 'Senette de amore de lo popolo de Baro, Bari 1964, S. 50.
Ü: Adelaide Fiocchi

Seite 81 **Ich was ein chint**
Das zweisprachige Lied, überliefert in der Sammelhandschrift der »Carmina Burana«, hat den typischen Inhalt einer mittelalterlichen Pastourelle: Ein Mann trifft unterwegs ein Mädchen und versucht, sie mit allen Mitteln – notfalls auch mit Gewalt – zu einem Abenteuer zu bewegen. Verfasser und Publikum dieses Liedes mußten Latein verstehen, sind also wohl im Umkreis von Universitäten (oder auch der Geistlichkeit!) zu suchen. Der besondere Witz liegt in der zweideutigen Verwendung von Fachausdrücken der Ritter- und Jägersprache.
Qu: Carmina Burana, München c. L. M. 4660
Ü: und M: René Clemencic

Seite 83 **Brala Jana kapini**
Qu: Ljudske pesmi, Ljubljana 1974.
Ü: Maria Petrova
WE: Og aman = ach Erbarmen

Seite 84 **Devojka se u Drenovcu kupa**
Der Kehrreim »Janje, moje, lepo moje!« wird bei jeder Strophe gesungen. Die Melodie bewegt sich im phrygischen Modus im Umfang einer Sext, der im kroatischen Volksgesang selten überschritten wird. Das Lied stammt aus der Banija, einem Grenzgebiet zwischen Kroatien und Bosnien, weshalb es auch zur Mischung zweier Mundarten, den sogenannten kajkawisch-ekawischen und der schtokawisch-ijekawischen im Text des Liedes kommt.
Qu., Aufz. und Ü: durch Stjepan Stepanow

Seite 85 **Caterinèla**
Ein Stegreifgesang, wie er auch in der Romagna üblich ist.
Qu: Aufz. in Villamarzana 1951, in: A. Cornoldi, Ande, Bali, e Cante del Veneto, Padua 1968, Nr. 139a.
Ü: Adelaide Fiocchi

Seite 86 **Can Love be controul'd by advice?**
Qu: »The Beggars Opera« Air VIII, vgl. Lied S, 112
Ü: H. C. Artmann, in: 5 Airs aus »The Beggars Opera«, Doblinger Wien 1963.

Seite 87 **Sontga Margriata**
Dieses uralte St. Margareta-Lied ist nach W. Wiora vorchristlichen Ursprungs; es ist bis heute im Vättis-Tal (jetziger Kreis St. Gallen) bekannt. In dieser Melodie lebt noch die Alphorn-Quart, ein Kennzeichen alpenländischer, von den Naturtönen des Alphorns bestimmter Melodik. Der Vortrag des Liedes geschieht in frei rezitierender Weise, nicht eingeengt durch ein Taktschema. In etwas abweichender Singweise auch bei C. Decurtius, Rätomanische Chrestomathie III (Roman. Forschungen XIV, 2, Erlangen 1903).
Qu., Aufz. und Ü: Paul Kamer

Seite 88 **Petlite mi pojat**
Qu: Melodies Popolaires Serbes (Serbie du Sud), rec. par Vlad.R. Georgevitch, Skopje 1928, Nr. 64.
Ü: Gerhard Gesemann in: 72 Lieder des Bulgarischen Volkes, Berlin o. J.
Anm: Gesemanns vorzügliche deutsche Übertragung ist dichterisch etwas umgeformt, daher entsprechen 20 deutsche Textzeilen den 18 kyrillischen.

Seite 90 **Young Joan**
Qu: Ralph Vaughan Williams, The Penguin Book of English Folk Songs, Harmondsworth, Middlesex 1959.
Ü: Gisela Balk

Seite 92 **Liten Karin**
Weit verbreitete Ballade.
Qu: Mitgeteilt durch Gunnel Ohlson.
Ü: Eleonora Halldén

Seite 94 **O Ceguinho**
Diese portugiesische Ballade berichtet, wie in der Ritterzeit eine Dorfschöne namens Anna, die mit ihrer Mutter zusammenlebte, von einem Edelmann durch List entführt wurde: Als blinder Bettler verkleidet, klopfte er eines Nachts an die Tür und bat, daß man ihm den Weg zeige. Anna erfüllte seine Bitte; außerhalb des Dorfes gab sich der Ritter zu erkennen und entführte das klagende Mädchen mit viel Gefolge auf sein Schloß.
Die Vorzeichnung ⁶/₈ entspricht dem von einem Begleitinstrument auszuführenden Rhythmus, so daß es zur »Konfliktsituation« Melodie (³/₄) und Begleitung (⁶/₈) kommt, wie man sie auch aus Spanien kennt.
Qu: Aufgez. im Dorfe Lanhoso von Conçalo Sampaio 1895; in: Cesar des Neves, Cancioneiro II, Porto 1895.
Ü: Maria Antonia Espadinha

Seite 96 **Ma belle si tu voulais**
Davenson sagt zu diesem Lied: »Man wird von der Einfachheit und der Dichte der Form überrascht sein: ›der tiefe Fluß‹, von klarer, symbolischer Bedeutung erinnert an das bloße Schwert, das in ihrem bäuerlichen Bett Tristan von Isolde trennte; an ›Tristan‹ von Wagner muß man in der letzten Strophe denken: Verzehrung der Liebe im Tod ...« Die zweite, ursprüngliche Form wird von P. Coirault mitgeteilt; sie stammt aus geschriebenen Liedersammlungen des frühen 18. Jhs.
Man beachte auch den rhythmischen Aufbau der Melodie: Den 6 Takten des Vordersatzes folgen 8

Takte des Nachsatzes. Man singe das Lied langsam.
Qu: Henri Davenson, Le Livre . . . , a. a. O.
Ü: Hanne Dészy

Seite 98   Mein Gmüth ist mir verwirret
Haßler, der große Orgelmeister, schuf zu dieser
Weise vermutlich auch den Text; von Paul Gerhardt
stammt zur gleichen Weise der berühmte Passions-
text »O Haupt voll Blut und Wunden«, den wir in J.
S. Bachs Matthäuspassion wiederfinden. Dieser Um-
formung fiel allerdings die ursprüngliche rhythmi-
sche Bewegung zum Opfer.
Qu: Hans Leo Haßler (1564–1612), Lustgarten
    neuer deutscher Gsäng, Nürnberg 1601; in: J.
    Müller-Blattau, Deutsche Volkslieder, König-
    stein i. T. 1959.

Seite 99   A Úna bhán
Eines der verbreitetsten irischen Liebeslieder; es
muß rezitativisch vorgetragen werden, »in reicher
Tonfärbung . . . dynamischer Schattierung und lang-
gezogenen Schwelltönen, worin selbst die einfach-
sten irischen Bauern ein feines Kunstempfinden zei-
gen« (Möller). Das Lied bezieht sich auf die unglück-
liche Liebe des Dichters Tomás Coisdealbhag und
Úna nic Diarmada zur Zeit Karl II. (17. Jh.).
Qu: »Gems of Melody« (Seóda Ceóil) II., Belfast.
Ü: H. C. Artmann
M: Fassung nach Heinrich Möller, IV.

Seite 100   Vadurie
Gennrich nennt Moniot de Paris (um 1200) einen
»Volkssänger«. Seine Melodien zeichnen sich durch
echte Volkstümlichkeit aus, wenngleich die Sprache
des Textes an die aristokratische Liedkunst der
Trouvères erinnert, an das »Chanson d'Amour«, das
Minnelied der großen Sängerkomponisten vom Ran-
ge eines Blondel de Nesle.
Qu: F. Gennrich, Troubadours, Trouvères, Minne-
    und Meistersang, Köln 1951.
Ü: Elisabeth Schreiner

Seite 102   Shall I sue
Kommentar zu Dowland siehe Lied Come Away,
Come Sweet Love, S. 138
Qu: Fellowes/Dart, The English Lute-Songs, John
    Dowland, London 1965.
Ü: Bernhard Bultmann

Seite 104   Ta stelys', stelys', ta barvinoču
Der zwielichtigen Stimmung dieses großartigen Tex-
tes entspricht die im dorischen Ton gehaltene Weise.
Auffallend ist dabei der Melodieaufschwung zur
kleinen Sext im zweiten Takt und das alsbaldige Zu-
rückfallen zur Tonika (d).
Qu: Chvylja Andrii, Ukrajinska Narodna Pisnja,
    1936, S. 185.
Ü: Hermann Bieder

Seite 106   Daar was een sneeuwwit vogeltje
Qu: Jop Pollmann/Piet Tiggers, Nederlands Volks-
    lied, S. 126, Amsterdam 1962.
Ü: Hermine Uÿterlinde

Seite 109   Reis glorios
Giraut de Bornelh (etwa 1165–1200), zu seiner Zeit
»maestre dels trobadors« geheißen, stammt aus der
Dordogne. Sein »Tagelied des treuen Wächters«
(»Alba«; von alba = Morgen) wird zu seinen reifsten
und zu den feinsinnigsten Leistungen der Trobadors
überhaupt gezählt. Text und Weise, die eine un-
trennbare Einheit bilden, sind von besonderer Aus-
gewogenheit (Gliederung in 4 mal 10♩ und einen
Abgesang von 6 bzw. 8♩).
Qu: Melodiefassung und Text: Nach Gennrich
    a. a. O.
Ü: Franz Wellner, in: Die Trobadors, Leipzig
    1966

Seite 111   Ty zarjá-l'
Qu: Kreis Epifaniev, Gouvernement Tula, in: M.
    Stachovitsch, Sammlung russischer Volkslieder
    II, 1854. Hier nach Rimskij-Korsakov, 100
    chants populaires russes, Paris 1877.
Ü: Hermann Bieder

Seite 112   Come, sweet lass
Dieses Lied gilt als eines der beliebtesten Liebeslie-
der des englischen Barocks. Wir stellen den zwei
Strophen noch die Umwandlung zum Trinklied zur
Seite, wie sie die »Beggars Opera« von John Gay und
Joh. Chr. Pepusch (1728) als Air 51 enthält.
Qu: Mehrere Sammlungen des 17./18. Jhs., hier zi-
    tiert nach W. Danckert, a. a. O., S. 108.
Ü: Cesar Bresgen

Seite 114   Kum, liebster man!
Der Tiroler Adlige Oswald von Wolkenstein (ca.
1377–1445) ist der wohl bedeutendste deutschspra-
chige Liederdichter und Komponist des späten Mit-
telalters. Auf der Grenze zwischen Mittelalter und
Renaissance stehend, verwendet er sowohl traditio-
nelle Formen und Motive als auch Allermodernstes,
u. a. mehrstimmige Liedsätze. O. v. Wolkenstein hat
die Mehrstimmigkeit in Deutschland eingeführt, die
in Frankreich und Italien zu jener Zeit schon hoch
entwickelt, in Deutschland jedoch nur in Ansätzen
(Mönch von Salzburg) bekannt war.
Beispiele hierfür sind die beiden Liebeslieder »Kum
liebster man« und «Mein herz« (S. 206). Das eine ein
dialogisches Abschiedslied zwischen einer Frau (Str.
1 + 3) und einem Mann, das andere ein sehnsuchts-
volles Klagelied über bisher unerwiderte Liebe.
Qu: Schatz/Koller, Oswald von Wolkenstein, geist-
    liche und weltliche Lieder, Wien 1902, Nach-
    druck Graz 1959.
Ü: Ulrich Müller
M: Johannes Heimrath.
WE: an abelan = ohne Aufhören; zu tratz = zum
    Ärger; latz = Netz; ringt = verringert; nöt =
    bringt mich in Not; ir genuoht = ihre Fülle;
    Das dir nicht werd . . . = damit das von dir
    gefangene Wild nicht im Netz der Schande
    umkommt.

Seite 117   Uti vår hage
Qu: Den Svenska Sånger, Eggelings Sångbok, Lund
    1917.
Ü: Gunnel Ohlson

Seite 118 Runo-Laulu
Runo-Laulu ist ein Runengesang aus dem »Kantele-
tar«, der Sammlung lyrischer Lieder der Finnen.
(Sammlung Lönnrodt II, 43)
Der Begriff »Kanteletar« bezieht sich auf das alte
finnische Nationalinstrument, die Kantele.
Qu: Heinrich Möller, III, S. 219.
Ü: nach der Ü. bei Möller durch Cesar Bresgen.

Seite 119 Tam' za gorom za zelenom
Ein altes kultisches Lied, das am Vorabend des Jo-
hannistages bei den Feuern auf den Bergen gesungen
wird. Auch dieses Lied wird in vielen Varianten
überall im Land gesungen, auch zum St.-Georgs-
und St.-Veits-Tag. Die grüne und weiße Seide hat
magische Bedeutung, ebenso die Befreiung des gefes-
selten Mädchens, das stellvertretend die Fruchtbar-
keitskräfte vorstellt. Das Lied stammt ebenfalls aus
der Banija, aus einem Gebirgsdorf, das von Hirten
bewohnt ist, deren Vorfahren möglicherweise direkt
von den alten Illyriern abstammen.
Der Kehrreim »Oj, devojko, du šo moja!« wird zu
jeder Strophe gesungen.
Qu., Aufz. und Ü: Stjepan Stepanow

Seite 120 Samiotissa
Der typisch griechische Rhythmus des Syrtos Kala-
matianos beruht auf der asymmetrischen Formel
3+2+2; er hat seine Wurzel im altgriechischen
Versfuß, dem »choréios álogos«, den Dionysos von
Halikarnass so beschreibt: Die Länge des Fußes ist
kürzer als die vollkommene (normale) Länge, d. h.
im Daktylos (♩♪♪) wird die Länge etwas verkürzt,
so daß das Verhältnis ♪·♪♪ entsteht.
Asymmetrie ist nichts Unnatürliches: schon der
Schlag des Herzens ist asymmetrisch. Marius Schnei-
der sieht in einer derartigen Teilung das »Symbol
jeder echten gegenseitigen Beziehung«. Im weiteren
zeigt gerade dieses Lied sehr deutlich, wie sehr der
Rhythmus der Melodie innig mit dem Wortrhyth-
mus zusammenhängt, wie andererseits durch die
Wortakzente jener asymmetrische Versfuß auf na-
türlichste Weise entsteht.
Qu: Alevizos, a. a. O.
Ü: Georg Veloudis

Seite 122 Fro bin ich dein
In diesem dreistimmigen Originalsatz Paul Hofhai-
mers (1459–1537) sieht H. J. Moser ein Tenorsolo-
Lied mit Instrumentalbegleitung. In der ausgewoge-
nen, nie überladenen Führung der Stimmen zeigt
sich Hofhaimers Meisterschaft. Wir bringen hier nur
den 1. Teil eines größeren Stückes, dessen weitere
Abschnitte untextiert sind.
Qu: Hans Joachim Moser, Paul Hofhaimer, Stutt-
gart und Berlin 1929.

Seite 123 Hoi, Marinko
1930 feierte die deutsche Sprachinsel Gottschee des
ehemalig österreichischen Kronlandes Krain ihr 600-
jähriges Bestehen. Während des 2. Weltkrieges muß-
ten die Gottscheer ihre Heimat zwangsweise verlas-
sen. In das heute zu Jugoslawien gehörige Gebiet

waren die Vorfahren aus Osttirol und Kärnten einge-
wandert. In ihren Lieder hat sich nicht nur ihr Wort-
und Lautbestand, sondern auch reiches altes Liedgut
bis in unsere Zeit erhalten. Die LP-Aufnahmen des
Volkskunde-Tonarchivs Freiburg (hrsg. von Johan-
nes Künzig und Waltraut Werner) geben ein an-
schauliches Beispiel.
Qu: Gottscheer und Volkslieder, hrsg. vom Deut-
schen Volksliedarchiv, Berlin und Leipzig
1930.
WE: Eßloch = Eß-Lohe = Brennessel (sie brennt
wie Feuer).

Seite 125 All mein gedenken
Dieses bis heute noch gesungene Lied eines unbe-
kannten Sängers, dessen Melodie später auch geistli-
chen Texten unterlegt wurde, ist in dem berühmten
»Lochhamer-Liederbuch« überliefert; diese Samm-
lung teils ein-, teils mehrstimmiger Lieder (zumeist
Liebeslieder) wurde um 1450 in Nürnberg angelegt
und befand sich später im Besitz des dortigen Patri-
ziers Wolflein von Lochhamer. Das Lied verwendet
Motive der höfischen Liebesdichtung, setzt sie aber
ins Schlicht-Volkstümliche um.
Qu: Hugo Moser und Joseph Müller-Blattau,
Deutsche Lieder des Mittelalters von Walther
von der Vogelweide bis zum Lochhamer Lie-
derbuch, Stuttgart 1968, S. 353.
WE: gedenken = sehnsuchtsvolle Gedanken, ge-
dankenvolles Erinnern; ward wein = weinte;
du pist mein . . . = vgl. Lied S. 6 und 144

Seite 126 Ó, min flaskan frida!
Melodie: Isländische Zwiegesänge (»tvísöngur«) die-
ser Art sind schon seit dem Beginn des 14. Jahrhun-
derts bezeugt und können als isländisch-nordischer
Eigenwuchs gelten; sie haben sich bis in unsere Tage
hinein erhalten. Das Lied wird von zwei Männer-
stimmen gesungen; die Hauptstimme liegt unten, die
Überstimme (Organum) ist sowohl Parallel- wie Ge-
genstimme. Das Zeitmaß soll sehr ruhig genommen
werden.
Text: Die 2. Strophe aus einem langen Gedicht von
Eggert Olafsson (1726-68) läßt das Lied sowohl als
Trink- wie auch als Liebeslied erscheinen.
Qu: Phon. Aufzeichnung von Jon Leifs im Berliner
Phonogra. Archiv; siehe auch Danckert, Das
Europäische Volkslied, Berlin 1939, S. 19.
Ü: H. C. Artmann

Seite 127 Dobrú noc
Qu: »Spaliček« II, (Rev. Alois Haba), Prag 1951.
Ü: Cesar Bresgen

Seite 129 Ine gesach die heide nie baz gestalt
Die Lieder des aus Bayern stammenden und vor al-
lem am Wiener Herzogshof des Babenbergers Fried-
rich II. († 1246) weilenden Sängers Neidhart (ca.
1180-1240) gehören zu den beliebtesten des ganzen
Mittelalters. Seine Spezialität war es, Höfisches und
Bäurisches in Kontrast zueinander zu stellen. In dem
vorliegenden Lied, einem Frühlingslied, unterhalten
sich 2 Dorfmädchen über die Männer: Während die

eine nur Tadelnswertes feststellt, will die andere voll Liebe einem offenbar edlen Werber, der den zweideutigen Namen »Reuental« = »Jammertal« trägt, folgen – vermutlich also ins Unglück.

Daß die Rolle des Ritters »von Reuental« mit der Person des Dichters identisch sei, wurde zwar öfters vermutet, doch spricht vieles gegen eine solche Gleichsetzung. Neidhart wollte offenbar mit diesem und anderen ähnlichen Liedern ein Gegenbild zu der damals üblichen Minne-Konzeption entwerfen, wo eine hohe Dame von einem sozial (real oder fiktiv) niederer stehenden Sänger umworben wird; der Zweck dieser Neidhart-Lieder war wahrscheinlich, die zuhörende höfische Gesellschaft gleichzeitig zu amüsieren wie auch zu provozieren.

Qu: Hugo Moser u. Josef Müller-Blattau, Deutsche Lieder des Mittelalters von Walther von der Vogelweide bis zum Lochhamer Liederbuch, Stuttgart 1968, S. 41–42.

Ü: Ulrich Müller

Seite 132   L'amour de moi

Davenson spricht hier von einer »vorgetäuschten Naivität«, die zu Anfang des 16. Jahrhunderts recht beliebt gewesen sei. Wie dem auch sei, die kunstvolle Führung der Weise paßt vorzüglich zu dem blumig-stilisierten Text, was den (anonym bleibenden) Meister verrät.

Qu: Davenson, a. a. O.
Ü: Hanne Dészy

Seite 134   La bergère et le monsieur

Der Wechsel zwischen Französisch und mittelalterlich-südfranzösischer Mundart stellt den Gegensatz der Personen besonders deutlich dar: der Verführer in einer kläglichen, aristokratisch gefärbten Rolle, die Hirtin in ihrer Einfachheit und Unhöflichkeit. Eine Pastourelle mit einer auffallend schönen modalen (vorbarocken) Weise.

Qu: Davenson, a. a. O.
Ü: Hanne Dészy

Seite 136   La pastorella mia

»Villanella« bedeutet ursprünglich »Landmädchen«; im Gegensatz zum nobleren Madrigal trägt diese Gattung weltlicher Vokalmusik volkstümliche Züge. In dieser typischen Villanella, die der französischen Pastourelle entspricht, wird die städtische »Schäferin« dem naiven Bauernburschen gegenübergestellt, während es sich in zahlreichen Liedern dieser Gattung um den umgekehrten Vorgang handelt. Arcadelt (ca. 1514–1572) wird im päpstlichen Kapellregister »Jakobus Flandrus« genannt; den größten Teil seines Lebens verbrachte er in Italien und ordnete sich ganz dem italienischen Wesen ein.

Qu: The Italian Madrigal, Herausgeber Alfred Einstein II, Princetown 1949.
Ü: nach G. Wolters in, ars musica III, Wolfenbüttel 1971.

Seite 138   Come away, come sweet love

John Dowland (1563–1626) war der berühmteste und genialste der großen elisabethanischen Lauten-meister. Von 1580 bis 1594 stand er im Dienste der englischen Königin. Anschließend reiste er nach Deutschland und Italien, wo ihm große Ehrungen zuteil wurden. Der dänische König Christian IV. ernannte den Virtuosen 1598 zum königlichen Lautinisten. 1606 kehrte er nach England zurück.

Von Dowlands Werken sind erhalten etwa 100 Kompositionen für die Laute, einige für Violenkonsort und ca. 90 Lieder, davon die meisten mit Lautensatz.

Qu: Fellowes/Dart, The Englisch Lute-Songs / John Dowland, London 1965.
Ü: Gisela Balk

Seite 140   Fiskafånget

„Am Beginn der schwedischen Literatur steht Carl Michael Bellman (1740–1795), der verliebte, trunkene Zecher, der Präsident des bacchanalischen Ordenskapitels, Liebhaber der schönen Nymphe Ulla Winblad, der das schwedische Rokoko mit Göttern aus Stockholms Kaschemmen und Tavernen belebt." (Klabund)

Seine Lieder sind von einem Formenreichtum, der einzigartig ist, unabhängig von allen Schulen und Mustern, vergleichbar nur der Poesie mittelalterlicher Sänger. Doch nicht nur die Form ist bemerkenswert: die Melodien verzaubern die Verse, die einen Reichtum von Empfindungen zwischen Lust und Not, Anfang und Ende entfalten, wie er in jener Zeit der gedrechselten Gedanken und kandierten Gefühle in Europa außergewöhnlich ist.

Qu: Michael Bellman, Der Lieb zu gefallen, Heimeran, München 1976.
Ü: H. C. Artmann und Michael Korth

Seite 142   Turlututu

Das Gebiet von Haut-Languedoc (Ursprungsorte Albigeois und Laurugais) bewahrt viele alte Lieder. Während die meisten »Pastourellen« von galanten Abenteuern der Ritter berichten, in denen »die geistige Überlegenheit des Herrenstandes gegenüber der beschränkten Intelligenz und käuflichen Moral des Bauernstandes vor Augen geführt wird« (Gennrich), veranschaulicht dieses Lied den gegenteiligen Vorgang.

Qu: J. Canteloube, Anthologie des chants populaires français, I–IV, Paris 1939–1944.
Ü: aus: Europäische Lieder in den Ursprachen I/ II Merseburger, Berlin ²1968, Nr. 32.

Seite 143   Te kái amen piras

Lied eines ungarischen Zeltzigeuners

Qu: Vorgesungen vom 50jährigen Rupica Gyuro in Zalalövö 1953.
Ü: Barna Kovàts

Seite 143   Havuz başının gülleri

Qu: Aufz. durch Eduard Zuckmayer, Ankara. Aus: Pro-musica-Blätter (hrsg. Fr. Jöde), Wolfenbüttel 1955.
Ü: freie Übersetzung nach E. Zuckmayer durch Cesar Bresgen.

Seite 144   Es taget vor dem walde

Dieses Lied überträgt die Situation des höfischen Ta-

geliedes ins Volkstümliche; es verwendet ferner die bekannte Verlobungsformel (vgl. S. 6, 125)
Qu: Rochus Frhr. v. Liliencron, Deutsches Leben im Volkslied um 1530, Stuttgart 1884.
WE: Kätterlin = Kätchen; hürnen = blasen das Horn.

Seite 146 Es war amal an Abend spat
Heute kennt man das Lied fast überall, wo noch alpenländische Lieder gesungen werden. Es gibt auch noch eine andere, von Konrad Mautner im Salzkammergut aufgezeichnete Weise. Das Lied verweist auf ein altes »Tagelied«, dessen Spuren in der 2. und 4. Strophe erkennbar sind. Oft wird zu dem Lied auch noch der Jodler, der steirischer Herkunft ist, angestimmt.
Qu: Hier nach der Lesart aus Tragöß, Obersteiermark; aufgez. von Georg Kotek. Kotek-Zoder, Ein österreichisches Volksliederbuch, Wien ²1969.
WE: Das Wegerle = der Weg; nit gratn = nicht entraten, nicht verzichten; also: »und war das Wegerle no so weit, so kunnt is nit gratn mehr heut« heißt: »Und wäre der Weg auch noch so weit, so könnte ich auf s i e doch nicht verzichten.«

Seite 148 Das Kchühorn
Das in der Hs. als »Kuhhorn« betitelte Lied des Mönchs von Salzburg (s. S. 56 d. Kommentars) parodiert die Form des Tagelieds, denn es wird nicht der morgendliche Abschied eines höfischen Paares berichtet, sondern der Abschied von Magd und Knecht, die die »untarn«-Zeit (d. h. die Zeit nach dem Mittagessen) gemeinsam im Stroh verbracht haben. Solche Parodien höfischer Formen sind im späten Mittelalter sehr beliebt gewesen. Der »Mönch« kombiniert in seinem Lied Erzähl- und Dialogteile.
Qu: Textfassung von Franz V. Spechtler;
Ü: Ulrich Müller

Seite 152 Oj, kuku, kuku
Die Tscheremissen sind ein ostfinnischer Volksstamm, der sich selbst als Mari bezeichnet. Sie leben zwischen mittlerer Wolga und Wjatka, wo sie schon im 8. Jahrhundert nachzuweisen sind. Im 16. Jahrhundert wurden sie von russischen Missionaren christianisiert, doch leben weiterhin uralte heidnische Gebräuche in ihrem Ritus. Außerdem verfügen sie über einen reichen Schatz an Volkserzählungen und Liedern. Die Weisen sind, wie auch viele altungarische Gesänge, rein pentatonisch. Das Tscheremissische gehört zu den finnisch-ugrischen Sprachen.
Qu: Aufz. 1958 im Yelasi-District, autonome Republik der Mari, UdSSR. In: L. Vikár und G. Berecki, Cheremis Folksongs, Budapest 1971, Nr. 246.
Ü: C. Bresgen nach der engl. Version.

Seite 153 Mikor gulyásbojtár voltam
Dieses Lied wurde 1907 von Bela Bartók aufgezeichnet. In seiner Knappheit gehört es zu den vollendetsten altungarischen, rein pentatonischen Zeugnissen der Volkspoesie.

Qu: Kodaly, a. a. O.
Ü: Barna Kovàts
M: Cesar Bresgen (singbare Fassung)

Seite 155 Anevika sta Agrafa
Dieses Lied stammt aus Agrafa, einer Stadt in Valtou, jener griechischen Landschaft im gebirgigen Nordwesten, deren Einwohner sich als besonders erbitterte Gegner der Türken erwiesen haben. Kleffti waren Einzelkämpfer; Lieder, die ihre Taten besingen, werden bis heute von Männern – um den Tisch sitzend – vorgetragen. Sie sind den aus Kleinasien stammenden Akritika (Heldenliedern) sehr verwandt.
Qu: Alevizos, a. a. O.
Ü: Georg Veloudis

Seite 156 Konj zelenko
»Der Volkssänger begnügt sich mit nur vier Tönen, um die Bitte des Mädchens an ihre Mutter, mit dem Auserwählten vermählt zu werden, vorzubringen. Einziger Zeuge dieses Flehens, das sich zur Drohung steigert (›... zu ihm – oder in die kalte Donau‹), ist das Pferd ›Zelenko‹ (Apfelschimmel), das zeitweise weidet und zeitweise hinhorcht, um die Bitte des Mädchens zu hören.« (Jovašević)
Qu: Aufgez. durch Dragoljub Jovašević in Čačak (Serbien). Erstveröffentlichung! (Durch den Aufzeichner persönlich überlassen.)
Ü: Truda Reich/Cesar Bresgen

Seite 157 Ai tu iva
Die Raute, vergleichbar unserer Myrthe, ist in Lettland und Litauen, wie auch in manchen anderen Ländern des Ostens Symbol der Jungfräulichkeit. Bei Hochzeiten und Dorffesten wurde sie von Jungfrauen getragen. Das Lied ist in lettgalischem Dialekt verfaßt.
Qu: Heinrich Möller, Lieder der Völker XIII; aus: A. Kalnins, 50 lettische Volkslieder in lettgalischem Dialekt, Riga o. J.
Ü: frei nach der Vorlage bei Möller durch Cesar Bresgen.

Seite 158 Tandernaken
Der Text dieses niederländischen Liebesliedes ist im »Antwerpener Liederbuch« (1544) überliefert; es ist ein Gespräch zweier Mädchen »t'Andernaken« (= zu Andernach). Die vielfältige Verwendung dieser Melodie durch verschiedene Komponisten (u. a. Obrecht und Senfl) zeigt seine Beliebtheit.
Qu: H. J. Moser, Paul Hofhaimer, Stuttgart/Berlin 1929, S. 159.
Ü: Ulrich Müller

Seite 161 Zebyś byla katolicka
Das Lied stammt aus der Zeit der Gegenreformation, die in Polen von der Synode von Petrikau (Piotrków) 1551 bis ins 18. Jh. hinein gedauert hat. Die Anspielung auf die »Lutheranerin« bezieht sich offenbar auf die aus dem protestantischen Ungarn ins streng katholische Polen hergezogenen Zigeuner.

Qu: Oskar Kolberg, Dziela Wszystkie, II (Gòry i
   Podgòrze)
Ü: Hermann Bieder

Seite 162   Je, suhajowa maty
Wir bringen das Lied vor allem wegen seiner Melodie, die im Naturklang der Alphornquart (lydischer
Modus) gehalten ist und für Melodien der Bergvölker typisch ist. Ähnliche Melodien sind aus den Karpatenländern, aber auch aus den Alpen überliefert.
Qu: Kolberg II, a. a. O. Nr. 345.
Ü: Hermann Bieder

Seite 163   I me boari
Gesang eines Bauern, der die Ochsen antreibt; ein
typisches Beispiel für den altüberlieferten Stegreifgesang, wie er als »stornello« in der Romagna und in
der Toskana bekannt ist.
Qu: Cornoldi. Aufz. aus Fratta 1958.
Ü: Adelaide Fiocchi
WE: tuotena = unübersetzbarer Kraftausdruck.

Seite 164   Ma tí to thél'i
Dieses typisch griechische Liebeslied verrät kleinasiatische Herkunft; es findet sich bereits bei Manolis Kalamiris, dem in Smyrna geborenen Komponisten (1883–1962), der stark durch die griechische
Volksmusik beeinflußt war.
Qu: Susan and Ted Alevizos, Folksongs of Greece,
   Oak Publications 1968.
Ü: Georg Veloudis

Seite 165   Ščučka rýbka
Qu: Rimskij-Korsakov, 100 chants populaires russes, Paris 1877; aus dem Gouvernement Novgorod.
Ü: Hermann Bieder

Seite 167   Pastirče mlado
Qu: Aufz. durch Dragoljub Jovaševic in Čačak.
   Erstveröffentlichung.
Ü: Truda Reich/C. Bresgen

Seite 168   We, ik han ghedacht
Die Lieder des »Wizlaw von Rügen«, womit wahrscheinlich der von 1302–1325 auf Rügen regierende
Fürst Wizlaw III. gemeint ist, sind in der »Jenaer
Liederhandschrift« (1. Hälfte des 14. Jhs.) überliefert, und zwar in einer niederdeutsch-mitteldeutschen Mischsprache. Der Wortlaut der beiden Liebeslieder ist hier gegenüber der Handschrift in einer
versuchsweise ins Niederdeutsche zurückübersetzten Fassung wiedergegeben.
Qu: Moser-Mbl., a. a. O., S. 141–143.
Ü: Ulrich Müller

Seite 170   Nach der senenden klaghe mot ik singhen
Qu. und Kommentar vgl. Lied S. 168.
Ü: Ulrich Müller

Seite 171   Kume, kum, geselle min
Die beiden Strophen finden sich in der im Kloster

Benediktbeuren gefundenen Handschrift der »Carmina Burana« (13. Jahrhundert), und zwar als Anhang zu einem lateinischen Liebesliedchen, das auch
Carl Orff vertont hat (»Veni veni venias«). Die Originalmelodie ist nicht überliefert; unterlegt ist hier
eine zu der Strophenform passende Melodie von
Adam de la Halle (Trouvère, † 1286 in Neapel), eine
Melodie aus dem ältesten Singspiel »Jeu de Robin et
de Marion«;
Qu: A. Sydow, Das Lied, Ursprung, Wesen und
   Wandel, Göttingen 1962.
WE: ich enbite harte din = ich warte sehr auf dich.

Seite 172   Ach Elselein, liebes Elselein
Die erste Strophe birgt in ihrem Kern den Stoff der
Königskinderballade (»Es waren zwei Königskinder,
die hatten einander so lieb«), die in vielen Fassungen
ungemein verbreitet ist. Das Elselein-Lied findet sich
schon im »Glogauer Liederbuch« von 1480, bald
nachher taucht es bereits in einer tschechischen
Handschrift auf (Elissko mila = Elslein liebes) und
wird bis zum 19. Jahrhundert auch in allen skandinavischen Ländern gesungen, freilich in immer neuen
Melodievarianten. Die hier mitgeteilte Weise findet
sich in den »Bicinien« des Georg Rhaw (1545), die
auch den hier zitierten Text enthält. Von der ursprünglichen Ballade ist nur die erste Strophe übriggeblieben.
Qu: »Bicinien« von Georg Rhaw (1545)

Seite 173   Quando le nei
Die anscheinend so einfache Weise bietet dennoch
die Überraschung eines kunstreichen Formbaues: die
auf knappstem Raum konzentrierte A-B-A-Form
mit 3+5+3 = 11 Takten!
Qu: Hanns in der Gand, Canzoni popolari ticinesi,
   Basel/Lugano 1933.
Ü: Adelaide Fiocchi/C. Bresgen

Seite 174   Mila mati
Derartige Lieder sind oft nur zum Schein Mädchenlieder, in Wirklichkeit aber gesungene Sticheleien,
die mit solchen »Offenbarungen geheimer Mädchenwünsche« die Dorfschönen necken. Die Melodie bewegt sich innerhalb eines dorischen Pentachords,
wobei der Schlußton der Melodie den Grundton des
Modus vorstellt (die Begleitstimme darf bei der Bestimmung des Modus nicht berücksichtigt werden,
da sie eine spätere Erscheinung ist).
Qu: Mitgeteilt und übersetzt: Stjepan Stepanow.

Seite 175   Za našíma humny
Qu: Poklad lidových písní, Prag 1965.
Ü: Reinhold Kudielka
WE: Šohaj = Kerl, Bursche

Seite 176   Mîndra floare–i norocu
Die »Doina« nennt Friedwagner, einer der besten
Kenner rumänischer Volkspoesie, das »Kern- und
Glanzstück der rumänischen Volksdichtung«. Ihr
Wesen ist die Sehnsucht (dor bzw. dorul). »Dor de
țara« heißt Heimweh und Liebessehnen zugleich;
»Wo immer zwei sich lieben, begegnen ihre ›doruri‹

einander. So wird dor bzw. dorul also zu einem selbständigen Wesen, zum ständigen Begleiter der Liebenden, wird zum ›Geist‹, ja zum Dämon, der sich verwandeln kann, der überall Zutritt sich verschafft, eine Krankheit. Diese unendliche Vielfalt der Gestalt, in der ›dorul‹ auftritt, das Übernatürliche an ihm, versinnbildlicht so recht die Unwiderstehlichkeit der Liebe, vor der es kein Entkommen gibt.« (Friedwagner) In der Doina finden diese Vorstellungen ihren dichterischen und musikalischen Ausdruck; »doinind« heißt, im Charakter der Doina zu singen, d. h. hier frei und ohne Einzwängen in ein metrisches Schema.

Der Kuckuck gilt als Liebesvogel der Rumänen. »Dorul« kann auch in Vogelgestalt erscheinen. Eine bestimmte Rolle spielt dabei die Farbe der Federn, wobei Gelb eine mehrdeutige Rolle zukommt, während Grau als Farbe düsterer Vorahnungen und Tod verstanden wird.

Qu: Aufz. 1936 in Voiniceni (Tg. Mureş-Reg. Auton. Maghiară), in: Ilarion Cocişiu, Cîntece populare romaneşti, Nr. 115.

Ü: Irmgard Lackner

Seite 178   Der Liebe Macht

Adam Krieger, der als Dichter, Komponist und Organist in Dresden und Leipzig wirkte, schuf seine einprägsamen Melodien zum geselligen Musizieren; daher gab er ihnen instrumentale Zwischenspiele (Ritornelle), die vorwiegend von Streichinstrumenten ausgeführt wurden. Das Lied selbst wird am besten durch Cembalo, Gitarre oder Laute begleitet.

Qu: Adam Krieger (1633–1666), Arien (gedruckt 1676).

Seite 179   Sarajevo, behara ti tvoga

Ein bosnisches Liebeslied, das sich von den Liebesliedern der ursprünglich islamischen Feudalschicht (»Sevdalinka«) aus der Zeit der Türkenherrschaft deutlich unterscheidet. Bemerkenswert ist der für das nicht-islamische bosnische Volkslied typische zehnsilbige Vers, dessen ursprüngliche Herkunft auf die Antike verweist.

Qu., mitgeteilt und Ü: Truda Reich (gebürtig aus Sarajevo).

Seite 180   Bryd one brere

Zur Deutung dieses mittelenglischen Liedes, das um 1300 entstanden ist, bemerkt Peter Dronke: »Die personifizierte Natur kommt im Frühjahr, um den Liebesgott zu bitten, die Liebe in der Welt freizugeben, – oder: Kynd, die Tochter der höchsten Gottheit, nämlich der Liebe, kommt herab, um (auf Erden) Liebe zu erflehn; ... aber wir können noch eine andere Bedeutung der Verse nicht ausschließen – ... nämlich, daß der Vogel der Vertraute der Liebenden ist, der sich des Liebhabers erbarmen kann, indem er ihm eine frohe Botschaft von seiner Herrin bringt – diesmal eine Konvention, die tief im volkstümlichen Gesang verwurzelt ist.«

Qu: King's Coll. Cambridge, Muniment Roll 2 W.32

Ü: Susanne Schaup

M: P. Dronke, Lyrik des Mittelalters, S. 266, München 1968.

WE: bryd = biryd (Vogel); d = wie das englische th.

Seite 182   Das Rautensträuchelein

Das Lied war mit gröberer Melodie schon im 16. Jahrhundert verbreitet. Bei Forster II (1540) wird der Wunschtraum auf jähe Weise beendet:

Und da ich nun erwachet,
Da stund ein altes graues weib
Vor meinem bett und lachet.

Die hier mitgeteilte Form aus »Des Knaben Wunderhorn« (der berühmten Volksliedsammlung von Achim von Arnim und Clemens Brentano von 1810) entspricht voll und ganz der empfindsamen Traumvorstellung der frühen deutschen Romantik. Die Raute gilt als Sinnbild der Unschuld; Bilder vom gepflegten Rautengarten, vom Rautenstrauch und Rautenkranz finden sich in Liebesliedern nahezu ganz Europas.

Qu: (Originalsatz), 24 alte deutsche Lieder aus »Des Knaben Wunderhorn«, Heidelberg 1810, Nr. 5.

Seite 183   Zelena lipa j'gorila

Das Lied wird beim Nachhausbegleiten des Brautpaares von Burschen und Mädchen gesungen.

Qu: Aufgezeichnet in Unterpullendorf (Burgenland).
Helga Thiel, Zur Systematik des burgenländischen Hochzeitsbrauchtums, Jahrbuch des Österreichischen Volksliedwerkes, Bd. 24 (1975), S. 87ff.

Seite 184   Ar gouriz

In der Bretagne haben sich bis in unser Jahrhundert alte Hochzeitsbräuche erhalten. Bazvalan (von Baz = Zweig, valan = Ginster, also Träger des wundertätigen Ginsterzweiges), der Brautwerber, betritt das Hochzeitshaus und setzt sich zu Tisch. Sobald der Bräutigam erscheint, übergibt ihm der Brautvater einen Pferderiemen, den er durch den Gürtel seiner Braut zieht. Während er den Riemen an den Gürtel knüpft, singt der Brautführer (Breutaer) dieses Lied vom »Gürtel«.

Qu: H. de la Villemarqué, chants populaires de la Bretagne, (Barzaz breiz), Paris 1963, Nr. 33.

Ü: Hanne Deszy

Seite 185   Qitma, moj Naze

Dieses Lied wird gesungen, während die Braut mit dem Hochzeitsgewand bekleidet wird.

Qu: Lorenc Antoni, Folklori Muzikuer Shqiptar; Priştine 1956, Nr. 26. Aufgezeichnet in Ferizaj, Shtatuer 1941.

Seite 187   Prigolúb' jásnovo sókola

In dieser alten großrussischen Melodie ist die phrygische Wendung kurz vor dem Schluß auffällig, die dem Lied einen betont ernsten Charakter verleiht.

Qu: Rimskij, a. a. O. S. 74. (dort: Mitget. v. Anna Niko Lajevna Engelhardt)

Ü: Hermann Bieder

Ü: Martin Camaj
WE: die Stirne bereit Dukaten zu tragen = die Hochzeitskrone tragen.

Seite 188 Plačí, plačí, naplačí se

Unverkennbar wirkt in der Volksmusik der altgriechische Rhythmus weiter; so folgt z. B. der Rhythmus in unserer Brautklage dem alten Creticos ($^5/_8$ bzw. $^5/_{16}$).
Zum bulgarischen Vers sagt Gesemann, er kenne keine »Längen und Kürzen (wie der antike Vers), er kennt aber auch keine betonten Hebungen und unbetonten Senkungen (wie der deutsche Vers). Er ist unabhängig vom Wortakzent. Er wird ja gesungen und nicht gesprochen und noch weniger gelesen, er ist gegen seinen Willen und seine Natur aufs Papier geraten.«
Qu: Aufzeichnung 1930. Volkslieder aus Nordostbulgarien, Sofia 1962, Nr. 488.
Ü: Ida Hochleitner

Seite 189 Májka sína žéni za neznájno líbe

In Bulgarien war es Sitte, daß die Mutter den Sohn verheiratete.
Qu: vgl. Lied S. 188. Volkslieder aus Nordostbulgarien, Sofia 1962, Nr. 494.
Ü: Ida Hochleitner

Seite 190 Çekin halay düzülsün

Der schlichte und derbe Text ist nach einer der einfachsten Arten der sehr reichen türkischen Volkspoesie gestaltet. Seine Zeilen haben je sieben, andere Volkslieder je nach ihrer Funktion acht oder elf Silben. Das Reimschema schreibt einen Gleichklang der ersten, zweiten und vierten Zeilen der vierzeiligen Strophen vor. Die Anhängung von sinnfreien Silben, die es ja auch im deutschen Volkslied gibt, begegnet recht häufig, ist hier aber besonders dicht. Daß drei Zeilen eine bzw. zwei Silben »zu viel« haben, ist eine vermutlich auf die beiden Sänger zurückgehende Korrumpierung. Den Text zeichnet, wie die meisten türkischen Volkslieder, eine ausgesprochen bilderreiche Sprache aus. Halay ist einer der in Anatolien verbreitetsten Reihentänze.
Die Melodie mit einer Form aus den zweitaktigen Phrasen a - a - b - a - a - b gehört zum Typ der kırık hava (»gebrochene Melodie«), die durch relativ enge, oft bogenförmig verlaufende Melodik, fehlende Meslismatik bzw. Ornamentik und straffe Metrisierung gekennzeichnet ist. Sie tritt meist zu ebenso einfachen Textformen und ist für Tanzlieder unerläßlich.
Anmerkungen zum türkischen Text:
Die Bögen über je zwei Silben zeigen an, daß diese das zugehörige Achtel der Melodie in zwei Sechzehntel unterteilen. In der ersten Zeile der dritten Strophe wurde »almanın« gesungen. Das ist Dialekt und heißt im Hochtürkischen »elmanın« (elma = Apfel). Das Lied wird beim Herumreiten des Brautpaares im Dorf gesungen. (Kurt Reinhard)
Qu: Das Lied wurde von zwei jungen Türken, Haci Türk-Yilmaz (25) und Mehmet Yalçin (20), am 13. April 1955 im Dorfe Yenianahşa (Taurus-Gebirge, Provinz Adana) vorgetragen und von Kurt Reinhard auf Tonband aufgenommen. Aus: Vor seinen Häusern eine Weide . . ., Volksliedtexte aus der Südtürkei, hrsg. von Kurt Reinhard, Berlin 1965.
Ü: Ursula Reinhard
M: Kurt Reinhard

Seite 192 Mamma mia

Qu: Antonio Cornoldi, Ande, Bali e Cante del Veneto, Padua 1968, Nr. 144.
Ü: Adelaide Fiocchi

Seite 194 Oj, ne chody, Hrycju

Qu: Ukrainische Lyrische Volkslieder, Akademie der Wissenschaften der Ukr. Sowjetrepublik, Kiew 1960.
Ü: Alexej Stachowitsch

Seite 196 Stefane

Wie in den keltischen Liedern Großbritanniens oder Schwedens gibt es auch im Bulgarischen die Vorstellung von Elben (Vilen), die die Liebe der Sterblichen suchen. Es kann sich dabei auch um Hexen oder Drachen handeln, die auf einem bestimmten Tanzplatz oder bei Brunnen ihr Wesen treiben. An solchen Plätzen werden Lieder gesungen, in denen »die tanz- und musikliebenden Geister der bewegten Luft die Menschen zum Tanz und zur Liebe locken, in ihren Wirbel ziehen und krank, elend, wirren Sinns auf dem zertretenen Rasen zurücklassen . . . « (Gesemann). Derartige Vorstellungen sind immerhin, wie die späte Aufzeichnung erweist, noch bis in unsere Gegenwart hinein lebendig geblieben. Vgl. dazu Lied S. 197.
Die tetrachordische Melodie zeigt keine türkischorientalische Beeinflussung.
Qu: vgl. Kommentar und Lied S. 188, Nr. 281.
Ü: Ida Hochleitner

Seite 197 Mari, bul'o, mari

Das Lied wird als einfacher Reigen (pravo horo) getanzt. Die Schlange, von der das Mädchen singt, muß hier als das böse Prinzip schlechthin verstanden werden. Die Vorstellung der Besitzergreifung erinnert an die Begebenheiten in den bulgar. Drachenliedern.
Qu: Aufgez. im Kreis Tärnovo 1955. Aus: Verbreitung und Varianten eines bulgar. Volkstanzes (R. Kacarova-Kukudova), in: Studia Memoria Belae Bartok Sacra, Budapest 1957, S. 82
Ü: ibid.

Seite 198 Dola n'bahçe me mledh'lula

Hühnchen = albanisch Pula kann auch als Eigenname bzw. Mädchenname gebraucht werden. Das Lied stammt aus dem Moslemmilieu, deshalb trägt das Mädchen Pluderhosen. Die Melodie zeigt jedoch deutlich griechische Züge.
Qu: vgl. Lied S. 185 (Aufz. aus Korrik 1951).
Ü: Martin Camaj

Seite 199 Tha mi sgìth

Das sowohl mit gaelischem als auch englischem Text weitverbreitete Lied wird als »Liebeslied einer Fee«

343

bezeichnet. In den keltischen Landschaften hat sich der Glaube an Naturwesen und Elementargeister wie Feen, Elben, Nixen und Kobolde bis in unsere Gegenwart erhalten; » . . . sie singen und tanzen beim Mondschein, ihre Spuren und Feenringe findet man morgens im Tau. Harfe und Fidel sind ihre Hauptinstrumente, aber noch lieber singen sie.« (zitiert nach T. Cr. Croker, Fairy Legends and Traditions of the South Ireland, London 1862, von W. Danckert)
Qu: M. Kennedy-Fraser und K. Macleod, Songs of the Hebrides, I, London 1909.
Ü: H. C. Artmann

Seite 200 Es freit ein wilder Wassermann
Die in vielen Varianten vor allem in skandinavischen Ländern, aber auch im deutschen Norden, in westslawischen Gebieten, auch in der Schweiz verbreiteten Lieder vom Wassermann gehen auf Vorstellungen aus heidnischer Frühzeit zurück, verdichtet zu Volksballaden vom Wassergeist (auch »Nickelmann« = Nix), der sich eine irdische Braut raubt, um mit ihr für immer im Wasserreich zu leben. Die bekanntesten Namen der geraubten Braut sind außer Lilofe: Hannele, Dorothee, auch Rhein- und Nixenbraut; eine altdänische Ballade handelt von »Agnete und dem Meermann« Wir bringen hier die bekannteste Singweise aus dem 19. Jahrhundert.
Qu: Joseph Müller-Blattau, Deutsche Volkslieder, Königstein i. T. 1959.

Seite 203 Klage und Trost
Qu: Originalsatz aus: 24 alte deutsche Lieder aus »Des Knaben Wunderhorn«, Heidelberg 1810; dort Anmerkung: »Die 2te und letzte Strophe werden besser in majeur gesungen.«

Seite 204 Das Lied der Guggisberger
Es gehört zu den ältesten Schweizer Volksliedern; sein Text läßt sich schon zu Anfang des 16. Jhs. belegen. Das Thema »Liebesprobe« und »Liebestrank« wird in den Strophen 5–7 versinnbildlicht. Der Kehrreim »Simeliberg . . . bis . . . anet dem Berg« wird in jeder Strophe eingeschoben; die Eigennamen sollen auf eine Liebesgeschichte anspielen, die sich wirklich zugetragen hat.
Qu: Erk-Böhme, a. a. O.
WE: 's isch äben-e Mönsch uf Ärde = es ist eben ein Mensch auf Erden; Similibärg = Flur- und Hofname bei der Ortschaft Guggisberg; byn ihm sy = bei ihm sein; Buehlis = Schätzleins; Muschgate = Muskatblüte; Nägeli = Gewürznelke; räß = bitter; denkt = gedacht; numee = nunmehr; nüt as = nichts als.

Seite 205 Anneli, wo bisch geschter gsi?
Die schwingende Melodie ist typisch für die selten gewordenen alemannischen Volksweisen (siehe dazu die vorigen Beispiele).
Qu: Erk-Böhme, a. a. O.
WE: geschter gsi = gestern gewesen; sind er alli Tag = ist er alle Tage; chunnt = kommt.

Seite 206 Mein herz, das ist versert
Vgl. Kommentar zu Oswald von Wolkenstein S. 114

»Kum, liebster man!«
Qu: Schatz/Koller, Oswald von Wolkenstein, geistliche und weltliche Lieder, Wien 1902, Graz 1959.
Ü: Ulrich Müller
M: Johannes Heimrath.

Seite 208 Ich schell mein horn in jammers ton
Der junge Herzog Ulrich von Württemberg, dem dieses Lied zugeschrieben wird, liebte die schöne Markgräfin Elisabeth von Brandenburg. Aus politischen Gründen wurde er gezwungen, die bayerische Prinzessin Sabina zu heiraten, eine Nichte Kaiser Maximilians, der man Schönheit leider nicht nachrühmen konnte. Die Erwähnung des Hasenfleisches ist auf Sabina gemünzt: Im Gegensatz zum Hochwild gehört der Hase zur niederen Jagd.
Qu: Aus dem Liederbuch des Arnt von Aich, um 1510; Neudruck: Liliencron, a. a. O.
WE: mit hundes krei = mit Hundsgebell;

Seite 209 My Love, Oh, She Is My Love
Aus Süd-Irland. Das ursprünglich gaelische Lied wird heute fast nur noch englisch gesungen; die gaelischen Texte sind schon seit Beginn des Jahrhunderts, wie Hughes feststellt, im Schwinden und wurden durch die zumeist nicht gleichwertigen englischen Umdichtungen (oft auch Banalisierungen) ersetzt. Die typisch irische Melodie erhält ihre besondere Note durch die chromatische Wendung im 3. Takt mit ihrer plagalen Tendenz.
Qu: Irish Country Songs, gesammelt v. Herbert Hughes, London 1909.

An searc 'ṡa ḋiúltuġaḋ

Mo ġráḋ, ón 'rí mo ġráḋ,
An ḃean iṡ mó ḃíor 'ṡ am' ċráḋ,
iṡ annrṡa i ó m' ḋéanaṁ tinn
ná an ḃean ḋo m' ḋéanaṁ ṡlán.

'Si mo rṡór, ón 'rí mo rṡór,
ḃean an ṗoirṡ uaitne mar an róṡ,
ḃean naċ ġ-cuinreaḋ láṁ fá m'-ċeann
ḃean naċ luiḋreaḋ liom aṡ óṡ.

Móṙ mo ċáṙ, ón móṙ mo ċáṙ
iṡ ionġraḋ faḋ ṡo ḃráġam báṙ,
ḃean naċ ṫiúḃraḋ taoḃ liom
ḋaṙ mo ṁionn iṡ i mo ġráḋ.

'S i mo rṁian, ón 'rí mo rṁian,
ḃean iṡ annrṡa liom faoi 'n nṡréim,
an ḃean naċ ġ-cuinreaḋ orm binn
ḋá ruiḋrinn le na taéḃ.

'Si ḋo ċráḋaiġ mo ċroiḋe
á'r ḋ'fáġḃuiṡ orna am' lár
Muna ḋtóġċan an t-olc ṡo óm'ċroiḋe
Ní ḃeiḋ mé ṡo ḋeó ṡlán.

Ü: aus dem Englischen, Gisela Balk
M: Cesar Bresgen

Seite 211 A chantar m'er so qu'ieu no volria
»Die Gräfin von Dia war die Gattin des Herrn Wilhelms von Poitiers, eine schöne und edle Dame; sie

verliebte sich in Herrn Raimbaut von Orange und dichtete auf ihn viele gute und schöne Lieder.« (Aus der Vita [Lebensbeschreibung] der Gräfin Beatritz de Dia um 1160.)
Diese Komposition, die in mancher Hinsicht an die »Heroides« Ovids erinnert, ist in Briefform gekleidet und gilt als eines der besten Stücke provençalischer Liebesdichtung.
Qu: Die Trobadors, hrsg. von Hans Gerd Tuchel, 2. Aufl., Leipzig 1966.
Ü: Franz Wellner
M: Friedrich Gennrich

Seite 215   **Anynyi bánat**
Qu: Jardányi Pál, Röpulj pára, Budapest o. J.
Ü: Barna Kováts

Seite 216   **Ků lúdit, seséles**
Die Raute als Symbol der Jungfräulichkeit wurde zerstört. Der »Nordwind« steht hier für den ungebeten eingedrungenen Liebhaber. Danckert teilt den Beginn eines serbischen Mädchenliedes mit, dort ist das Motiv des zerstörten Gartens in unverhüllter Form verwendet:
»Gestern abend kam zu mir mein Liebster,
In mein Gärtchen kam er nachgeschlichen,
Und im Gärtchen argen Schaden tat er,
Wirrt' auch an dem Latz die bunte Seide.«
(Verdeutschung von Paul Eisner: Volkslieder der Slawen, Leipzig o. J., S. 364.)
Qu: Anton Juszkiewicz, Litauische Volksweisen I, Krakau 1900, Nr. 532, Mel. ¾. – Ders.: Lietù-viškos Dajnos, III, Krakau 1882, Nr. 1258, Text.
Ü: Werner Danckert, in: Das Europäische Volkslied, Berlin 1939, S. 366.

Seite 217   **Stets i Truure mues i lebe**
Noch im 18. Jh. in Hessen, im Elsaß und andernorts weit verbreitet, heute nur in der Schweiz.
Qu: Fassung hier nach: Musik auf der Oberstufe, Amriswil 1975, S. 32.
WE: Truure = Trauer; Chunntsch mer = kommst mir; törffe = dürfen; o wie wuel isch ämäne Mäntsche = o wie wohl ist einem Menschen.

Seite 218   **The Lover's Curse**
Aus Donegal, Irland. Eine sehr alte Ballade. Melodisch fällt der in den alten (wie überhaupt keltischen) Melodien häufig anzutreffende große Melodiebogen mit seinen überraschenden Intervallen auf; fast rein erhalten ist die pentatonische Struktur.
Qu: Irish Country Songs, gesammelt v. Herbert Hughes, London 1909.
Ü: Gisela Balk

Seite 220   **The water is wide**
Qu: Eighty English Folksongs, hrsg. von Cecil J. Sharp und Maud Karpeles, London 1968.
Ü: Gisela Balk

Seite 221   **Měła sem hołubka**
Das Motiv vom Tauber, der von der Liebsten in eine Truhe gesperrt wurde, ist alt und findet sich mehrfach in westslawischen Liedern; in einer rein tschechischen Fassung singt der geprellte »Tauber« noch folgende Strophe:
Ich hab' ihr ein Band gekauft von wandelbarer Farbe,
das sie sich in ihr Lockenhaar flechten soll;
aber jetzt kaufe ich ihr noch eines in blendendem Weiß,
damit sie daran denkt, daß sie meine Geliebte war.
Qu: H. Möller a. a. O. III.
Ü: Jan Kühmeier

Seite 222   **A na dębie**
Qu: O. Kolberg, a. a. O. Nr. 338. Aus Kroscienka (Szczawnica).
Ü: Hermann Bieder

Seite 223   **Si le Roy**
Qu: J. Canteloube, Anthologie des chants populaires français, I–IV, Paris 1939–1944.
Ü: Hanne Dészy

Seite 224   **Oj, u lisi na jalyni**
Auffallend ist das Schwanken der Unterstimme von Dur zu Moll, während die Oberstimme sich im Naturklangraum der Quint bzw. Oktave bewegt. Die offenbleibenden Schlüsse sind eine Eigentümlichkeit vieler ukrainischer Gesänge.
Qu: Ohvilja Andrii, Ukrajins'ka Pisnja, 1936, S. 190.
Ü: Hermann Bieder

Seite 227   **Stamattina**
Qu: F. Pratella, Le arti e le tradizioni popolari d'Italia, Udine 1941.
Ü: Adelaide Fiocchi

Seite 228   **Ma Rosalie m'est infidèle**
Der Text dieses Liedes stammt aus der galanten Poesie des 18. Jahrhunderts; die großartige, rein dorische Melodie dagegen kommt noch aus der alten Tradition der Volkssänger (»ténors de village«), die solche Liebeslieder mit reicher Ornamentik vortrugen.
Qu: H. Davenson, a. a. O.
Ü: Gisela Balk

Seite 230   **Hołbik dwě běłej nóžcy ma**
Die Melodien der wendischen Volkslieder zeichnen sich durch eine glückliche Mischung slawischer und deutscher Elemente aus:
Die Melodie läßt deutsches rhythmisches Empfinden, slawisch gefärbte Melodik und eine Formgliederung von dreimal drei Takten erkennen.
Qu: K. A. Kocora, Wěnc narodnych spěwow hornjo-a delnjo-lužiskich serbow, Budysin 1868.
Ü: nach der Übersetzung in: Europäische Lieder in den Ursprachen, II, Berlin 1968; Cesar Bresgen

Seite 231   **Scheint der Herr Mond**
Ist langsam und verhalten zu singen. Der dreistimmige »Volkssatz« hat sich wohl erst in diesem Jahrhun-

dert durchgesetzt, in der Regel wurden derartige Lie-
der früher nur zweistimmig gesungen; oftmals kom-
men auch noch eine harmoniebildende Baßstimme
und ein begleitendes Instrument (Zither oder Gitar-
re) hinzu.
Qu: Aufz. in Goeßl 1909 von Konrad Mautner.
WE: selm = selbst; nar = nur.

Seite 232   Weg mit verliebter Lust!
J. Sigismund Scholze (1705–1750) aus Liegnitz in
Schlesien war unter seinem Pseudonym Sperontes
berühmt. Er stand in enger Beziehung mit der Leip-
ziger Studentenschaft. Seine Liedsammlung »Singen-
de Muse an der Pleisse« in »2 mahl 50 Oden« wurde
begeistert aufgenommen, und die beliebteren Lieder
kursierten bald auf Flugblättern gedruckt und er-
reichten große Popularität.
Originaltonart D-Dur.
Qu: Sperontes, Singende Muse an der Pleisse, Leip-
zig 1736.

Seite 234   Üsküdara gideriken
Wie berichtet wird, gab es im Stadtbezirk Skutari (=
Üsküdar), zum asiatischen Teil der Stadt Istanbul
gehörig, einst eine reiche Witwe, in deren Dienst ein
Sekretär, ein Schreiber, stand; da diesem in vergange-
nen Zeiten, als das Volk noch des Lesens und Schrei-
bens unkundig war, ein besonderer Rang zukam,
war er auch vornehmer gekleidet, so z. B. mit einer
recht engen Hose und einem bis zum Boden reichen-
den Rock.
Der Sänger begleitet sich zumeist auf dem dreisaiti-
gen Zupfinstrument Saz, ähnlich einer Mandoline
mit langem Hals. Einige Passagen werden instru-
mental ausgeführt.
Qu: Memleket Havalar, Sadi Yaver Ataman. In:
Europäische Lieder in den Ursprachen, Berlin
1968, Nr. 252.
Ü: Kina Caraça/C. Bresgen

Seite 236   Adios ene maitia
Wir bringen das Lied vor allem wegen der Ausgewo-
genheit seiner Melodie. Viele baskische Weisen
zeichnen sich durch rhythmische Originalität (z. B.
$^5/_8$-Takt mit Akzentverschiebung u. a.) aus, während
die Texte mehr konventionell anmuten.
Qu: Douze chansons amoureuses de pays basque
français, Paris o. J.
Ü: ins Spanische Carmen Lecumberri und nach
dieser Version Werner Vordtriede

Seite 237   Meins traurens ist
Diese eigenartig ergreifende Klageweise ist der can-
tus firmus eines 4stimmigen Satzes, den wir durch
Paul Hofhaimer (1459–1537) kennen. Man muß die
Substanz des cantus firmus, der zumeist aus anony-
mer Überlieferung kommt, von der Liedbearbeitung
unterscheiden. Während letztere der »componista«
besorgt, wird der cantus firmus im allgemeinen in
der Personalunion des Dichters und »melodista« ge-
schaffen, wie dies z. B. in der höfischen Lyrik des
Mittelalters üblich war. Zu seiner Zeit wurde Hof-
haimer mit dem Titel »Monarcha Organistarum« ge-

ehrt; er war der erste salzburgische Komponist euro-
päischer Geltung, er wurde in Radstadt an der alten
Römerstraße am Tauernpaß geboren.
Qu: Hans Joachim Moser, Paul Hofhaimer, Stutt-
gart und Berlin 1929.
WE: abescheyden = hinscheiden, sterben.

Seite 238   Greensleeves
Die sehr verbreitete und beliebte Melodie findet sich
schon in W. Ballets »Lute Book« (der Text ur-
sprünglich in »Stationer's Register for September
1580«); Shakespeare erwähnt »Greensleeves« in sei-
nem Schauspiel »Merry Wives«; mit gänzlich ande-
rem Text findet sich die Melodie in der »Beggar's
Opera« als Air LXVII.
Qu: R. V. Williams and A. L. Lloyd, The Penguin
Book of English Songs, Harmondsworth 1959.
Ü: Gisela Balk

Seite 240   Ach Sorg, du mußt zurücke stahn
Die Motetten des Clemens non Papa (ca.
1510–1556), dem Meister niederländischer Polypho-
nie, haben bei aller Kunstfertigkeit einen Zug ins
Volkstümliche. Er hieß eigentlich Jacobus Clement,
denn so signierte er seine ersten Arbeiten; erst als in
Ypern ein Poet gleichen Namens auftauchte, nahm
Clement das doppelsinnige Pseudonym an. Viel-
leicht ist es aber auch ein Hinweis für die Bewunde-
rung, die ihm seine Zeitgenossen zollten. Clement
war Priester und Kantor in Brügge und anderen flä-
mischen Orten und schrieb neben zahlreichen Kir-
chenwerken französische Chansons und die »Souter-
liedekens«, deren Melodien er dem flämischen
Volksliedschatz entnahm. Der Satz findet sich mit
niederländischem Text (Psalm 25) in den »Souterlie-
dekens« 1540. Der deutsche Text ist aus der Heidel-
berger Handschrift (um die Mitte des 16. Jahrhun-
derts).
Qu: Erk-Böhme, a. a. O. Nr. 395a, S. 207.

Seite 241   Zwischen perg und tiefem tal
Der Text dieses Liedes ist im »Augsburger Lieder-
buch« (1516) überliefert. Es verwendet spielerisch 2
Bedeutungen von »Gefangenschaft«: reale Gefan-
genschaft in Augsburg, Gefangenschaft in den Lie-
besbanden eines Mädchens. Die »Nachtigall«-Stro-
phen sind auch aus anderen Liedern bekannt, sind
also Wandergut; die letzte Strophe findet sich auch
im Dänischen: Mjellen bierg og dyben dal bortrinde
de stride strömme . . .
zwischen Berg und tiefem Tal hinfließen die wilden
Ströme . . .
Qu: Liliencron, a. a. O.

Seite 243   Muri semo de cini gadži
Im Originaltext heißt es statt »kleine Frau« stets
»kleiner Tropfen«.
Qu: Vorgesungen vom 26jährigen Rostás Sándor in
Debrecen 1941. Aus: Baszarózsa, 99 Cigány
népdal, hrsg. Csenki Imre und Csenki Sándor,
Budapest 1959, Nr. 52.
Ü: Barna Kováts

Seite 244 Los que amor y fe se tienen

Zum vorherrschenden Typus des Liedes wurden die Villancicos, die zunächst einstimmig waren und improvisierend begleitet wurden, sich aber im 15. und 16. Jh. ebenso wie die Romances und Estrambotes zu polyphonen Stücken entwickelten ... Im 15. Jh. vereinfachte sich die spanische Kompositionsweise zu einer formalen Klarheit, die gegenüber den Niederländern stark absticht. (Felix Karlinger)

Qu: Anonymus, Cancionero Musical de Palacio (Siglos XV–XVI) II; in: Higinio Angles, La Musica en la Corte de los Reyes Católicos, Nr. 250, Barcelona 1951.

Ü: Elvira del Ombre, Die reine stirn der Morgenröth, Mainz 1627 (?).

Seite 245 Es geht ein dunckle wolcken rein

Dieses bekannte Abschiedslied, von dessen Text nur die erste Strophe alt ist, bringen wir wegen seiner dorischen Melodie, der im deutschen Sprachraum nur wenig Ebenbürtiges an die Seite zu stellen ist. Die 2. Strophe soll 1840 aus dem Kuhländchen hinzugekommen sein, während die vielgesungene 3. Strophe eine Nachbildung alter Texte darstellt.

Qu: Joh. Werlins Liederhandschrift von 1646 (1. Strophe).

Seite 246 Adieu m'amour

Guillaume Dufay (1400–1474) ist der Begründer jener Chorpolyphonie, deren höchste Form der niederländische Meßzyklus darstellt. Im Gesamtwerk des Meisters stehen die liedhaften und geselligen Formen gleichwertig neben Kultmusik und Motette. Aus dieser Universalität erklärt sich die Sonderstellung, die Dufay im 15. Jahrhundert einnimmt. Im Gegensatz zu seinen großen geistlichen Werken bedient sich Dufay in seiner dreistimmigen Liedkunst eines schlichten, musikalisch konzentrierten Stils. Dieses Abschiedslied ist eine der reifsten Schöpfungen des Meisters. Der Tenor des Satzes muß als Hauptmelodie verstanden werden. Die metrische Einrichtung weicht von jener bei Besseler ab: Sie folgt im wesentlichen dem der Melodie (nach der LHS des Cardinals de Rohan ein Rondeau) innewohnenden Dreierzeitmaß (tempus imperfectum).

Qu: Fr. Blume, Das Chorwerk, Heft 19 (12 geistl. und weltl. Werke von G. Dufay, hrsg. v. Heinrich Besseler), Wolfenbüttel 1951.

Ü: Werner Vordtriede

Seite 249 Ay vuruyor

Die sieben Strophen des Originaltextes sind, wie die türkische Übersetzerin versichert, im Deutschen nicht in die gleiche Strophenform zu bringen, da man sonst den Sinn kaum verstehen könnte. Der deutsche Text ist also als »freie Übertragung« zu verstehen.

Qu: Aufzeichnung durch Rauf Yekta an der Schwarzmeerküste. Bibliothek des Konservatoriums Istanbul (K 7/4, Heft 15, 1921–31).

Ü: Kına Caraça

M: Cesar Bresgen

Seite 250 Er ist der morgensterne

Die Szenerie dieses Dialog-Liedes erinnert an das höfische Tagelied (s. S. 56, »Mönch von Salzburg«); im Gegensatz zu diesem wird hier aber nicht der Abschied nach einer heimlichen Liebesnacht beschrieben, sondern ein morgendliches Werbe- und Abschiedsgespräch zwischen einem Mädchen (Str. 1,3,5 usw.) und einem Jüngling (Str. 2,4,6 usw.). Der Text ist in einer 1536 gedruckten Sammlung von »Bergkreyen« (= Bergreihen – Lieder für Bergleute) überliefert; die Melodie fand Böhme zuerst im »Frankfurter Gesangbuch« von Bartholomaeus Gesius (1605), dort aber einem geistlichen Text unterlegt (»O Christe Morgensterne«).

Qu: Franz Magnus Böhme, Altdeutsches Liederbuch 1876, Neudruck: Hildesheim 1967.

WE: alde = adieu

Seite 251 Ich far dohin

Dieses berühmte Abschiedslied aus dem »Lochhamer-Liederbuch« (um 1450, S. 125) wurde schon im 15. Jh. als Kontrafaktur (geistliche Parodie) gesungen: »Ich var zu dir, Maria rein . . .«.

Die Meinungen über die Wahl der Tonart gehen auseinander, da die Handschrift weder Schlüssel noch Taktart vorzeichnet. Wir folgen hier der Auffassung Franz Magnus Böhmes (Altd. Lb.) und seiner Interpretation der Schlußzeile.

Qu: Moser-Mbl, a. a. O.

M: C. Bresgen

WE: zu letz = zum Abschiedsgeschenk; liebt mir = wird mir lieb; mein = liebe.

Seite 252 Zorčica oće

»Zora« heißt Morgengrauen, »zorčica« als Diminutiv läßt sich in der deutschen Sprache nicht wiedergeben. Die Hauptstimme liegt unten. Das Lied muß sehr langsam gesungen werden.

Qu: Aufzeichnung: Ivan Matetic-Rongjov. Aus: Istrako-primorske pjevanke, Rijeka-Pula 1967.

Ü: Truda Reich

Seite 253 So wünsch ich ir ein gute nacht

Das Lied variiert das aus dem höfischen Tagelied bekannte Motiv des morgendlichen Abschieds.

Die hier mitgeteilte Weise folgt dem Tenor im 6-stimmigen Satz von Jodoc von Brant; die bei Liliencron etwas unklare Textverteilung wurde hier dem natürlichen Silbenfall angepaßt. Dabei ergibt sich, daß die Melodie, vom Geradtaktschema des polyphonen Satzes befreit, rhythmisch eine sehr bewegliche asymmetrische Struktur offenlegt, die den Textgehalt noch unterstreicht. Die ältere Quelle – H. Newsidlers Lautenbuch von 1536 – zeigt die Melodie in einer gleichmäßigeren und schlichteren Form.

Qu: LS des Georg Forster, Bd. 5, 1556. Liliencron, a. a. O.

Seite 254 Het windeke

Qu: Jop Pollmann/Piet Tiggers, Nederlands Volkslied, Amsterdam 1962.

Ü: Hermine Uÿterlinde / Cesar Bresgen

Seite 255 In feuers hitz

Das Lied, stilistisch auf der Grenze zwischen höfischer Liebesdichtung und Volkslied, ist im »Glogauer Liederbuch« überliefert, einer um 1480 in Glogau (Schlesien) angelegten Sammlung von fast 300 deutschen und lateinischen Gesängen sowie instrumentalen Stücken; außerdem sind noch andere Überlieferungen bekannt. Der Originalsatz ist vierstimmig. Der Tenor, zweisprachig, gliedert sich in ein deutsches Abschiedslied und ein lateinisches Mariengebet. Hier der lat. Text und die Übersetzung (U. Müller):

Mole gravit criminum regina mater omnium
ad te currentes poscimus adesto nostris precibus.
Eternae vitae ianua aurem nobis accommoda
perquam spes vitae rediit quam Eva peccans abstulit.

»Beladen mit der Last unserer Sünden eilen wir zu dir, Königin (und) aller Mutter; wir bitten dich: Unterstütze unsere Gebete! Du Tür zum Ewigen Leben, durch die die Hoffnung auf (jenes) Leben, welches die sündige Eva geraubt hat, zurückgekommen ist: Leihe uns dein Ohr (= so höre uns!)

Seite 256 Insbruck! ich muß dich laßen

Dieses Abschiedslied, ursprünglich vielleicht ein Abschiedsgruß von Handwerksgesellen, soll laut einer weit verbreiteten Legende von Kaiser Maximilian I. gedichtet worden sein, als er 1493 Innsbruck verlassen mußte, um die Nachfolge seines Vaters, Kaisers Friedrich III. anzutreten. Die Melodie wird Heinrich Isaak (1450–1517) zugeschrieben, der Maximilians Hofkapellmeister war; sie findet sich bei ihm in einem vierstimmigen Satz im Diskant, was damals noch nicht die Regel war. Der Melodie wurde 1505 ein geistlicher Text unterlegt. In der Folgezeit erschienen zahlreiche Umdichtungen und Unterlegungen mit neuen Texten (Kontrafakturen); am berühmtesten wohl jene von Paul Gerhard »Nun ruhen alle Wälder«.
Qu: Forster I, 1539, N. 36. Liliencron, a. a. O.

Seite 258 The Little Turtle Dove

Qu: Georg Götsch, Englisches Liederbuch, Wolfenbüttel 1953.
Ü: Cesar Bresgen

Seite 261 Jamer ist mir entsprungen

Diese in einer Wiener Handschrift des 14. Jahrhunderts überlieferte Strophe eines unbekannten Sängers bezieht sich in Form und Inhalt auf eine Dichtung des Wolfram von Eschenbach, (Anfang 13. Jahrhundert), nämlich das »Titurel«-Epos (fragmentarisch, später von einem anderen Dichter vollendet). Die Form ist die der von Wolfram erfundenen »Titurel«-Strophe. Sigune, auf einer Linde sitzend, betrauert ihren im Kampf erschlagenen Geliebten Schionatulander; beide Figuren, vor allem Sigune, spielen auch in Wolframs »Parzival« eine große Rolle.
Qu: Moser – Mbl., a. a. O. S. 71.
WE: entsprungen = entstanden; veste = dauernd; sich decken = sich ›bedecken‹, verschwinden.

Seite 262 Ale Vasserlech Flisn Avek

Der Kern des Jiddischen ist das Mittelhochdeutsche,

angereichert durch hebräisch und zuweilen aramäisch, aber auch durchsetzt mit Wörtern der verschiedenen slawischen Sprachen. Der schwierigen Aufgabe, die nur noch wenigen bekannten und schwer auffindbaren jiddischen Lieder aufzuzeichnen, haben sich vor allem Elsbeth Janda, Max Sprecher und Fritz Nötzold unterzogen (»Lieder aus dem Ghetto«, München 1962). In diesem Lied ist der slawische Einfluß unverkennbar.
Qu: Ruth Rubin, Jewish Folk Songs, New York 1965.
Ü: Gad Röthler / Cesar Bresgen

Seite 264 A Santanyí vaig partir

Andreu macht sich auf den Weg, um seiner Geliebten (Roseta) die Liebe aufzukündigen! Unterwegs erfährt er, daß sie gestorben ist. Da erwacht seine Liebe von neuen und in seiner Trauer verflucht er die Rösser, die die Tote zu Grabe führen. Die Melodie – aus ältester mediterraner Überlieferung – ist eine jener ergreifenden katalanischen Weisen, die noch heute lebendig sind.
Qu: Cançoner Popular de Catalunya, III, Barcelona 1939, Nr. 62.
Ü: Wiplinger de Torra

Seite 265 Ieu sui muntele plîngîndu

Qu: Aufgezeichnet durch Victoria Dosios, 1955, Comuna Ilva Mică.
Aus: 132 Cîntece si jocuri din Năsăud, Nr. 54.
Ü: Irmgard Lackner

Seite 266 Las tres hojas

Auch dieses Lied behandelt das Thema Trennung der Liebenden durch den Tod eines Partners, wenn auch in verschlüsselter Form. Während den Wildpflanzen Eisenkraut und Lattich heilende Wirkung zugeschrieben wird, wurde die Petersilie gern auf Gräbern angepflanzt. Die letzte Strophe besagt also, daß der einst kranke Geliebte gestorben ist.
Qu: J. de Juan del Aguila, Lo que canta el pueblo Espanol, Madrid 1966, S. 30. Fassung F. Garcia Lorca.
Ü: Wiplinger de Torra

Seite 267 Kultani on kaukana

Qu: H. Möller, a. a. O. III, S. 240.
Ü: Heinrich Möller

Seite 268 Ich hab die Nacht geträumet

Christoph Friedrich Nicolai (1733–1811) gab 1777–1778 in Berlin den »Feynen, kleynen Almanach« heraus, eigentlich eine Spottsammlung, die sich »gegen den Geniekult der Stürmer und Dränger« (Sydow) richtete. Zu 22 der 64 Lieder schrieb J. Fr. Reichardt die Melodien. Entscheidend war, daß hier Neuschöpfungen von »Volksliedern« auftauchen, die auch Brahms begeisterten. Bei Nicolai findet sich die hier zitierte Weise als Jägerlied, A. Zarnack gab ihr den jetzigen Text. Ebenso verbreitet ist auch der Text »Das Laub fällt von den Bäumen« von Hoffmann von Fallersleben. Der Satz ist von Johannes Brahms.

Der Rosmarin (als Baum, Strauch oder Zweig) gilt im allgemeinen als Symbol der Trauer (im Slawischen auch als Symbol unerfüllter Liebe); findet das rosensuchende Mädchen Rosmarin, so ist das ein Zeichen, daß der Liebste gestorben ist.
Qu: Christoph Friedrich Nicolai, »Feyner, kleyner Almanach«, 1777.

Seite 269   Zagorski zvonovi
Die enge Verwandtschaft der Melodien Sloweniens und Kärntens wird hier deutlich. Das Lied wird sehr langsam gesungen. Wenn man es mehrstimmig singen möchte, kommt eine Über-, manchmal auch noch als dritte Stimme eine Unterstimme hinzu.
Qu: Ljudske pesmi, Ljubljana 1974.
Ü: Maria Petrova

Seite 271   Zasela sem bazaličku
Die Melodie läßt magyarischen Einfluß erkennen.
Qu: Jan Polacek, Slovacké pesnicky, Prag 1949–1955.
Ü: Jan Kühmeier / Cesar Bresgen

Seite 272   Twee Königskinner
»Die Sage von den zwei Königskindern oder die Schwimmersage, welche in einer Reihe zusammengehöriger Volksballaden auftritt, ist nach ihrem Inhalte uralt. Diese Balladen, welche das unglückliche Geschick eines Liebespaares erzählen, bringen dieselbe Geschichte, die von Hero und Leander erzählt wird. Somit ist der Stoff aus dem hellenischen Alterthum im Mittelalter in der Leute Mund gekommen und Vermittelung durch Gelehrte und Kunstdichter nicht anzuzweifeln: Der Stoff wurde nach gekannten griechischen Quellen vermuthlich durch provençalische und nordfranzösische Dichter nach Deutschland getragen. In Deutschland muß die Sage wenigstens seit dem 12. Jahrh. gekannt gewesen sein und scheint, daß sie vom Meere her eingebracht und nach dem Süden verpflanzt wurde, da die meisten hochdeutschen Texte scheinbar aus dem niederdeutschen hervorgegangen sind.
Lieder über diese herrliche Sage finden sich seit dem 15. Jahrh. und bis jetzt in Nord- und Süddeutschland verbreitet. Sie beginnen: ›Es waren zwei Königskinder‹, ›Ach Mutter, liebe Mutter‹, ›Ach Elslein, liebes Elselein‹ usw. Aber auch in Holland, Dänemark und Schweden wird das Lied von den unglücklichen Königskindern gesungen.
Die Zeit hat das Gewand der Sage nach ihrer Sprache und die Wendungen geändert, und die Sage je nach dem neuen Lande und fremden Boden und Klima umgebildet.
Im 12. oder 13. Jahrh. haben niederrheinische Kolonisten die Sage nach Mähren in das Kuhländchen verpflanzt. Hier wurde das Lied nicht nur mundartlich umgestaltet, sondern auch die Erinnerung an das Meer ist erloschen: die Königstochter der alten freien Sachsen ward hier zu einem Landmädchen der Kolonie verwandelt, und statt ›an die Kant van de ruskende See‹ zieht sie in den Grunwald und der Jüngling ertrinkt im Waldbache.
In der Schweiz hat sich die uralte, mythologische

Sage, welche den klassischen Namen Hero und Leander trägt, an mehreren Seen lokalisiert, besonders am Hallwyler See (Kanton Aargau) in dem Liede: ›Es wend zwoi Liebi zsäme‹ (s. Rochholz. Aargauersagen II, 33).
Die griechische Sage erzählt von Hero und Leander, die deutsche und skandinavische lassen die liebenden Königskinder ohne Namen.
Hero, eine schöne Jungfrau und Priesterin der Aphrodite zu Sesostes am Hellespont, liebte den schönen Leandros aus dem kleinasiatischen Abydos, einer Stadt jenseit des Hellespont, gegenüber dem Orte seiner Geliebten. Um zu ihr zu gelangen, mußte er stets den Hellespont durchschwimmen; in einer stürmischen Nacht kam er in den Fluthen ums Leben. Da stürzt sich seine verzweifelnde Geliebte ins Meer.« (Erk-Böhme)
Die allgemein bekannte Dur-Weise ist aus dem 19. Jahrhundert. Nach älteren Überlieferungen, dem Text angemessener, wurde die Ballade in Moll bzw. dorisch wie hier gesungen.
Qu: Erk-Böhme, a. a. O., Nr. 84e, S. 298/99.
M: Michael Korth / Johannes Heimrath

Seite 274   M'at'an' detit
Qu: Melodie und alban. Text: Europ. Lieder in den Ursprachen, Berlin 1968, Nr. 232.
Ü: Martin Camaj

Seite 275   Lement a nap
Dieses sehr alte Lied haben Vikar und Bartok im Komitat Somogy aufgezeichnet. Die Struktur der Melodie ist eine einfache Frühform, die man bei vielen ungarischen Weisen findet: das Motiv der beiden ersten Takte wird transponiert bzw. leicht verändert.
Qu: Kodály Zoltán Iskolai enekgyütjemeny, Budapest 1944, Nr. 392.
Ü: Barna Kovàts / Cesar Bresgen

Seite 276   She Moved Through The Fair
Qu: Aufzeichnung: Verena Gillard in Kilkanny (Südirland), April 1967.
Ü: Gisela Balk

Seite 278   O Schipmann
Die Volksballade von der »Losgekauften« – der Stoff läßt sich bis ins ausgehende Mittelalter zurückverfolgen – ist nicht nur in vielen Fassungen des deutschen Nordens weitverbreitet, sie findet sich auch in skandinavischen Ländern, bei Wenden und Kleinrussen. Diese Fassung folgt im Kern einer aus Westfalen stammenden Variante, in der die Anfangs- und Schlußrufe plattdeutsch, die Einzelstimmen jedoch hochdeutsch gesungen werden. Der melodisch kräftigere Anfang sowie die hier mitgeteilte bessere Form der 2. und 3. Strophe folgen jedoch einer Lesart bei Georg Hüsing, die aus *Ostfriesland* stammt. Hüsing bezeichnet das Lied als Laich (vom alt-nordischen laikan = springen, tanzen). Der Schiffmann (nach Erk »vermutlich der Befehlshaber oder Seeräuber«) ist jedoch nach älterer Vorstellung der Totenführer, der Färge, der das Mädchen in das Schattenreich hinüberführen soll.

Im »Laich« verschmelzen Wort, Musik und Tanz zur Einheit. Der Chor (»Reigen«) singt viermal seine Bitte an den Tod, das Mädchen freizugeben. Im Kreis singen und spielen Mädchen, Vater, Bruder und Liebster ihre Rollen. Der Tod selbst – mit breitkrempigem Hut, weitem Mantel und Ruderstange – singt nicht. Er steht stumm in der Mitte des Kreises. In Ostfriesland ist dieses Lied vom »Schipmann« noch heute bekannt, die Spielform des Laichs kennen wir aus älteren Darstellungen.

Qu: Nach Erk-Böhme I, a. a. O. – und Georg Hüsing, Deutsche Laiche und Lieder, Berlin 1937 (siehe Kommentar).

WE: swartbrun Mäke = schwarzbraunes Mädchen

Seite 280   Schwesterlein, Schwesterlein

Wilhelm Florentin von Zuccalmaglio (1803–1869), geboren im Bergischen Land als Sohn italienischer Vorfahren, kann das Verdienst nicht abgesprochen werden, durch Umbilden des von ihm Gehörten bzw. Aufgezeichneten Neues geschaffen zu haben; die Vorbilder und Quellen, aus denen Zuccalmaglio schuf, konnten bisher kaum erschöpfend nachgewiesen werden. Brahms schätzte die von Zuccalmaglio gestalteten Melodien wie echte Volkslieder ein. Zu den besten Schöpfungen gehört dieses Lied, das eine Text-Aufzeichnung aus dem Odenwald (1840) verwertet; das Motiv vom Tod als Tänzer schimmert durch diese Ballade, deren Mollweise zu jener Zeit noch als durchaus volkstümlich verstanden wurde.

Qu: Melodie: W. Fl. v. Zuccalmaglio / A. Kretschmer, Deutsche Volkslieder vom Niederrhein, 1838–1840. Satz von Johannes Brahms: Volksliedsätze für Frauenchor, handschriftlicher Nachlaß.

Seite 281   Tavaszi szél vizet áraszt

In den sogenannten »Blumenliedern« Ungarns wird gerne eine symbolische Anrede mit bestimmten Blumennamen wie Lilie, Rose, Veilchen gebraucht; im vorliegenden Fall steht »virágom« (von virag = Blume) allgemein für »meine Blume«. Die Anspielung auf den »schweren Schleier« bezieht sich auf den Witwenstand.

Qu: Járdányi Pál, Röpülj páva, Budapest 1952.

Ü: Barna Kováts

Seite 283   Dat lodderig meiske

Qu: Jop Pollmann en Pet Tiggers, Nederlands Volkslied, Amsterdam 1962.

Ü: Hermine Uÿterlinde

Seite 284   Een meisje, dat van Scheveningen kwam

Melodie und Text sind schon um 1700 bekannt; hier nach einer Aufzeichnung aus Basel in Ostflandern um 1900.

Qu: Europ. Lieder in den Ursprachen, I, 3. Aufl. 1968 Berlin.

WE: »sangejo« und »met de rikken« sind lustiges Kauderwelsch ohne bestimmten Sinn; flete = Rochenart.

Seite 286   Frau Fischerin

Qu: Erk-Böhme, a. a. O.

Seite 288   Ein meidlein tet mir klagen

Dieses Klagelied eines verliebten Küchenmädchens ist im »Liederbuch des Kölner Buchdruckers Arnt von Aich« überliefert, der hier um 1520 das Repertoire der Hofkapelle des Augsburger Bischofshofes sammelte. Die Zweideutigkeiten vor allem am Ende der Strophen zeigen, daß man dort derbe Kost schätzte. Die Melodie gehört zum Typus der einst in ganz Süddeutschland bzw. Österreich weitverbreiteten »Zwiefachen«. Es handelt sich dabei nicht nur um einen Takt-, sondern auch einen Schrittwechsel.

Qu: »Das Liederbuch des Arnt von Aich«, hrsg. E. Bernoulli und H. J. Moser, Kassel 1930, Nr. 74.

WE: beiten = warten.

Seite 289   Dolina, dolina

Qu: Spalíček II, rev. A. Haba, Prag 1951.

Ü: Jan Kühmeier

WE: Nových Zámek = Neu-Schloß

Seite 290   Mama, mi moro

Qu: Giovanni B. Bronzini, Filia, visne nubere?, Rom 1967, Nr. 75.

Ü: Adelaide Fiocchi

Seite 292   Kebych já vedela

Ein Gegenstück zu den deutschen Liedern von der »Graserin«.

Qu: Poklad lidových písní, Prag 1965.

Ü: Reinhold Kudielka

Seite 293   Tira o lenço da relva

Tanzlied aus Idanha-a-Nova; beim Singen der Vierzeiler wird jeweils offen getanzt, der Refrain dagegen gefaßt.

Qu: Etnografia da Beira, II, Lisboa 1964, S. 89.

Ü: Maria Antonia Espadinha

Seite 294   O senhor do meio

Aus Penamacor e Idanha-a-Nova, ebenfalls als Tanzlied beschrieben.

Zu den portugiesischen Singtänzen gehören auch die ›Liebesreigen‹ der Provinz Alemtejo, chorische Kettentänze, zu denen man Vierzeiler mit einem Schlußreim (Quadras) singt.

Qu: Etnografia da Beira, II, Lisboa 1964.

Ü: Maria Antonia Espadinha

Seite 295   Foaie verde viorea

Für das rumänische Liebeslied sind die Initialworte »Foaie verde« oder auch »Frunză verde« typisch, die sich auf ein bestimmtes Blatt einer Pflanze beziehen; manchmal wird auch Blatt und Wald (bzw. Baum und Strauch) im gleichen Sinn gebraucht. Initialworte, die sich auf Blumen beziehen, findet man im ungarischen Volkslied (»Blumenlieder«) und vereinzelt auch in Italien.

Qu: Aufz. aus dem Bezirk Vida (Region Bukarest), 12 Cintece populare, Bukarest 1954.

Ü: Viorica Ursuleac / C. Bresgen 1965
WE: hora = Reigen (zumeist ein einfacher, fröhlicher Tanz)

Seite 297 Vengo de moler
Qu: Aufzeichnung durch Esther Morales/C. Bresgen 1976 in Sevilla.
Ü: Wiplinger de Torra

Seite 298 Když jsem já šel tou Putimskou branou
Qu: Malý zpevníček lidových písní, Praha 1962.
Ü: Reinhold Kudielka

Seite 299 Kare Kare lolo
Qu: Armas Launis, Lappische Juoigos-Melodien, Helsingfors 1908.
Ü: Armas Launis

Seite 300 Cielo incantato
Die erste Strophe in ihrer Feierlichkeit, erscheint als kleine Parodie auf den »bezaubernden Himmel der Liebe«. Die Refrain-Melodie ist auch mit anderen Texten weit verbreitet; sie stammt aus dem Tessin.
Qu: A. Cornoldi, Ande, Bali e Cante del Veneto, Padua 1968.
Ü: Adelaide Fiocchi
WE: 'der = veder oder ander

Seite 302 Prinsessen sad i højenloft
Ein in nordischen Ländern sehr verbreitetes Lied, von dem verschiedene Fassungen bekannt sind.
Qu: Danmarks Melodibog, I, Kopenhagen o. D.
Ü: Kirsten Fast

Seite 304 Eg ser deg utfor gluggen
Die Melodie zu diesem »Wiegenlied« eines schlauen Mädchens folgt einer Tanzweise. Auffallend ist der Wechsel zum Dur im Kehrreim. Der Text ist im neunorwegischen »Landsmal« abgefaßt.
Qu: Europäische Lieder in den Ursprachen, I, Berlin 1956, Nr. 61.
Ü: ibid.

Seite 307 Ai de grijă cucule
Qu: Aufzeichnung durch E. Moldoveanu, 1955 in Comuna Leşu.
Aus: C. Zamfir/V. Dodios, 132 Cîntece şi jocuri din Năsăud', Nr. 56.
Ü: Irmgard Lackner

Seite 308 Pera stus pera kambus
Aus Karpathos in der östlichen Ägäis. Die Melodie scheint, wie manche Gesänge aus Rhodos oder Kreta, durch venezianischen oder nordischen (deutsch-fränkischen) Einfluß geprägt zu sein. Vom griechisch-kleinasiatischen Typus hebt sie sich jedenfalls deutlich ab. Textlich erinnert das Lied an jenes des mittelalterlichen Bruder Conrad aus Tegernsee in Bayern, der für die »allerschönsten nunnen« ein eigenes »Klösterlein auf das helle eissen« bauen wollte.
Qu: Alevizos, a. a. O.
Ü: Georg Veloudis

Seite 309 Taj Huculka-j
Die Huzulen, ein Stamm des ukrainischen Volkes, bevölkern die Ostkarpaten. Sie waren früher vorwiegend Viehzüchter, Hirten, Flößer und Waldarbeiter.
Qu: Oskar Kolberg, Dzieła Wszystkie, II (Góry i Podgórze), Nr. 526.
Ü: Hermann Bieder

Seite 310 Tämän kylän
Qu: Möller III., a. a. O., S. 248
Ü: Heinrich Möller

Seite 311 Minun kultani
Qu: Jussi Ilvonen, Laulun Taika, Helsinki 1951.
Ü: Europ. U. II., a. a. O., Nr. 233.

Seite 312 Charalámbi
In der griechischen Volksmusik sind Gesang und Tanz eine Einheit, Erbe der antiken ›musike‹. Die Lieder werden von den Tänzern während des Tanzes selbst gesungen, unterstützt durch wenige Instrumente, z. B. griechische Laute und Violine, Bouzouki oder die gestrichene Lyra. Der Vortänzer stimmt den Gesang an, die übrigen wiederholen ihn oder singen einen Refrain.
Die Melodie folgt dem Rhythmus des Syrtos Kalamatianos. Während der erste Teil griechischer Melodik zuneigt, gehört der Refrain einem türkischen Tonsystem an.
Qu: Alevizos, a. a. O.
Ü: Georg Veloudis

Seite 315 Mañana por la mañana
Der Liedtext bezieht sich auf die früher besonders in Extremadura häufige Auswanderung.
Qu: Lirica Popular de la Alta Extremadura, hrsg. von M. Garcia Matos, Madrid 1944, Nr. 19.
Ü: Wiplinger de Torra

Seite 316 Le mari débarrassé de sa femme
Wenngleich dieses Lied mit dem Themenkreis »Liebe« kaum noch zu tun hat, steht es doch stellvertretend für die vielen Lieder, die das Thema der unglücklich Verheirateten zum Inhalt haben. Obwohl nach gallischer Tradition dem Gatten recht häufig die Rolle der lächerlichen Person zukommt, wird auch die gegenteilige Situation gerne besungen. Die Melodie dieses Liedes imitiert einen Begräbnisgesang.
Qu: Mangeant, Recueil des plus belles chansons de dance de ce temps, Caen 1615.
Ü: Gisela Balk

Seite 318 Cântă cucoşel cu creastă
Die Melodie zu diesem eigenwilligen Lied fällt durch Harmoniewechsel, überraschende Sprünge und ungewohnten Rhythmus auf.
Qu: Aufzeichnung 1909 in Frătăutul-Nou, in: M. Friedwagner, Rumänische Liebeslieder aus der Bukowina, XXI, Nr. 20.
Ü: Irmgard Lackner

Seite 319 **Zis-am ză"u că n-oi mai be**
Qu: Aufzeichnung 1955 durch E. Moldoveanu in
Comuna Leşu.
Aus 'C. Zamfir/V. Dosios, 132 Cîntece şi jocu-
ri din Năsăud, Nr. 82.
Ü: Irmgard Lackner

Seite 320 **Što e ludo son sonilo**
Ein Tanzlied, das als Kanon gesungen wird.
Qu: Aufz. und Ü. von Živko Firfov.

Seite 322 **Bruder Conrad**
Dieses Lied aus dem »Glogauer Liederbuch« variiert
ein bekanntes erotisches Erzählmotiv des Mittelal-
ters: der liebestolle und entlaufene Mönch. Erzählt
wird im Stil der mittelalterlichen Pastourelle, einer
Liedgattung, die meist in derber Weise eine Liebes-
szene zwischen einem Ritter und einem Mädchen aus
dem Volk berichtet. Bezeichnend für diese Gattung
von Liedern scheint auch der lydische Ton (vgl. dazu
»Untern slaf« des Mönchs von Salzburg) zu sein.
Qu: Moser-Mbl., a. a. O.
Melodie-Korrektur: Cesar Bresgen
WE: alde = adieu; der baut im = der baute sich;
eissen = Eis(?) oder: Ortsname(?); Degersee
= Tegernsee.

Seite 324 **Fujarôčka moja**
»Fujarôčka« ist eine alte slowakische Hirtenflöte;

das Lied imitiert ihren Naturklang.
Qu: Poklad lidovych pisni, Prag 1965.
Ü: Reinhold Kudielka

Seite 325 **Delba delila**
Qu: Aufzeichnung und Übersetzung von Živko
Firfov.

Seite 326 **Mon pèr' m'a donné un mari**
Dieses kuriose Lied kann in seinem Kern in das
17. Jh. zurückgeführt werden: in einem komischen
Roman läßt Scarron dieses Lied durch den Komö-
dianten La Rancune anstimmen; heute kennt man
dieses »Maumariée-Lied« als weitverbreitetes Kin-
derlied.
Qu: Davenson, a. a. O., Nr. 234.
Ü: Cesar Bresgen

Seite 328 **Kas berné lu pamislyta**
Qu: Anton Juszkiewicz, Litauische Volksweisen I,
Krakau 1900, Nr. 500.
Ü: nach der Ü. bei W. Danckert, a. a. O., S. 365
von C. Bresgen.

Seite 329 **Hændaraga Elli**
Qu: Armas Launis, Lappische Juoigos-Melodien,
Helsingfors 1908.
Ü: Armas Launis

Aussprache-Register

Nicht berücksichtigt wurden die englische und fran-
zösische Sprache.

Albanisch
nahe verwandt dem Bulgarischen und Makedoni-
schen
Ausnahmen:
ë = dumpfes e, nahe dem ö
o = nahezu ou
ll = hartes l
q = kj
sh = sch

Altprovençalisch
ch, tg (+ g in aug, it in noit) = tsch
chs, gz = tschs
j, g. (vor e, i) = dsch (stimmhaft)
g (vor a, o, u) = g
qu, c (vor a, o, u) = k
c (vor e, i), tz = ts
z = dz
cs = ks
nh = nj (ein Laut)
lh, ll, ill = lj (ein Laut)
u = einheitlich u oder ü
ei = éi
ai = ái

oi = ói
ui = úi
eu = ắu
au = áu
ou = óu
ao = aó
uo = uó
ieu = iắu

Baskisch
j = i
tx = tsch
s = scharfes s
ai = a-i
r = am Wortende sehr rollend

Bretonisch
u = ü
ou = u
eu = o
j = s (sehen)
c'h = h
z = s (wie französisch douce)

Bulgarisch
c = c
č = tsch

s = s
š = sch (Schule)
z = z (weich gesprochen)
v = w (Violine)
Nb. Das Bulgarische hat einen spezifischen reduzier-
ten Vokal ă, der zwischen a und offenem e artikuliert
wird.

Dänisch
å, aa = offenes o (Sonne)
ae = offenes e (Bär)
ø = ö (Söhne)
leg = lai
jeg = jai
mig = mai
dig = dai
d nach l, n, r ist stumm

Estnisch
ei = e-i
ô = ö (Söhne)
h im Anlaut ist stumm
h in der Wortmitte wie ch

Finnisch
ei = e-i
ie = i-e (ebenso e-u)
h = fast wie ch (Bach)
y = ü
v = w
Doppelvokale sind lang, Doppelkonsonanten immer
getrennt zu sprechen.

Gälisch: siehe Schottisch

Neu-Griechisch
gh = j
th = hartes englisches th (cloth)
dh = weiches englisches th (this)
s = scharfes s
v = w
z = weiches s (lose)
st wird getrennt gesprochen.

Isländisch
đ = wie das englische th
þ = ebenso (am Wortbeginn)
ó = o
ú = u
í = i
i = wie e
y = angenähert dem i

Italienisch
c (vor a, o, u) = k
  (vor e, i)   = tsch
ch, cch   = k
cia, cio, ciu = tscha, tscho, tschu
g (vor e, i) = dsch (weich gesprochen)
gh   = g
gia, gio giu = dscha, dscho, dschu
gl   = lj

gn   = nj (französisch: Bretagne)
sc (vor a, o, u) = sk
  (vor e, i)   = sch
sch   = sk (Skala)
scia   = schia
z   = ts oder ds
h (im Anlaut) = stumm

Katalanisch
siehe Spanisch, doch abweichend vor allem:
a = flüchtiges e (wie in bitte)
ai = a
v = b
g = dsch

Kroatisch
c = k
č = tsch
š = sch (schön)
ž = sch (Gendarm)
z = s (selten)
v = v

Lappisch
å = offenes o
v = u (gut)
ie = i-e
av, ev = a-u, e-u

Lettisch
c = ts (Zahn)
č = tsch
ķ, ļ, ņ = kj, lj, nj (ein Laut)
g = dj (ein Laut)
v = w
z = summendes s
ž = sch (Gendarm)
s = scharfes s
š = sch (schön)
ie = i-e

Litauisch
y = i
č = tsch
š = sch (schön)
ž = sch (Genie)

Makedonisch
c = c
č = tsch
š = sch (Schule)
z = stimmhaftes s

Niederländisch
ij = ei
oe = u
u = ü
g = ch (acht)
z = s

Norwegisch
å = o (gedehnt wie Nord)
æ = ä (Bär)

ø	= ö, auch u
u	= zwischen ü und ö gesprochen
au	= öu
øy	= öi
g (vor i, y)	= j
k (vor i, y)	= ch
kj	= ch
gj, hj, lj	= j
skj	= sch (Schaum)
deg	= dei

Polnisch

z	= stimmhaftes s
c	= z (Zelt)
ç	= ch (Dach)
sz	= scharfes sch
cz	= tsch (Tscheche)
ź, rz	= sch (Genie)
ł	= w (wie englisches w)
ck	= c-k (getrennt)
ie	= i-e (flüchtiges e, wie in bitte)

Portugiesisch
siehe auch Spanisch

s	= sch
nh	= nj (wie im Spanischen ñ)
ch	= sch (wie französisches ch)
c (vor e, i)	= scharfes s
(sonst)	= k
ç	= scharfes s
g (vor e, i)	= dsch
(sonst)	= g
h	= kaum hörbar

Provençalisch
siehe Altprovençalisch;
das Neuprovençalische entspricht den neufranzösischen Ausspracheregeln.

Rätoromanisch

ei	= ei (nicht ai)
gl	= lj (Lilie)
gn	= nj
ch	= tsch
st	= scht
ha	= bleibt im Anlaut stumm

Rumänisch

ă	= flüchtiges e (wie in bitte)
â, î	= Kehllaut, ähnlich einem dumpfen y
c (vor e, i)	= tsch
(sonst)	= k
g (vor e, i)	= dsch
(sonst)	= g
j	= sch (wie französisch jour)
s	= s (Strom)
ş	= sch (schnell)
ţ	= ts (März)

abschließendes i ist stimmlos.

Russisch und Ukrainisch
(Hermann Bieder)
Die lateinische Umschrift der cyrillischen, russischen
und ukrainischen Texte erfolgt im großen und ganzen nach den in der deutschen Slavistik üblichen Transliterationsregeln, die im Prinzip für jeden cyrillischen Buchstaben einen lateinischen Buchstaben vorsehen, und nicht nach den Normen der Duden-Transkription. Beim Lesen der Texte ist zu beachten, daß manche transliterierte Buchstaben nicht den gleichen Lautwert haben wie die entsprechenden Buchstaben in der deutschen Orthographie.
Die wichtigsten Unterschiede:
transliteriertes russ. z = dt. stimmhaftes s (wie in »Rose«), russ. s = dt. stimmloses s (wie in »Rosse«), russ. š = dt. stimmloses sch, russ. ž = dt. stimmhaftes sch, russ. č = dt. tsch; russ. šč = dt. schtsch, russ. sch = dt. s+ch (nicht: sch), russ. v = dt. w. Das Zeichen ' nach Konsonanten, z. B. l', bedeutet die weiche Aussprache dieses Konsonanten. In gewissen Fällen, wo die russ. Orthographie nicht die tatsächliche Aussprache des russ. Lauts wiedergibt, war es notwendig, von der üblichen slavistischen Transliteration abzuweichen und den Lautwert auf modifizierte Weise genauer wiederzugeben.
Folgendes wurde abgeändert:
Statt transliteriertem russ. ё = jo, bzw. o nach Zischlauten; statt russ. ae, oe, ee, oi = aje, oje, eje, oji; statt russ. anlautendem e = je. Russ. »čto« ist »što« zu sprechen. Die russ. adjektivische und pronominale Endung -ogo ist der Aussprache entsprechend mit -ovo wiedergegeben.
Aussprache und Transliteration der ukr. Laute unterscheiden sich in einigen Fällen von jenen der russischen Laute: transliteriertes ukr. y = enges, geschlossenes e, in i übergehend; ukr. v. vor einem Konsonanten und im Auslaut = nichtsilbisches kurzes u; ukr. h = pharyngales stimmhaftes h, dem deutschen ch angenähert.
Die Betonungsstelle ist in den russ. und ukr. Texten mit dem Zeichen ´ auf dem betonten Vokal angegeben.

Schottisch, auch Gälisch

ai, ei	= e (fast wie ä)
oi, oin	= wird zu ñ (nasal, das i wird kaum gesprochen)
bh, mh	= w
gh	= g
dh, th	= h
x	= ch

Schwedisch

å	= vorwiegend o
o	= vorwiegend u
ej	= ei
öj	= öi
k (vor e, i, y, ä, ö)	= ch
sk (vor e, i, y, ä, ö)	= sch (Schule)
g (vor e, i, y, ä, ö)	= j
rg	= rj
sj, skj, stj	= sch (Schule)
hj, lj	= j
dig, mig, sig	= dej, mej, sej

Serbisch: siehe Kroatisch

Slowakisch

ř = r-sch
č = tsch
z = stimmloses s
š = sch, stimmlos (Schule)
ž = sch, stimmhaft (Gendarm)

Slowenisch

e = flüchtiges e
é = langes e (See)
š = sch, stimmlos (Schule)
ž = sch, stimmhaft (Gendarm)
z = stimmloses s
v = w (fast ein u)

Spanisch: siehe auch Portugiesisch

b = (außer im Anlaut und nach m
und n) stimmhafter Lippen-
reibelaut
c (vor e, i) = th (weich)
 (vor a, o, u und
Konsonanten) = k
ch = tssch
d = (außer im Anlaut) nahezu th
(englisch: this)
g (vor e, i) = ch
ha = ist stumm
j = ch
ll = annähernd lj (Lilie)
ñ = nj (wie franz.: Bretagne)
qu = k
v = annähernd b
x (zw. Vokalen) = ks

(v. Konsonant.) = s
y (im Auslaut) = i
 (sonst) = j (Jammer)
z (vor e, i) = c
 (sonst) = th (englisch: thing)

Tschechisch: siehe Slowakisch; außerdem:
y = dunkles i, fast ü
ů = gedehntes u
v = w
ě = je

Türkisch
ç = tsch
z = stimmhaftes s
s = stimmloses scharfes ss
ı = Vokal zwischen i und e
 (wie etwa in Lampe)
ğ = kaum hörbares weiches g
ş = sch
h = meist: nach dunklen Vokalen wie ch in
Bach, nach hellen Vokalen wie ch in Licht,
am Silbenanfang wie deutsches h.

Ungarisch
e = offenes e (nett)
é = langes e (See)
sz = s (Straße)
ty = tchj
gy = dschj
ny = nj (Bretagne)
cs = tsch
s = sch

Wendisch/Sorbisch: siehe Polnisch

Nationalitäten-Register
nach Liedanfängen

Albanisch
Dola n'bahçe me mledh'lula (XIII) 200
Karajfil në kodër (V) 68
M'at'an' detit m'at'an' bregut (XVII) 274
Nji dit' shkova nga Drenova (V) 70
Qitma, moj Naze, ballin -o (XII) 185

Baskisch
Adios ene maitia (XVI) 236

Bosnisch
Sarajewo, behara ti tvoga (XI) 179

Bretonisch
Gwelet em euz enn eur flouren (XII) 184

Bulgarisch
Mámă sínkă žéni, búli le (XII) 189
Marí, búl'o chúbava, chúbava (XIII) 196
Marí, búl'o, marí, mílna búl'o (XIII) 197
Plačí, plačí, marí Máro l'o (XII) 188
Petlite mi pójat, den mi kažújat (VI) 88

Dänisch
Prinsessen sad i højenloft (XVIII) 302

Deutsch
Ach Elselein, liebes Eselein (XI) 172
Ach Sorg, du mußt zurücke stahn (XVI) 240
All mein gedenken, die ich hab (VIII) 125
Anneli, wo bisch geschter gsi? (XIV) 205
Bei meines bulen haupte (V) 58
Bruder Conrad der ward sieche (XIX) 322
Dat du min Leevsten büst (III) 39
Der wassen twee Königeskinner (XVII) 272
Du mein einzig Licht (III) 42
Ein meidlein tet mir klagen (XVIII) 288
Er ist der morgensterne (XVI) 250
Es freit ein wilder Wassermann (XIII) 198
Es geht ein dunckle wolcken rein (XVI) 245
Es taget vor dem walde (IX) 144
Es war amal an Abend spat (IX) 146
Fro bin ich dein, herzliebste mein (VIII) 122
Gar hoch auf jenem Berg allein (XII) 182
Geh i-s her üba d'Alm (II) 26

355

357

Liedregister nach Kapiteln

Bildnachweis

Umschlag: Monogrammist E. S. (15. Jahrhundert)*, Ausschnitt, Seite 4 Baude Cordier · 7 W. Hamilton* · 9 · Unbekannter spanischer Meister des 13./14. Jahrhunderts · 21 Guillaume de Lorris* · 23 aus der Manesseschen Liederhandschrift · 29 aus der Manesseschen Liederhandschrift · 37 Monogrammist E. S. (15. Jahrhundert)* · 39 Ludwig Richter · 43 Le Bas J. Ph. und Lancret N.* · 47 Moritz von Schwind* · 51 aus der Manesseschen Liederhandschrift · 53 Hans Sebald Beham, Georg Pencz · 55 Monogrammist E. S. (15. Jahrhundert)* · 69 Pieter van Laer (?) · 77 Unbekannter Meister des 15. Jahrhunderts* · 80 Giovanno Battista del Porto (?) · 89 Georg Pencz · 91 Bernard Picart · 93 Meister des Hausbuches · 97 aus der Manesseschen Liederhandschrift · 101 J. H. Krul · 103 Israhel van Meckenem · 107 Larmettin Nicolas und Lancret N.* · 108 Urs Graf · 113 Hendrick Goltzius · 115 Unbekannter Meister des 16. Jahrhunderts · 121 Unbekannter Meister des 16. Jahrhunderts · 124 Godefroy J. Huet* · 128 Johan Tobias Sergel · 131 aus der Manesseschen Liederhandschrift · 133 Unbekannter Meister des 15. Jahrhunderts* · 145 Gabriel Huquier* · 151 aus der Manesseschen Liederhandschrift · 152 Hans Sebald Beham · 153 Hans Sebald Beham · 154 Unbekannter Meister des 16. Jahrhunderts · 160 Israhel van Meckenem · 162 Hans Sebald Beham, Georg Pencz · 163 Lucas van Leyden · 166 Israhel van Meckenem · 169 Israhel van Meckenem · 174 Unbekannter Meister des 16. Jahrhunderts · 177 Hans Weiditz Sohn* · 181 Israhel van Meckenem · 186 aus der Manesseschen Liederhandschrift · 191 islamisches Fresko in Samarra aus dem 9. Jahrhundert · 192 Ludwig Richter · 193 N. de Bruyn · 195 Monogrammist E. S. (15. Jahrhundert)* · 199 Albrecht Dürer · 202 Albrecht Dürer · 205 Erhard Schön · 209 Elias Martin · 214 Elias Martin · 219 E. Chiewitz · 225 Urs Graf · 226 Jeremias Wolf* · 229 Heinrich Ulrich* · 233 Jean Baptist-Marie Huet* · 235 Lucas van Leyden · 239 Monogrammist E. S. (15. Jahrhundert)* · 245 Albrecht Dürer · 248 Israhel van Meckenem · 252 Unbekannter Meister des 15. Jahrhunderts* · 259 Unbekannter Meister des 16. Jahrhunderts · 260 Abraham a Santa Clara · 263 Theodor de Bruy · 267 Ausschnitt aus einem Totentanz des 18. Jahrhunderts · 269 Albrecht Dürer (?) · 271 Ludwig Richter · 273 Hans Holbein · 277 Unbekannter Meister des 15. Jahrhunderts* · 282 Urs Graf · 287 Erhard Schön · 291 Hans Sebald Beham · 296 Norbert Grund · 299 Urs Graf · 301 Urs Graf · 305 Albrecht Dürer · 306 Urs Graf · 314 Urs Graf · 317 Lucas van Leyden · 321 Darstellung auf einer Schnupftabakdose des 18. Jahrhunderts · 327 Darstellung auf einer Schnupftabakdose des 18. Jahrhunderts

Die mit einem Sternchen versehenen Abbildungen entstammen dem Bildungsarchiv der Österr. Nationalbibliothek. Alle anderen Abbildungen verdanken wir der freundlichen Unterstützung des Zentralinstituts für Kunstgeschichte, München.
Sollten Rechtsnachfolger einzelner Künstler vom Verlag nicht ausfindig gemacht worden sein, so bitten wir im gegebenen Fall um Nachricht an den Verlag.